COLLECTION
DES MÉMOIRES

RELATIFS

A L'HISTOIRE DE FRANCE.

HISTOIRE DE LA GUERRE DES ALBIGEOIS
PAR PIERRE DE VAULX-CERNAY.

COLLECTION
DES MÉMOIRES

RELATIFS

A L'HISTOIRE DE FRANCE.

---

*HISTOIRE DE LA GUERRE DES ALBIGEOIS,
PAR PIERRE DE VAULX-CERNAY.*

PARIS, IMPRIMERIE DE A. BELIN,
rue des Mathurins-Saint-Jacques, n. 14.

COLLECTION
DES MÉMOIRES

RELATIFS

A L'HISTOIRE DE FRANCE,

DEPUIS LA FONDATION DE LA MONARCHIE FRANÇAISE JUSQU'AU 13ᵉ SIÈCLE;

AVEC UNE INTRODUCTION, DES SUPPLÉMENS, DES NOTICES
ET DES NOTES;

Par M. GUIZOT,
PROFESSEUR D'HISTOIRE MODERNE A L'ACADÉMIE DE PARIS.

A PARIS,
CHEZ J.-L.-J. BRIÈRE, LIBRAIRE,
RUE SAINT-ANDRÉ-DES-ARTS, N°. 68.

1824.

HISTOIRE

DE L'HÉRÉSIE

DES ALBIGEOIS,

ET DE LA SAINTE GUERRE ENTREPRISE CONTRE EUX
(DE L'AN 1203 A L'AN 1218);

Par PIERRE DE VAULX-CERNAY.

NOTICE

SUR

PIERRE DE VAULX-CERNAY.

On ne saurait absolument rien de Pierre, moine de Vaulx-Cernay, s'il ne nous apprenait lui-même, dans le cours de son histoire, qu'il était neveu de Gui, abbé de Vaulx-Cernay, évêque de Carcassonne après la conquête des États du comte de Toulouse par Simon de Montfort, qu'il avait accompagné son oncle dans la croisade des Francs contre l'Empire grec en 1205, et qu'il le suivit également dans la croisade contre les Albigeois, dont l'abbé Gui fut l'un des plus ardens promoteurs. Pierre ne nous a du reste transmis, sur sa personne et sa vie, aucun autre détail, et aucun de ses contemporains n'a suppléé à son silence. Il demeura probablement attaché à la fortune de son oncle, et ne se fit remarquer par aucun acte, aucun mérite considérable, car la violence de son zèle contre les hérétiques n'était pas alors un trait saillant qui pût lui valoir une attention particulière.

Son ouvrage n'en est pas moins un des plus instructifs et des plus curieux qui nous soient parvenus sur l'un des plus grands et des plus tragiques événemens du treizième siècle. Pierre ne fut pas seulement témoin de la guerre des Albigeois; il y fut acteur : tantôt il parcourait la France avec son oncle pour recruter de nouveaux Croisés, tantôt il le suivait dans les siéges et les batailles, prêchant, confessant, assistant, comme il le dit lui-même, avec une allégresse ineffable, aux massacres et aux auto-da-fé. Il vécut dans l'intimité des chefs Croisés, ecclésiastiques et militaires, partageant toutes leurs passions, exclusivement préoccupé du succès de leur entreprise, et tellement dévoué à la personne de Simon de Montfort qu'il lui sacrifie aveuglément non seulement ses ennemis, mais ses compagnons, et même se permet, bien qu'avec réserve, de blâmer le pape, quand le pape n'accorde pas au comte de Montfort une complaisance et une faveur illimitées. Aussi les infidélités, surtout les réticences, abondent dans son récit; il dénature ou omet, non seulement les circonstances favorables au comte Raimond de Toulouse et à tous les siens, mais les discordes intestines des Croisés, la rivalité de leurs ambitions, les reproches que le pape leur adressa plusieurs fois, enfin tout ce qui eût pu ternir la gloire ou abaisser un moment la fortune du comte Simon, seul héros, pour lui, de cette effroyable épopée. Cette ardeur de parti, la fureur de conviction religieuse qui s'y joint et qui étouffe à un degré rare, même dans ces temps-là, même dans le camp des Croisés, tout sentiment de justice et de pitié, donnent à la narration de l'écrivain une véhémence, une verve de passion et de colère qui manquent à la plupart des chroniques, quelque terribles qu'en soient les scènes, et animent celle-ci d'un intérêt peu commun. Le moine Pierre raconte d'ailleurs avec détail ce qu'il a vu; il décrit les lieux, rappelle avec soin les petites circonstances, les incidens, les anecdotes, ce qui fait la vie et la vérité morale de l'histoire. Il en est peu de plus partiales que la sienne et qui doivent être lues avec plus de méfiance; mais aucune peut-être n'est plus intéressante, plus vive, et ne fait mieux connaître le caractère du temps, des événemens et du parti de l'historien.

L'ouvrage de Pierre de Vaulx-Cernay fut imprimé pour la première fois en 1615, par Nicolas Camusat, chanoine de Troyes; il en existait déjà une traduction française, incomplète et très-fautive, publiée par Arnaud-Sorbin, sous ce titre: *Histoire de la ligue sainte sous la conduite de Simon de Montfort contre les Albigeois tenant le*

Béarn, le Languedoc, la Gascogne et le Dauphiné, laquelle donna la paix à la France sous Philippe-Auguste et Saint-Louis [1]. Le texte original a été réimprimé depuis dans *les Historiens de France* de Duchesne [2], et dans la *Bibliothèque de l'Ordre de Cîteaux* [3]. C'est sur cette dernière édition, la plus correcte de toutse, qu'a été faite notre traduction. Nous y avons joint quelques *Eclaircissemens et pièces historiques* utiles pour expliquer et compléter l'ouvrage qui, du reste, ne doit être considéré que comme l'un des monumens de cette grande guerre des Albigeois, objet de plusieurs autres chroniques qui prendront place dans notre Collection.

F. G.

[1] Paris, chez Chaudière, en 1569, in-8°.
[2] Tom. 5, pag. 554.
[3] En 1669, in-fol. tom. 7.

HISTOIRE
DE LA GUERRE
DES ALBIGEOIS.

PROLOGUE

Adressé par l'Auteur au pape Innocent III.

Au très-saint père et très-bienheureux seigneur Innocent[1], par la grâce de Dieu, souverain pontife de l'Église universelle, son humble bien qu'indigne serviteur frère Pierre, quel qu'il puisse être, moine de Vaulx-Cernay. Il baise, non seulement ses pieds, mais encore, et en toute humilité, la trace de ses pas.

Béni soit le seigneur des armées, qui, de nos jours et tout récemment, a, très-saint père, par la coopération de votre active sollicitude, et par les mains de ses ministres, arraché miséricordieusement de la gueule des lions son Église déjà près de faire naufrage complet dans les régions de la Provence, au milieu des tempêtes que lui suscitaient les hérétiques, et l'a délivrée de la griffe des bêtes féroces!

Mais pour qu'un acte si glorieux et si merveilleux

---

[1] Innocent III, né à Agnano, de la maison des comtes de Segni, appelé Lothaire avant son élection, succéda à Célestin III le 8 janvier 1198, à l'âge de 37 ans, et mourut à Pérouse le 16 ou le 17 juillet 1216.

ne puisse venir à oubli par les successives révolutions des temps, et que les grandes choses de notre Dieu deviennent notoires parmi les nations, j'offre, très-bienheureux père, à votre majesté, la série des faits rédigée telle quelle par écrit; la suppliant humblement de ne pas attribuer à présomption qu'un enfant, borné aux premiers rudimens, ait mis la main à si forte affaire, et osé prendre un faix au dessus de ses forces : car mon dessein dans tel travail et mon motif pour écrire ont été que les peuples connussent les œuvres merveilleuses de Dieu, d'autant plus que je ne me suis étudié, ainsi qu'il appert de ma manière de dire, à orner ce même livre de paroles superflues, mais bien à exprimer simplement la simple vérité.

Que votre dignité et sainteté tiennent donc pour assuré, bon père, que si je n'ai eu pouvoir de présenter par ordre tous les faits que j'avais à retracer, du moins ceux dont j'ai parlé sont vrais et sincères; n'ayant rien dit nulle part que je n'aie vu de mes yeux, ou entendu de personnes d'autorité grande et dignes d'une foi très-entière.

Dans la partie première de ce livre, je touche brièvement des sectes des hérétiques, et dis comment les Provençaux ont été infectés dans les temps passés de la ladrerie d'infidélité.

Après quoi, je raconte de quelle manière les susdits Provençaux hérétiques ont été admonestés par les prédicateurs de la parole de Dieu et ministres de votre sainteté, et plus que souvent requis pour qu'ils eussent à retourner, prévaricateurs qu'ils étaient, au cœur et giron de notre sainte mère l'Église.

Puis, autant que je puis, je représente par ordre la venue des Croisés, les prises des cités et châteaux, et autres faits et gestes appartenant au progrès des affaires de la foi.

Sauront les lecteurs qu'en plusieurs endroits de cette œuvre, les Toulousains, hérétiques des autres cités et châteaux, tout ainsi que leurs défenseurs, sont généralement appelés *Albigeois*, vu qu'ainsi les autres nations ont nommé les hérétiques de Provence.

Finalement, et pour que le lecteur puisse trouver plus à son aise en ce livre ce qu'il y voudrait querir, il est averti que cet ouvrage est ordonné en divers chapitres, selon les divers événemens et successions des choses de la foi.

CHAPITRE PREMIER.

Comment des moines prêchèrent contre les hérésies de Toulouse.

En la province de Narbonne, où jadis avait fleuri la religion, l'ennemi de la foi se prit à parsemer l'ivraie. Le peuple tourna à folie, profanant les sacremens du Christ, qui est de Dieu la vraie saveur et sagesse, se donnant au mensonge, déviant de la véritable sapience divine, errant et divaguant d'erreurs en erreurs jusqu'en l'abîme, marchant dans les voies perdues, et non plus dans le droit chemin.

Deux moines de Cîteaux [1], enflammés du zèle de la

---

[1] Ils étaient moines de Font-Froide, abbaye de Bernardins, fondée vers 1130, et située à trois lieues de Narbonne.

foi, à savoir, frère Pierre de Castelnau et frère Raoul, par l'autorité du saint pontife institués légats contre la peste de l'infidélité, déposant toute négligence et remplissant avec ardeur la mission à eux prescrite, vinrent en la ville de Toulouse, d'où découlait principalement le venin qui infectait les peuples et les entraînait en défection de la science du Christ, de la véridique splendeur, de la divine charité.

Or la racine d'amertume avait germé, ains avait pris force et profondeur dans le cœur des hommes, et ne pouvait sans difficulté bien grande en être extirpée. Il fut conseillé aux Toulousains, le fut souvent, et bien fort, d'abjurer l'hérésie et de chasser les hérétiques. Si leur fut-il conseillé par ces hommes apostoliques ; mais très-peu furent-ils persuadés : tant s'étaient pris à la mort ceux qui avaient détesté la vie, affectés et infectés d'une méchante sagesse animale, terrestre, diabolique, vides de cette sagesse qui vient d'en haut, docile et consentant aux bonnes croyances.

Enfin, ces deux oliviers saints, ces deux candélabres resplendissans devant le Seigneur, imprimant aux serfs une crainte servile, les menaçant de déprédation, faisant tonner l'indignation des rois et des princes, les décidèrent à l'abjuration de l'hérésie et à l'expulsion des hérétiques ; en telle sorte qu'ils craignirent l'offense et le malfaire, plus par peur du châtiment que, selon l'expression du poète[1], par amour de la vertu. Et bien l'ont-ils démontré par indices manifestes ; car, se parjurant aussitôt, et endurant de recheoir en leurs misères, ils cachaient

[1] Horace.

des hérétiques prêchant au beau milieu de la nuit, dans leurs conventicules.

Hélas! combien il est difficile d'être arraché à l'habitude! Cette Toulouse[1], toute pleine de dols, jamais ou bien rarement, ainsi qu'on l'assure, et ce depuis sa première fondation, n'a été exempte de cette peste ou épidémie détestable, de cette hérétique dépravation dont le poison d'infidélité superstitieuse a découlé successivement des pères sur les enfans. C'est pourquoi, et en châtiment d'un tel et si grand crime, elle est dite avoir jadis souffert le fléau d'une juste dépopulation vengeresse; à ce point que le soc aurait passé jusque par le cœur de la ville, et y aurait porté le niveau des champs. Voire même, un des plus illustres rois qui régnaient alors sur elle, lequel on croit avoir eu nom Alaric, fut, pour plus grande ignominie, pendu à un gibet au devant des portes de la ville.

Toute gâtée par la lie de cette vieille glu d'hérésie, la génération des Toulousains, véritable race de vipères, ne pouvait, même en nos jours, être arrachée à sa perversité. Bien plus, ayant toujours souffert qu'en elle vinssent derechef cette nature hérétique et souillure d'esclaves, bien que chassées par la rigueur et violence de peines méritées, *elle a soif d'agir en guise de ses pères, ne voulant entendre à en dégénérer;* et ni plus ni moins *que le mal*

---

[1] L'auteur fait ici un jeu de mots sur le nom latin de Toulouse: *hæc tolosa, tota dolosa.* Il le répète même plus loin au sujet du comte Raimond, en forgeant exprès une expression latine: *comes tolosanus, imo dicamus melius dolosanus* (ch. 9). En général il se plaît, comme tous les écrivains du temps, à opposer entre eux les mots analogues, et souvent les mêmes mots.

de l'un se gagne aux autres, et que le troupeau tout entier périt par la ladrerie d'un seul, de même, par l'exemple de ce voisinage empesté, les hérésiarques venant à prendre racine dans les villes et bourgs circonvoisins, ils étaient merveilleusement et misérablement infectés des méchantes greffes d'infidélité qui pullulaient dans leur sein; même les barons de la terre provençale, se portant presque tous champions et receleurs d'hérétiques, les aimaient plus vivement qu'à bon droit, et les défendaient contre Dieu et l'Église.

CHAPITRE II.

Des sectes des hérétiques.

Or, puisqu'en quelque manière l'occasion s'en présente en cet endroit, il m'est avis de traiter brièvement et intelligiblement des hérésies et des diverses sectes qui étaient parmi les hérétiques.

Et premièrement, il faut savoir que ces hérétiques établissaient deux créateurs, l'un des choses invisibles, qu'ils appelaient le Dieu bénin, l'autre des visibles, qu'ils appelaient le Dieu malin, attribuant au premier le Nouveau-Testament, et l'Ancien au second; lequel Ancien-Testament ils rejetaient en son entier, hormis certains textes transportés de celui-ci dans le Nouveau, et que, par révérence pour ce dernier, ils trouvaient bon d'admettre.

L'auteur de l'Ancien-Testament, ils le traitaient de menteur, pour autant qu'il est dit en la Genèse : « En

« quelque jour que vous mangiez de l'arbre de la « science du bien et du mal, vous mourrez de mort; » et, ainsi qu'ils disaient, pour ce qu'en ayant mangé ils ne moururent pas, tandis pourtant qu'après avoir goûté du fruit défendu, ils ont été sujets à la misère de mort. Ce même auteur, ils l'appelaient aussi meurtrier, tant pour ce qu'il a brûlé les habitans de Sodome et Gomorrhe, et effacé le monde sous les eaux diluviennes, que pour avoir submergé Pharaon et les Égyptiens dans les flots de la mer.

Quant aux Pères de l'Ancien-Testament, ils les certifiaient tous dévolus à damnation, et disaient que Jean-Baptiste était un des majeurs démons et pires diables. Même disaient-ils entre eux que ce Christ qui est né dans la Bethléem terrestre et visible, et qui a été crucifié à Jérusalem, était homme de mal, que Marie Madelaine fut sa concubine, et qu'elle est la femme surprise en adultère dont il est parlé dans l'Évangile. Pour ce qui est du bon Christ, selon leur dire, il ne mangea oncques, ni ne but, ni se reput de véritable chair, et ne fût jamais en ce monde, sinon spirituellement au corps de Paul. Nous avons parlé d'une certaine Bethléem terrestre et visible, d'autant que les hérétiques feignaient qu'il fût une autre terre nouvelle et invisible, et qu'en icelle, suivant aucuns d'entre eux, le bon Christ est né et a été crucifié.

En outre ils disaient que le Dieu bon avait eu deux femmes, savoir, *Collant* et *Collibant,* et que d'elles il avait procréé fils et filles.

Il se trouvait d'autres hérétiques qui reconnaissaient un seul créateur; mais ils allaient de là à soutenir qu'il a eu deux enfans, l'un Christ et diable l'autre. Ceux-ci ajoutaient que toutes créatures avaient été bonnes dans l'origine; mais qu'elles avaient été corrompues toutes par les filles dont il est fait mention dans la Genèse.

Lesquels, tous tant qu'ils étaient, membres de l'Antechrist, premiers nés de Satan, semence de méchanceté, enfans de scélératesse, parlant par hypocrisie, et séduisant par mensonges les cœurs des simples, avaient infecté la province narbonnaise du venin de leur perfidie.

Ils disaient de l'église romaine presque toute entière qu'elle était une caverne de larrons, et la prostituée dont il est parlé dans l'Apocalypse. Ils annullaient les sacremens de l'Église à tel point qu'ils prêchaient publiquement que l'onde du sacré baptême ne diffère aucunement de l'eau des fleuves, et que l'hostie du très-saint corps du Christ est la même chose que le pain laïque et d'usage commun; distillant dans l'oreille des simples ce blasphème que le corps du Christ, quand bien même il contiendrait en lui l'immensité des Alpes, aurait été consommé depuis long-temps par ceux qui en mangent et annihilé. Ils attestaient de plus que la confirmation et la confession sont deux choses frivoles et du tout vaines, disant encore que le sacrement de mariage est une prostitution, et que nul ne peut être sauvé en lui en engendrant fils et filles. Désavouant aussi la résurrection de la chair, ils forgeaient sur ce point certaines inventions inouies; prétendant que nos ames sont ces esprits angéliques qui, précipités du ciel comme apostats d'orgueil, ont laissé dans les airs leurs corps glorieux; et que ces mêmes ames, après une successive habitation en sept corps quelconques et formes terrestres, doivent retourner aux premiers, comme si était enfin parachevée leur pénitence.

Il faut savoir en outre que certains entre les hérétiques étaient dits *parfaits* ou *bons*, et d'autres *croyans*. Les *parfaits* portaient vêtemens noirs, se disaient faussement observateurs de chasteté, détestaient l'usage des viandes, œufs et fromage, et affectaient de paraître ne pas mentir, tandis qu'ils mentaient tout d'une suite et de toutes leurs forces en discourant de Dieu. Ils disaient encore qu'il n'était raison aucune pour laquelle ils dussent jurer. Étaient appelés *croyans* ceux qui, vivant dans le siècle, et bien qu'ils ne cherchassent à imiter les *parfaits*, espéraient, ce néanmoins, qu'ils seraient sauvés en la foi de ceux-ci.

Différens qu'ils étaient dans la manière de voir, bien étaient-ils unis en croyance et infidélité. Les *croyans* étaient adonnés à usures, rapines, homicides, plaisirs de la chair, parjures et toutes façons de perversités; et ne péchaient-ils que plus sûrement et sans frein, pensant, comme ils faisaient, qu'ils seraient sauvés sans restitution des choses ravies, sans confession ni pénitence, pourvu qu'à l'article de la mort ils pussent dire une patenôtre et recevoir l'imposition des mains de leurs maîtres. Entre les parfaits, ils choisissaient leurs magistrats, qu'ils appelaient diacres et évêques, desquels l'imposition des mains était nécessaire, à ce qu'ils pensaient, pour le salut de quiconque, parmi les croyans, était en point de mourir. Mais ceux-ci avaient-ils opéré ladite imposition sur aucun moribond, tant méchant fût-il, pourvu qu'il pût dire sa patenôtre, ils l'assuraient sauvé ; et, selon leur expression vulgaire, *consolé ;* à telles enseignes que, sans nulle satisfaction ni autre remède, il s'envolait aussitôt devers le ciel. Sur quoi nous avons ouï compter le fait ridicule que voici, et bon à rapporter.

Un certain croyant, à l'article de la mort, reçut consolation d'un sien maître par l'imposition des mains, mais ne put dire sa patenôtre, et expira sur ces entrefaites, pour quoi le consolateur ne savait qu'en dire. En effet, il semblait sauvé par l'imposition et damné faute d'avoir récité l'oraison dominicale. Que dirai-je ? les hérétiques consultèrent sur tel cas difficile un certain homme d'armes, ayant nom Bertrand de Saissac, hérétique lui-même, pour savoir de lui ce qu'ils devaient penser à l'occasion du mort ; lequel homme d'armes donna son sentiment et fit réponse comme il suit : « Pour cettuy-ci, dit-il, nous le tiendrons sauvé ; mais tous les autres, s'ils ne disent *Pater noster* à leur dernier moment, nous les déclarons en damnation. »

Autre fait pour rire. Un autre *croyant* légua, près de mourir, trois cents sous aux hérétiques, et commanda à son fils qu'il eût à leur bailler ladite somme. Mais comme eux, après la mort du père, l'eurent requise du fils, il leur répondit : « Je veux que d'abord me disiez en quel point est mon père. — Sache de certitude, reprirent-ils, qu'il est sauvé et colloqué déjà aux cieux. — Je rends grâce, dit-il lors en souriant, à Dieu et à vous. Puis donc que mon père est déjà dans la gloire, aumônes ne font plus besoin à son ame; et pour vous je vous sais assez benins que de ne l'en vouloir retirer. Par ainsi n'aurez aucun denier de moi. »

Je ne crois pas devoir taire qu'aussi certains hérétiques prétendaient que nul ne pouvait pécher depuis l'ombilic et plus bas. Ils traitaient d'idolâtrie les images qui sont en les églises, assurant, sur le sujet des cloches, qu'elles sont trompettes du diable. Bien plus, ils disaient qu'on ne pèche davantage en dormant avec sa mère ou sa sœur qu'avec toute autre femme quelconque. Finalement, au nombre de leurs plus grandes fadaises et sottes crédulités, faut-il bien compter cette opinion, que si quelqu'un entre les *parfaits* venait à commettre péché mortel en mangeant chair, œufs ou fromage, ou autre chose à eux interdite, pour peu que ce pût être, tous ceux qu'il avait consolés perdaient l'esprit saint, et qu'il fallait les consoler derechef; et quant à ceux qui étaient déjà sauvés, que, pour le péché du maître, ils tombaient incontinent du ciel.

Il y avait encore d'autres hérétiques appelés *Vaudois*, du nom d'un certain *Valdo*, Lyonnais. Ceux-ci étaient mauvais; mais, comparés aux autres hérétiques, ils étaient beaucoup moins pervers, car ils s'accordaient en beaucoup de choses avec nous, ne différant que sur quelques-unes.

Pour ne rien dire de la plus grande partie de leurs erreurs, elles consistaient principalement en quatre points, à savoir : porter des sandales à la manière des apôtres; dire qu'il n'était permis en aucune façon de jurer ou de tuer, et en cela, surtout, qu'ils assuraient que le premier venu d'entre eux pouvait, en cas de besoin et pour urgence, consacrer le corps du Christ sans avoir reçu les ordres de la main de l'évêque, pourvu toutefois qu'il portât sandales.

Qu'il suffise de ce peu que j'ai dit touchant les sectes des hérétiques.

Lorsque quelqu'un se rend à eux, celui qui le reçoit lui dit : « Ami, si tu veux être des nôtres, il faut que tu renonces à la foi toute entière, telle que la tient l'Église de Rome. » Il répond : « Oui, j'y renonce. — Reçois donc l'Esprit saint des bons. » Et lors il lui souffle sept fois dans la bouche. « Renonces-tu, lui dit-il encore, à cette croix qu'en ton baptême le prêtre t'a faite sur la poitrine, les épaules et la tête, avec l'huile et le chrême? » Et il répond : « Oui, j'y renonce. — Crois-tu que cette eau baptismale opère pour toi le salut ? — Non, répond-il, je ne le crois pas. — Renonces-tu à ce voile que le prêtre a posé sur ta tête en te donnant le baptême? » Il répond : « Oui, j'y renonce. » Et c'est en cette sorte qu'il reçoit le baptême des hérétiques, et renie celui de l'Église. Tous alors lui imposent les mains sur le chef, le baisent, le revêtent de la robe noire; et dès l'heure, il est comme un d'entre eux.

CHAPITRE III.

Quand et comment les prédicateurs vinrent au pays albigeois.

L'an du verbe incarné 1206, l'évêque d'Osma [1], nommé Diégue, homme d'excellens mérites et bien

---

[1] Il se nommait Diégue de Azebez. Osma (*Oxomuma*, *Uxama*),

digne qu'on l'exalte par magnifiques louanges, vint en cour de Rome, poussé d'un desir véhément de résigner son évêché, pour pouvoir plus librement se transporter chez les Païens, et leur prêcher l'Évangile du Christ. Mais le seigneur pape Innocent III ne voulut acquiescer au desir du saint homme; ains il lui commanda de retourner dans son siége.

Or, il advint, comme il revenait de la cour du saint Père, qu'étant aux entours de Montpellier, il rencontra le vénérable homme, Arnauld, abbé de Cîteaux [1], père Pierre de Castelnau et frère Raoul, moines dudit ordre, légats du siége apostolique; lesquels, par dégoût, voulaient renoncer à la mission qui leur avait été enjointe, pour ce que leurs prédications n'avaient en rien ou que très-peu réussi près des hérétiques. Toutes fois, en effet, qu'ils avaient tenté de les prêcher, ceux-ci leur avaient objecté la très-méchante conduite des clercs, et qu'ainsi, s'ils ne voulaient amender leurs mœurs, ils devaient s'abstenir de poursuivre leurs prédications.

Dans une telle perplexité, le susdit évêque ouvrit un avis salutaire; disant et conseillant aux légats du siége apostolique qu'abandonnant tout autre soin, ils n'épargnassent ni sueurs ni peines pour répandre avec plus d'ardeur la semence de la parole sainte, et que, pour fermer la bouche aux méchans, ils marchassent

---

ancienne ville d'Espagne, dans la Vieille-Castille. Elle tombe presqu'en ruines.

[1] Cîteaux (*Cistertium*), fameuse abbaye, chef d'ordre des Bernardins, fondée en 1098, et située entre des marais, au diocèse de Châlons-sur-Saône, à deux lieues de Nuits. L'église et le monastère étaient magnifiques. Elle avait 120,000 livres de rentes. Cet ordre comptait en France un grand nombre d'abbayes, toutes richement dotées.

en toute humilité, faisant et enseignant à l'exemple du divin maître, allant à pied sans or ni argent; bref, imitant en tout la manière apostolique. Mais eux, refusant de prendre sur eux ces choses, en tant qu'elles semblaient une sorte de nouveauté, répondirent que si une personne d'autorité suffisante consentait à les précéder en telle façon, ils la suivraient très-volontiers. Que dirai-je de plus? il s'offrit, cet homme plein de Dieu, et renvoyant aussitôt sa suite à Osma, ne gardant avec lui qu'un seul compagnon [1], et suivi des deux moines souvent indiqués, savoir Pierre et Raoul, il s'en vint à Montpellier. Quant à l'abbé Arnauld, il regagna Cîteaux, pour autant que le chapitre de l'ordre devait très-prochainement se tenir, et partie pour le dessein qu'il avait, ce chapitre terminé, de mener avec lui quelques-uns de ses abbés, qui l'aidassent à poursuivre la tâche de prédication qui lui était prescrite.

Au sortir de Montpellier, l'évêque d'Osma et les deux moines susdits vinrent en un certain château de Carmaing [2], où ils rencontrèrent un hérésiarque nommé Baudouin, et un certain Théodore, fils de perdition et chaume d'éternel incendie : lequel, originaire de France, était de race noble, et même avait eu canonicat à Nevers. Mais ensuite un homme d'ar-

[1] On verra plus loin que ce compagnon était le fameux saint Dominique, né à Calahorra, au diocèse d'Osma, l'an 1170, d'une noble et ancienne famille, mort à Bologne en 1221, et canonisé par Grégoire IX en 1234. Il fonda l'ordre des Frères-Prêcheurs, connu sous le nom de Dominicains et sous celui de Jacobins, et approuvé en 1216 par Honorius III.

[2] Carmaing (*Carmanum*), petite ville dans le haut Languedoc, à six lieues de Toulouse.

mes, qui était son oncle et des pires hérétiques, ayant été condamné pour sa doctrine dans le concile de Paris [1], en présence d'Octave, cardinal et légat du siége apostolique, il vit qu'il ne pourrait se cacher lui-même plus long-temps, et gagna le pays de Narbonne, où il fut en très-grand amour et très-haute vénération parmi les hérétiques, tant pour ce qu'il semblait surpasser quelque peu les autres en subtilité, que parce qu'ils se glorifiaient d'avoir pour leur frère en iniquité, et défenseur de leur corruption, un homme de France [2], qui est la source de la science et religion chrétienne. Et il ne faut pas taire qu'il se faisait appeler Théodore, bien qu'auparavant il eût nom Guillaume.

Ayant disputé pendant huit jours avec ces deux hommes, à savoir, Baudouin et Théodore, nos prédicateurs convertirent tout le peuple du susdit château, par leurs salutaires avertissemens, à la haine des hérétiques : si bien qu'il eût de lui-même, et très-volontiers, expulsé lesdits hérétiques, n'était que le seigneur du lieu, infecté du poison de perfidie, les avait faits ses familiers et amis. Il serait trop long de rapporter tous les termes de cette dispute; j'ai cru seulement devoir en recueillir ceci que, lorsque par la discussion le vénérable évêque eut poussé Théodore jusqu'aux dernières conséquences : « Je sais, dit celui-ci, je sais de quel esprit tu es ; car tu es

[1] Sans doute dans le concile tenu dans cette ville en 1210, où furent condamnés au feu tous les partisans des doctrines d'Amaury de Chartres, docteur de l'université de Paris.
[2] Ce nom ne comprenait pas encore les contrées du midi de la France. Il ne leur fut appliqué que plus tard et à mesure que la domination royale s'étendit directement sur elles.

venu dans l'esprit d'Élie. » A cela le saint répondit :
« Si je suis venu dans l'esprit d'Élie, tu es venu, toi,
dans celui de l'Antechrist. » Ayant donc passé là huit
jours, ces vénérables hommes furent suivis par le
peuple, à leur sortie du château, pendant une lieue
environ.

Poursuivant droit leur chemin, ils arrivèrent en la
cité de Béziers, où, prêchant et disputant durant
quinze jours, ils affermissaient dans la foi le peu de
catholiques qui s'y trouvaient, et confondaient les hérétiques. C'est alors que le vénérable évêque d'Osma
et frère Raoul conseillèrent à frère Pierre de Castelnau de s'éloigner d'eux pendant un temps : car ils
craignaient que Pierre ne fût tué, parce qu'à lui surtout s'attaquait la haine des hérétiques ; pour un temps
donc, frère Pierre quitta l'évêque et frère Raoul.

Ceux-ci étant sortis de Béziers arrivèrent heureusement à Carcassonne, où ils demeurèrent huit jours,
poursuivant leurs disputes et prédications. En ce
temps-là, il arriva près de Carcassonne un miracle que
l'on ne doit point passer sous silence. Comme les
hérétiques faisaient leur moisson, le jour de la nativité de saint Jean-Baptiste (lequel ils ne tenaient
point pour prophète, mais bien pour un démon très-
malin), un d'eux, regardant à sa main, vit que la
gerbe était toute sanglante ; ce que voyant, il crut
que sa main était blessée : mais la trouvant saine et
entière, il cria à ses compagnons. Quoi plus ! Chacun
d'eux, regardant la gerbe qu'il tenait la trouva pareillement souillée de sang, sans que sa main fût aucunement atteinte. Le vénérable Gui, abbé de Vaulx-
Cernay, qui était alors en cette terre, vit une de ces

gerbes sanglantes, et c'est lui-même qui m'a raconté ceci.

Comme il serait trop long de réciter par ordre comment ces hommes apostoliques (je veux parler de nos prédicateurs) allaient de çà et de là, de château en château, évangélisant et disputant en tous lieux, omettons ces choses, et arrivons aux plus notables.

Un jour se réunirent tous les hérésiarques dans un certain château, au diocèse de Carcassonne, que l'on nomme Mont-Réal [1], pour disserter d'accord contre les susdits personnages. Frère Pierre de Castelnau qui, comme nous l'avons dit tout à l'heure, les avait quittés à Béziers, revint pour assister à cette dispute, où furent pris pour juges aucuns d'entre ceux que les hérétiques nommaient *croyans*. Or, l'argumentation dura quinze jours, et fut rédigé par écrit tout ce qui s'y était traité, et remis en la main des juges, pour qu'ils prononçassent la sentence définitive; mais eux, voyant que les leurs étaient manifestement battus, ne voulurent la rendre, non plus que les écrits qu'ils avaient reçus des nôtres, de peur qu'ils ne vinssent à publicité, et les livrèrent aux hérétiques.

Ces choses faites, frère Pierre de Castelnau, laissant de nouveau ses compagnons, s'en alla en Provence, et travailla à réunir les nobles, dans le dessein d'extirper les hérétiques du pays de Narbonne, à l'aide de ceux qui avaient juré la paix; mais le comte de Toulouse, nommé Raimond, ennemi de cette

---

[1] Mont-Réal (*mons Regalis*), ville du Languedoc, à quatre lieues de Carcassonne.

trêve, ne voulut y acquiescer, jusqu'à tant qu'il fût forcé de la jurer, tant par suite des guerres que lui suscitèrent les nobles de la province, par la médiation et industrie de l'homme de Dieu, que par l'excommunication qu'il lança contre ledit comte [1].

Mais lui qui avait reçu la foi, et qui était pis qu'un infidèle, n'obéissant oncques à son serment, jura souvent, et souvent fut parjure. Pour quoi le reprit avec grande vertu d'esprit le très-saint frère Pierre, abordant sans peur le tyran, lui résistant en face, pour ce qu'il était répréhensible, voire même bien fort damnable; et cet homme de grande constance et de conscience sans tache le confondait à ce point de lui reprocher qu'il était en tout parjure, comme de vrai il l'était.

CHAPITRE IV.

Malice du comte Raimond de Toulouse, fauteur des Albigeois.

Puis donc que l'occasion s'en présente, parlons un peu de la crédulité de ce comte [2]. Il est à dire d'abord que, quasi dès son berceau, il chérit toujours et choya les hérétiques, et les accueillant dans ses terres, il les honora par toutes les faveurs qu'il put. Même jusqu'à ce jour, ainsi qu'on l'assure, partout où il va, il mène avec lui quelques-uns de ces

[1] En 1206.
[2] Raimond VI, arrière petit-fils du célèbre croisé Raimond IV, petit-fils du roi Louis-le-Gros par Constance sa mère, et cousin-germain de Philippe-Auguste alors régnant.

hommes, cachés sous l'habit laïque, afin que, s'il venait à mourir, il meure entre leurs mains. Il croyait en effet que, sans faire aucunement pénitence, et si grand pécheur qu'il fût, il serait sauvé, pourvu qu'à l'article de la mort il pût recevoir d'eux l'imposition des mains. Il faisait aussi porter avec soi le Nouveau-Testament, pour qu'au besoin il reçût des mains des infidèles l'imposition et ledit livre. De vrai, l'Ancien-Testament est détestable aux hérétiques : ils disent que ce Dieu, qui a institué la vieille loi, est mauvais, l'appelant traître à cause de la spoliation d'Égypte, et meurtrier pour le déluge et la submersion des Égyptiens. Ils ajoutent que Moïse, Josué et David ont été les ministres de ce mauvais Dieu, et routiers [1] à son service.

Un jour le susdit comte dit aux hérétiques, comme le savons certainement, qu'il voulait faire nourrir son fils à Toulouse parmi eux, à cette fin qu'il s'instruisît davantage en leur foi, ou plutôt dans leur infidélité. Il dit encore, une autre fois, qu'il donnerait volontiers cent marcs d'argent pour qu'un de ses chevaliers embrassât leur croyance, à laquelle il l'avait maintes fois appelé, et qu'il lui faisait prêcher souvent. Outre cela, quantes fois les hérétiques lui envoyaient des présens ou des provisions, il les recevait avec grande reconnaissance, et les faisait conserver très-soigneusement, ne souffrant pas que personne en mangeât, sinon lui et certains d'entre ses

---

[1] On a donné à ce mot plusieurs étymologies. Sa signification la plus naturelle paraît être voleur de *route* ou de grand chemin, et il serait exactement traduit par l'expression anglaise *high-why gentleman*.

familiers. Très-souvent aussi, comme nous l'avons appris de science certaine, s'agenouillant, il adorait les hérétiques, requérait leurs bénédictions, et les baisait.

Un jour qu'il était à attendre quelques gens qui devaient venir à lui, comme ils ne venaient pas, il s'écria : « Il appert clairement que le diable a fait ce monde, puisque rien ne nous succède à souhait. » Il dit, en outre, au vénérable évêque de Toulouse, ainsi que nous l'avons ouï dudit évêque, que les moines de Cîteaux ne pouvaient être sauvés pour autant qu'ils avaient des ouailles adonnées au péché de luxure. O hérésie inouie !

Le même comte dit à cet évêque de Toulouse qu'il vînt la nuit dans son palais, et que là il entendrait la prédication des hérétiques; par quoi il est patent qu'il les entendoit souvent durant la nuit.

Étant un jour dans une église où étoit célébrée la messe, ce Raimond avoit en sa compagnie un certain mime qui suivoit la mode des bouffons de cette sorte, railloit les gens par grimaces et autres gestes d'histrion: or, comme le prêtre célébrant se retournoit vers le peuple en disant *Dominus vobiscum*, le très-scélérat comte commanda à son mime de contrefaire l'officiant et le tourner en dérision. Il dit encore une autre fois qu'il aimeroit mieux ressembler à un certain hérétique de Castres au diocèse d'Alby, auquel on avait tranché les membres, et qui vivait dans un état misérable, que d'être empereur ou roi.

Que ledit comte protégea toujours les hérétiques, nous en avons la preuve très-convaincante en ce que jamais il ne put être induit par aucun légat du siége apostolique à les chasser de son pays; bien que, contraint par ces mêmes légats, il ait fait de fréquentes abjurations. Il faisait en outre si peu de cas du sacrement de mariage que, toutes fois et quantes sa propre épouse lui désagréait, la répudiant, il en prenait une autre, si bien qu'il en eut quatre [1], dont trois vivent encore. Il eut d'abord la sœur du vicomte de Béziers, nommée Béatrix; laquelle ayant répudiée, il prit la sœur du duc de Chypre [2]. Ayant encore quitté celle-ci, il épousa la sœur du roi d'Angleterre [3], qui lui était unie par conséquent au troisième degré; et cette dernière étant morte, il reçut en mariage la sœur du roi d'Arragon [4], qui pareillement était sa cousine au quatrième degré. On ne doit point taire que, durant son premier mariage, il conseilla souvent à sa femme de prendre l'habit religieux. Celle-ci, comprenant ce qu'il voulait dire, exprès lui demanda s'il voulait qu'elle se fît religieuse de l'ordre de Cîteaux; à quoi il répondit que non. Lors elle lui demanda s'il entendait plutôt qu'elle entrât dans l'ordre de Fontevrault [5]; mais il dit encore qu'il ne le voulait ainsi. Finalement elle lui demanda quelle était sa volonté, et il lui dit que, si elle consentait à se faire ermite, il pourvoierait à tous ses besoins, et il fut fait de la sorte.

[1] Raimond VI eut cinq femmes; l'historien oublie ici la première, Ermesinde de Pelet.

[2] Bourgogne, fille d'Amaury, roi de Chypre.

[3] Jeanne, sœur de Richard-Cœur-de-Lion.

[4] Éléonore, sœur de Pierre II. Une autre sœur du même roi, nommée Sancie, devint aussi la femme du fils de Raimond VI.

[5] Célèbre abbaye de filles, chef d'ordre, fondée par Robert d'Arbrissel, située dans l'Anjou, à trois lieues de Saumur.

Il y avait à Toulouse un détestable hérétique nommé Hugues Fabri, qui jadis était tombé dans une telle démence qu'il avait profané l'autel d'une église de la manière la plus immonde, et qu'au mépris de Dieu, il s'était servi salement du poêle qui couvrait ledit autel [1]. O forfait inouï! le même hérétique avait dit un jour qu'au moment où le prêtre reçoit dans la messe le sacrement de l'Eucharistie, c'est le démon qu'il fait passer dans son propre corps. Or le vénérable abbé de Cîteaux, qui était alors abbé de Granselve [2] dans le territoire de Toulouse, ayant rapporté tout ceci au comte, et lui ayant indiqué qui avait commis un si grand crime, celui-ci répondit qu'à telle cause il ne punirait aucunement un citoyen de ses domaines. Le seigneur abbé de Cîteaux, qui était pour lors archevêque de Narbonne, a raconté ces abominations à environ vingt évêques, moi présent, au concile de Lavaur.

En outre, ledit comte fut à tel point luxurieux et débauché que, comme nous l'avons appris avec certitude, il abusait de sa propre sœur, au mépris de la religion chrétienne. Dès son enfance [3], il recherchait avec grand empressement les concubines de son père, et couchait avec elles dans des transports d'ardeur extrême, à ce point qu'à peine une femme pouvait lui plaire s'il ne savait qu'elle fût entrée d'abord au lit de son père; d'où suit que celui-ci, tant à cause de son hérésie que pour cette énormité, lui annonçait souvent qu'il perdrait son héritage.

---

[1] Voici la phrase textuelle : *Juxta altare cujusdam ecclesiæ purgavit ventrem, et in contemptum Dei, cum palla altaris tersit posteriora sua.*

[2] Abbaye d'hommes de l'ordre de Cîteaux, fondée en 1144.

[3] Le texte porte *ab infantia*.

Davantage, ledit Raimond se prit d'une merveilleuse affection pour des pillards et routiers, à l'aide desquels il dépouillait les églises, détruisait les monastères, et dépossédait tous ceux de ses voisins qu'il pouvait.

C'est en cette façon qu'il se comporta toujours comme un membre du diable, fils de perdition, premier né de Satan, ennemi de la croix et persécuteur de l'Église, champion des hérétiques, oppresseur des catholiques, ministre de damnation, apostat de la foi, rempli de crimes, et vrai magasin de toute espèce de péchés.

Un jour qu'il jouait aux échecs avec un chapelain, il lui dit tout en jouant : « Le Dieu de Moïse en qui vous croyez ne pourra vous aider à ce jeu; et quant à moi, ajouta-t-il, que jamais ce Dieu ne me soit en aide! »

Une autre fois, comme il devait marcher du pays de Toulouse contre quelques ennemis à lui qui étaient en Provence, se levant au beau milieu de la nuit, il vint à la maison où les hérétiques toulousains étaient assemblés, et il leur dit : « Seigneurs et frères, « divers sont les événemens de la guerre. Quoi qu'il « arrive de moi, je recommande en vos mains mon « ame et mon corps. » Ce qu'ayant dit, il emmena, pour plus de précaution, avec lui, des hérétiques en habit commun, pour que si, d'aventure, il venait à mourir, au moins ce pût être entre leurs bras.

Un jour ce maudit comte était malade en Arragon; et, comme son mal augmentait, il se fit construire une litière, et, dans cette litière, transporter à Toulouse; et comme on lui demandait pourquoi il se faisait porter en si grande hâte à Toulouse, affligé qu'il était d'une si grave maladie, il répondit, le misérable : « C'est pour ce qu'il n'y a point en cette terre de bons hommes entre les mains desquels je puisse mourir; » car étaient les hérétiques nommés *bons hommes* par leurs fauteurs. Pour finir, par bien d'autres signes et paroles il s'avouait hérétique. « Je sais bien, disait-il, que je dois être déshérité pour ces gens de bien; mais si suis-je prêt à endurer non seulement l'exhérédation, bien plus, à perdre la tête pour eux. »

Qu'il suffise de ce que nous avons dit touchant l'incrédulité et malice de ce malheureux. Maintenant retournons à notre propos.

CHAPITRE V.

De la venue de douze abbés de Cîteaux et de leurs prédications.

La dispute plus haut rappelée ayant eu lieu dans Mont-Réal, tandis que nos prédicateurs y étaient encore, et que semant de toutes parts la parole de Dieu et les leçons du salut, ils mendiaient partout leur pain; survint le vénérable homme abbé de Cîteaux, nommé Arnauld, arrivant de France et menant avec lui douze abbés, hommes de religion entière, hommes de sainte science et parfaite, hommes de sainteté incomparable, lesquels, selon le nombre sacré des douze apôtres, vinrent au nombre de douze avec l'abbé, lui treizième, préposés à rendre raison à tout disputeur quelconque des choses qui étaient en eux touchant la foi et l'espérance ; et tous en compagnie de plusieurs moines qu'ils avaient amenés avec eux professant complète humilité, suivant le modèle qui leur avait été montré à Montpellier, c'est-à-dire selon le précepte de l'évêque d'Osma, faisaient route à pied. Soudain ils furent dispersés au loin par l'abbé de Cîteaux, et furent à chacun assignées les bornes dans lesquelles ils se livreraient au discours de la prédication [1], et persévéreraient dans le labeur des disputes contre les hérétiques.

CHAPITRE VI.

Du colloque de Pamiers et de la mort de l'évêque d'Osma.

L'ÉVÊQUE d'Osma voulut lors retourner à son évêché, partie pour veiller sur ses ouailles, et partie pour fournir de ses revenus aux nécessités des prédicateurs de Dieu en la province de Narbonne. Or donc, comme il s'en allait devers l'Espagne, il vint à Pamiers au territoire de Toulouse, et près de lui se rendirent Foulques, évêque de Toulouse, et Navarre, évêque de Conserans [2], avec plusieurs abbés. Là, ils

---

[1] On prêchait depuis long-temps dans la langue vulgaire, et il y a des conciles avant le douzième siècle qui ordonnent aux évêques, quand ils prêchent des homélies des Pères, de les traduire du latin en langue romane.

[2] *Consoranum*; ville de Gascogne, avec un territoire ayant titre de vicomté, borné par les comtés de Foix et de Comminges, et par la Catalogne. Elle fut détruite par Bernard de Comminges, et la résidence de l'évêque fut transportée à Saint-Lizier.

disputèrent avec les Vaudois, lesquels furent vaincus à plat et confondus ; et le peuple du lieu, principalement les pauvres, se rangèrent pour la plupart au parti des nôtres ; voire même celui qui avait été institué juge de la dispute (lequel était favorable aux Vaudois et considérable en son endroit) renonça à la perversité hérétique, et s'offrit lui et tout son bien aux mains du seigneur évêque d'Osma, et dès lors il a combattu virilement les sectateurs de la superstition.

Fut présent à cette dispute ce traître et méchant comte de Foix [1], ce très-cruel persécuteur de l'Église et ennemi du Christ, lequel avait une femme qui faisait manifeste profession de l'hérésie des Vaudois ; plus deux sœurs dont l'une professait cette même doctrine, et l'autre, ainsi que le comte, celle des autres sectes déloyales des hérétiques. La dispute susdite ayant eu lieu dans le palais du comte même, celui-ci un jour pratiquait les Vaudois, et l'autre jour nos prédicateurs. O feinte humilité !

Ceci achevé, l'évêque d'Osma s'achemina vers son évêché, résolu de revenir le plus tôt possible, afin de poursuivre les affaires de la foi dans la province de Narbonne. Mais, après avoir passé peu de jours dans son siége, comme il se disposait au retour, il fut prévenu par la mort, et s'endormit heureusement dans sa vieillesse. Avant son décès, était mort pareillement le frère Raoul, dont nous avons parlé ci-dessus, homme de bonne mémoire, lequel rendit l'ame dans une certaine abbaye de l'ordre de Cîteaux, dite Franquevaux, près Saint-Gilles.

[1] Raimond-Roger, comte de Foix, de 1188 à 1223.

Ces deux luminaires étant ravis au monde (savoir l'évêque d'Osma et frère Raoul), le vénérable Gui, abbé de Vaulx-Cernay, au diocèse de Paris, qui était venu avec les autres abbés au pays de Narbonne à cause de la prédication, homme de noble lignage, mais plus noble encore de beaucoup par science et par vertu, le même qui fut fait ensuite évêque de Carcassonne, fut constitué le premier et maître entre les prédicateurs; d'autant que l'abbé de Cîteaux se transporta en d'autres lieux, empêché qu'il était par les grandes affaires du temps.

Nos saints prêcheurs discourant donc et confondant très-apertement les hérétiques, mais ne pouvant, en leur obstination dans la malice, les convertir à la vérité, après beaucoup de temps employé à des prédications et disputes qui furent de mince ou nulle utilité, ils revinrent au pays de France.

Du reste, il n'est à omettre que ledit abbé de Vaulx-Cernay ayant disputé plusieurs fois avec Théodore, plus haut nommé, et un certain autre hérésiarque très-notable, à savoir Bernard de l'Argentière[1], estimé le premier dans le diocèse de Carcassonne, et les ayant maintes et maintes fois confondus, ledit Théodore, n'ayant un jour pu répondre rien autre, dit à l'abbé : « La paillarde (il entendait par là l'Église romaine) m'a long-temps retenu à elle[2]; mais elle ne me retiendra plus. » Il ne faut taire davantage que le même abbé de Vaulx-Cernay ayant gagné un castel

---

[1] *Cimorra*. Cette petite ville, nommée aussi *Cimolus* ou *Argenteria*, est située en Languedoc dans le département de l'Ardèche.

[2] Il avait été catholique et chanoine de Nevers.

près de Carcassonne, nommé Laurac[1], afin d'y prêcher à son entrée dans ledit lieu, il se signa : ce que voyant un certain homme d'armes hérétique qui était dans le château, il dit à l'abbé : « Que ce signe ne me soit oncques en aide! »

CHAPITRE VII.

Miracle de la cédule écrite de la main du bienheureux Dominique, laquelle jetée trois fois au feu en ressauta intacte.

En ce temps advint un miracle qui nous a semblé digne d'être placé ici. Un jour que nos prédicateurs avaient disputé contre les hérétiques, un des nôtres nommé Dominique, homme tout en sainteté, lequel avait été compagnon de l'évêque d'Osma, rédigea par écrit les argumens qu'il avait employés dans le cours de la discussion, et donna la cédule à un hérétique, pour qu'il délibérât sur les objections y contenues. Cette nuit même, les hérétiques étaient assemblés dans une maison, siégeant près du feu. Lors celui à qui l'homme de Dieu avait baillé la cédule, la produisit devant tous : sur quoi ses compagnons lui dirent de la jeter au milieu du feu, et que si elle brûlait, leur foi (ou plutôt leur perfidie) serait véritable ; du contraire, si elle demeurait intacte, qu'ils avoueraient pour telle la foi que prêchaient les nôtres, et qu'ils la confesseraient vraie. Que dirai-je de plus? A ce tous consentant, la cédule est jetée au feu :

[1] *Lauranum;* anciennement, et avant Castelnaudary, capitale du Lauraguais.

mais comme elle eut demeuré quelque peu au milieu des flammes, soudain elle en ressauta sans être du tout atteinte. Les spectateurs restant stupéfaits, l'un, plus endurci que les autres, leur dit : « Qu'on la remette au feu, et alors vous expérimenterez plus pleinement la vérité. » On l'y jeta derechef, et derechef elle ressauta intacte. Ce que voyant cet homme dur et lent à croire, il dit : « Qu'on la jette pour la troisième fois, et lors nous connaîtrons avec certitude l'issue de la chose. » Pour la troisième fois donc on la jette au feu ; mais elle n'est pas davantage offensée, et saute hors du feu entière et sans lésion aucune. Pourtant, et bien que les hérétiques eussent vu tant de signes, ils ne voulurent se convertir à la foi. Ains, persistant dans leur malice, ils se firent entre eux très-expresse inhibition pour que personne, en racontant ce miracle, ne le fît parvenir à notre connaissance ; mais un homme d'armes qui était avec eux, et se rapprochait tant soit peu de notre foi, ne voulut celer ce dont il avait été témoin, et en fit récit à plusieurs. Or cela se passa à Mont-Réal, ainsi que je l'ai ouï de la bouche même du très-pieux personnage qui avait donné à l'hérétique la cédule en question.

CHAPITRE VIII.

Mort sanglante de frère Pierre de Castelnau qui succomba sous le glaive des impies.

Ayant dit ce peu de mots touchant les prédicateurs de la parole divine, arrivons, avec l'aide de Dieu, au martyre de cet homme vénérable, de cet athlète très-courageux, frère Pierre de Castelnau ; à quelle fin nous pensons ne pouvoir mieux faire, ni plus authentiquement, qu'en insérant dans notre narration les lettres du seigneur pape, adressées par lui aux fidèles du Christ, et contenant plus au long le récit de ce martyre. La teneur de ces lettres est ainsi qu'il suit :

« Innocent, évêque, serviteur des serviteurs de Dieu, à nos chers fils, nobles hommes, comtes, barons et tous chevaliers établis dans les provinces de Narbonne, d'Arles, d'Embrun, d'Aix et de Vienne : salut et bénédiction apostolique.

« Nous avons ouï une chose que nous sommes forcés de croire et déduire pour le deuil commun de toute l'Église, à savoir, que comme frère Pierre de Castelnau, de sainte mémoire, moine et prêtre, homme vertueux entre tous les hommes, illustre par sa vie, sa science et son renom, député avec plusieurs autres pour évangéliser la paix et affermir la foi dans la province d'Occitanie, travaillait louablement au ministère à lui commis, et ne cessait de travailler encore, comme celui qui avait pleinement appris en l'école du Christ ce qu'il enseignait ; et, doué de paroles selon la foi, avait moyen d'exhorter suivant la saine doctrine celui qui est selon cette doctrine, et de repousser les contredisans, toujours préparé à rendre raison à qui l'en sommait, ainsi que le pouvait faire homme catholique, docte en la loi, éloquent en langage ; contre ledit frère donc fut suscité par le diable son ministre, le comte Raimond de Toulouse : lequel, pour beaucoup et de grands excès commis envers l'Église et envers Dieu, ayant souvent encouru la censure ecclésiastique, et souvent (homme qu'il était de couleur changeante, rusé, impossible à saisir et inconstant) s'étant fait absoudre par une repentance simulée; ne pouvant enfin contenir la haine qu'il avait conçue contre ledit saint personnage, pour autant qu'en sa bouche était parole de vérité, pour réprimander et châtier les nations, et lui surtout, comte Raimond, qui méritait d'être repris davantage à cause de plus grands crimes, convoqua les légats du siége apostolique, savoir, frère Pierre et son collègue, dans la ville de Saint-Gilles, leur promettant de leur donner satisfaction sur tous les chefs pour lesquels il était reproché. Mais comme eux se furent rendus en la susdite ville, ledit comte, tantôt comme homme facile et de bonne foi, promettait de se soumettre aux salutaires admonitions à lui faites, et tantôt, comme homme double et endurci, refusait tout net de ce faire. Nos légats, voulant enfin se retirer dudit lieu, Raimond les menaça publiquement de mort, disant que par quelque endroit de la terre ou de l'eau qu'ils s'en fussent, il observerait avec vigilance leur départ; et aussitôt, accommodant les effets aux paroles, il envoya ses complices pour dresser les embûches qu'il méditait.

« Comme donc, ni aux prières de notre cher fils l'abbé de Saint-Gilles, ni aux instances des consuls et bourgeois, le délire de la rage ne le pouvait adoucir, eux, en dépit du comte et à son grand déplaisir, conduisirent les saints prédicateurs, à main armée, près des rivages du Rhône, où, pressés par la nuit, ils se reposèrent, tandis que certains satellites à eux du tout inconnus se venaient loger près d'eux ; lesquels, comme l'issue l'a fait voir, cherchaient leur sang.

« Le lendemain matin étant survenu, et la messe célébrée comme de coutume, au moment où les innocens soldats du Christ se préparaient à passer le fleuve, un de ces satellites de Satan, brandissant sa lance, blessa entre les côtes inférieures le susdit Pierre de Castelnau (pierre en effet fondée sur le Christ par immobile assiette), lequel ne se méfiait pas d'une si grande trahison.

« Lors, regardant d'abord l'assassin, et suivant l'exemple de son maître Jésus et du bienheureux Étienne, le martyr lui dit : « Que Dieu te pardonne, car moi je te pardonne, » répétant à plusieurs fois ce mot de piété et patience; ensuite, étant ainsi transpercé, il oublia l'amère douleur de sa blessure par l'espérance des choses célestes; et, à l'article de sa glorieuse mort, ne cessant d'ordonner, de concert avec les compagnons de son ministère, en quelle façon ils répandraient la paix et la foi, il s'endormit heureusement dans le Christ après les pieuses oraisons dernières. Pierre donc ayant, pour la paix et la foi (si justes causes de martyre qu'il n'y en a de plus justes), répandu son sang, il aurait déjà brillé, ainsi que nous le croyons, par d'éclatans miracles, si l'incrédulité des hérétiques ne l'eût empêché, à l'instar de ceux dont il est dit dans l'Évangile que Jésus ne faisait point parmi eux beaucoup de miracles à cause de leur incrédulité. C'est pourquoi, bien que la parole soit un signe nécessaire, non aux fidèles, mais aux infidèles, le Sauveur étant présenté à Hérode qui, au témoignage de Luc, se réjouit grandement de le voir, dans l'espoir qu'il ferait quelque miracle, il dédaigna d'en faire et de répondre à qui l'interrogeait, sachant que l'incrédulité qui demande des miracles n'est pas disposée à croire, et qu'Hérode recherchait seulement une vaine surprise.

« Bien donc que cette méchante race perverse de Provençaux ne soit digne que si promptement, comme elle le cherche peut-être, lui soit donné un signe du martyre de frère Pierre, nous croyons cependant qu'il a fallu qu'un seul mourût pour elle, à cette fin qu'elle ne pérît pas tout entière, et qu'infectée par la contagion de l'hérésie, elle fût rappelée de son erreur par l'intercession du sang du martyr.

« Tel est en effet le durable mérite du sacrifice de Jésus-Christ; tel est l'esprit miraculeux du Sauveur, que, lorsqu'on le croit vaincu dans les siens, c'est alors même qu'il est plus fortement victorieux en eux; et de la même vertu par qui lui-même a détruit la mort en mourant, il fait triompher de leurs triomphateurs ses serviteurs parfois abattus. A moins que le grain de froment qui tombe en terre ne meure, il reste seul; mais s'il meurt, il produit des fruits abondans. Espérant donc qu'il doit provenir dans l'Église du Christ un fruit de cette semence très-féconde, bien qu'assurément soit durement criminel et criminellement dur celui dont l'ame n'a pas été percée par le glaive qui a percé Pierre, et ne désespérant jamais entièrement, vu qu'une si grande utilité doit être dans l'effusion de son sang, que Dieu accordera les succès desirés aux nonces de sa prédication dans ladite province, pour laquelle le martyr est tombé en la corruption de la mort, nous jugeons devoir avertir plus soigneusement nos vénérables frères les évêques et leurs suffragans, et les exhorter par le Saint-Esprit, leur ordonnant strictement, en vertu de la sainte obédience, que, faisant prendre force à la parole de paix et de foi, semée par ledit Pierre dans ceux qui ont été abreuvés de sa prédication, pour combattre la perversité hérétique, affermir la foi catholique, extirper les vices et implanter les vertus, persistant dans les efforts d'un zèle infatigable, ils dénoncent à tous, par leurs diocèses, le meurtrier dudit serviteur de Dieu, ensemble tous ceux à l'aide, par l'œuvre, conseil ou faveur de qui il a accompli un si grand crime, plus ses recéleurs ou défenseurs, au nom du tout-puissant Dieu, Père, Fils et Saint-Esprit, ainsi que par l'autorité des bienheureux apôtres Pierre et Paul, et la nôtre, comme excommuniés et frappés d'anathème; et qu'ils fassent obtempérer à l'interdit ecclésiastique tous les lieux auxquels le susdit meurtrier ou autre précité apparaîtrait, voire même en leur présence, chaque jour de dimanche et fête, au son des cloches et à la lueur des cierges, jusqu'à ce que, approchant du siége apostolique, ils méritent, par une digne satisfaction, d'être absous, et fassent révoquer solennellement la présente sentence. Leur mandons en outre que, quant à ceux qui, animés du zèle de la foi orthodoxe, et pour venger le sang du juste qui ne cesse de crier de la terre vers le ciel, jusqu'à ce que le Dieu des vengeances descende du ciel sur la terre pour la confusion des pervertis et pervertisseurs, quant à ceux, disons-nous, qui se seraient virilement ceints et armés contre ces pestiférés qui s'attaquent tout d'une fois à la paix et à la vérité, ils leur promettent en toute sûreté la rémission de leurs péchés accordée par Dieu et son vicaire ; à cette fin que ce labeur leur suffise pour réparation des offenses à cause desquelles ils auront offert à Dieu la contrition de leur cœur et une confession véridique : le tout attendu que ces empestés Provençaux tentent non seulement de ravir ce qui est nôtre, mais de nous renverser nous-mêmes, et que, non contens d'aiguiser leurs langues pour la ruine des ames, ils mettent encore la main à la destruction des corps, devenus qu'ils sont corrupteurs des unes et meurtriers des autres.

« Bien que le comte dont il est parlé plus haut soit depuis long-temps frappé du couteau d'anathême à cause de nombreux et énormes crimes qu'il serait trop long de raconter par le menu ; vu cependant que, suivant des indices assurés, il est présumé coupable de la mort du saint homme, non seulement pour ce qu'il l'a menacé publiquement de le faire mourir, et lui a dressé des embûches, mais encore en ce qu'il a admis en sa grande familiarité le meurtrier dudit frère, voire l'a récompensé par riches dons (sans parler des autres présomptions qui sont plus pleinement notoires à plusieurs); à cette cause, voulons que les archevêques et évêques le déclarent publiquement anathématisé. Et comme, selon les sanctions canoniques des saints Pères, la foi ne doit pas être gardée à qui ne la garde point envers Dieu, étant ledit comte séparé de la communion des fidèles, et, pour ce, à éviter plutôt qu'à soutenir, voulons encore qu'ils déclarent déliés, par l'autorité apostolique, tous ceux qui sont astreints audit comte

3.

par sermens de fidélité, société, alliance et autres semblables causes, et libre à tout catholique (sauf le droit du seigneur suzerain ¹) non seulement de poursuivre sa personne, mais encore d'occuper et de tenir ses terres et domaines, afin, par ce moyen, d'arriver surtout à purger d'hérésie, par force et savoir faire, le territoire qui, jusqu'à ce jour, a été honteusement endommagé et souillé par la méchanceté dudit comte, étant juste en effet que les mains de tous se lèvent contre celui dont la main a été contre tous. Que si telle vexation ne lui donne enfin meilleur entendement, nous aurons soin d'appesantir notre bras sur sa tête. Mais si, par aucun moyen, il promet d'exhiber satisfaction, ores faudra-t-il qu'il promette, pour signe de sa repentance, qu'il chassera de tout son pouvoir les sectateurs de l'hérétique impiété, et qu'il s'empresse de se réconcilier à la paix fraternelle, vu que c'est surtout pour la faute qu'il est reconnu avoir commise en l'un et l'autre point, que la censure ecclésiastique a été proférée contre lui. Bien que si Dieu voulait prendre garde à toutes ses iniquités, à peine pourrait-il faire satisfaction convenable, non seulement pour lui-même, mais encore pour cette multitude qu'il a conduite dans les lacs de damnation. Mais pour ce que, selon la sentence de vérité, ceux-là ne sont à craindre qui tuent le corps, mais bien ceux qui peuvent envoyer le corps et l'ame en la géhenne, nous nous confions et espérons en celui qui, afin d'ôter à ses fidèles la crainte de la mort, mourut et ressuscita le troisième jour, pour que le meurtre du-

---

¹ Le roi de France, de qui relevait le comté de Toulouse.

dit homme de Dieu, frère Pierre de Castelnau, non seulement n'imprime pas la crainte à notre vénérable frère l'évêque de Conserans ni à notre bien-aimé fils Arnauld, abbé de Cîteaux, légat du siége apostolique, ni aux autres orthodoxes sectateurs de la vraie foi, mais, du contraire, les enflamme d'amour, afin qu'à l'exemple de celui qui a mérité heureusement la vie éternelle au prix d'une mort temporelle, ils ne redoutent pas d'employer pour le Christ, s'il est nécessaire, leur vie en si glorieux combat. C'est pourquoi nous avons jugé bon de conseiller aux archevêques et évêques qu'admonestant leurs ouailles, inculquant prières par préceptes et préceptes par prières, et s'unissant efficacement aux avis salutaires et commandemens de nos légats, ils assistent ceux-ci en toutes choses pour lesquelles ils jugeraient devoir leur faire telles injonctions qu'il leur plairait, ainsi que de braves compagnons d'armes ; leur faisant savoir que la sentence que cesdits légats auraient promulguée, non seulement contre les rebelles, mais encore contre les paresseux, nous ordonnons qu'elle soit tenue pour ratifiée et soit observée inviolablement.

« Sus donc, soldats du Christ ! sus donc, novices intrépides de la milice chrétienne ! que l'universel gémissement de l'Église vous émeuve, et qu'un pieux zèle vous enflamme du desir de venger une si grande injure faite à notre Dieu ! Souvenez-vous que notre Créateur n'avait pas besoin de nous alors qu'il nous fit, et que, bien que notre service ne lui soit nécessaire, comme si, par ce concours, il se fatiguait moins dans l'opération de ses œuvres, et que son omnipotence fût moindre quand notre assistance vient à lui faillir, il nous a néanmoins accordé en telle circonstance l'occasion de le servir et de lui agréer.

« Puis donc qu'après le meurtre du susdit juste, il est dit que l'Église, en les pays où vous êtes, siége dans la tristesse et la douleur, sans appui ni consolateur, que la foi s'est évanouie, que la paix a péri, que l'hérétique peste et la rage de l'ennemi ont plus fort prévalu ; puis aussi que si, dès l'origine de la tempête, on ne porte un puissant secours à la religion, le vaisseau de l'Église sera vu presque entièrement perdu en naufrage ; nous vous avertissons tous soigneusement et promptement exhortons, vous enjoignons, dans une telle urgence et si grande nécessité, avec confiance et en vertu du Christ, vous donnant rémission de tous péchés, pour que vous ne tardiez à courir au devant de maux si énormes, et que vous fassiez en sorte de pacifier ces gens-là en celui qui est un Dieu de paix et d'amour ; finalement pour que vous vous étudiez en vos régions à exterminer l'impiété et l'hérésie par tous les moyens quelconques que Dieu vous aura révélés, combattant d'une main forte et d'un bras au loin étendu leurs sectateurs plus sévèrement que les Sarrasins, en ce qu'ils sont pires.

« D'ailleurs, vous mandons, si ledit comte Raimond (qui, par ainsi que s'il eût fait pacte avec la mort, pèche et ne réfléchit sur son crime) venait d'aventure à prendre meilleur entendement dans la vexation qui lui est infligée, et que, la face couverte d'ignominie, il se prenne à rechercher le nom de Dieu, pour nous donner satisfaction et à l'Église, ou plutôt à Dieu, que vous ne vous désistiez pour cela de faire peser sur lui le fardeau d'oppression qu'il s'est attiré, chassant lui et ses fauteurs des châteaux du seigneur, et leur enlevant leurs terres, auxquelles, après l'expulsion des hérétiques, aient à être subrogés les habitans catholiques, qui, selon la discipline de notre foi orthodoxe, servent devant Dieu en sainteté et justice.

« Donné à Latran, le 6 des ides de mars, de notre pontificat l'an 11 [1]. »

Ces choses étant rapportées touchant la mort du très-saint homme, retournons à suivre notre narration.

CHAPITRE IX.

Comment les évêques de Toulouse et de Conserans furent envoyés à Rome pour exposer au souverain pontife l'état de l'Église dans la province de Narbonne.

Les prélats de la province de Narbonne et autres que touchaient les affaires de la paix et de la foi dans la province de Narbonne, voyant qu'étaient morts les hommes de bien, l'évêque d'Osma, frère Pierre de Castelnau et frère Raoul, lesquels avaient été en ladite terre les promoteurs principaux et maîtres de la prédication; remarquant, de plus, que cette prédication avait déjà accompli son cours pour majeure partie, sans avoir beaucoup profité, ains qu'elle avait été du tout frustrée des fruits desirés, ils délibérèrent d'en transmettre avis aux pieds du souverain pontife.

[1] Le 10 mars 1208.

A cette cause, les vénérables hommes Foulques, évêque de Toulouse, et Navarre, évêque de Conserans, se ceignent et s'acheminent vers Rome, pour supplier le seigneur pape qu'à la religion grandement périclitante en la province de Narbonne, de Béziers et Bordeaux, et faisant dans ces contrées presque entièrement naufrage, il tende une main secourable, et pourvoie à la paix de l'Église.

Sur quoi, le seigneur pape Innocent, qui s'appliquait de toutes ses forces à veiller aux nécessités de la foi catholique, porta remède à si grand mal, envoyant en France lettres circulaires et efficaces sur telle affaire, comme nous l'expliquerons mieux plus bas.

Ce qu'ayant ouï le comte de Toulouse, ou pour mieux dire ce comte de fourberie [1], à savoir, que les susdits évêques s'en étaient allés à Rome, craignant d'être châtié selon ses mérites, et voyant que ses bons faits et gestes ne pouvaient passer impunis, après avoir député plusieurs autres émissaires à Rome, il y envoya finalement deux hommes méchans et exécrables, l'archevêque d'Auch et Raimond de Rabastens [2] lequel avait été autrefois évêque de Toulouse, et pour ses mérites déposé depuis; et par ces truchemens, il se plaignit au seigneur pape de l'abbé de Cîteaux, qui à titre de légat traitait des choses de la foi, assurant qu'il l'avait aigri contre lui, Raimond, avec trop d'âpreté, et plus que de raison; promettant en outre ledit comte, que si le seigneur pape

[1] *Comes* Tolosanus, *imo dicamus melius*, dolosanus.
[2] Dans le haut Languedoc, à six lieues d'Albi. Il y a une autre ville du même nom en Bigorre, à quatre lieues de Tarbes.

lui adressait un légat à *latere*, il se rangerait en tout à ses volontés : ce qu'il ne disait par desir qu'il eût de s'amender en aucune façon, mais bien dans l'idée que si le seigneur pape lui envoyait quelqu'un d'entre ses cardinaux, il pourrait le circonvenir, homme qu'il était de couleur changeante et bien fort rusé.

Mais le Tout-Puissant, qui est scrutateur des cœurs, et les connaît jusque dans leurs secrets, ne voulut permettre que la pureté apostolique pût être induite à erreur, ni davantage que la perversité de ce comte fût cachée plus long-temps. Il pourvut donc, en sa justice et miséricorde, juge clément et équitable, à ce que ledit seigneur pape satisfît à sa requête, comme s'il demandait chose juste, et à ce que sa malice ne demeurât plus long-temps celée. En effet, le seigneur pape fit passer en Provence un de ses propres clercs, ayant nom Milon, homme de vie honnête assurément, illustre en science, disert en paroles, lequel (pour en peu de mots figurer sa vertu et probité), ne put être épouvanté par terreur, non plus que plier sous les menaces.

Toutefois, apprenant la venue de maître Milon, le comte se réjouit grandement, pensant, comme il osait faire, que celui-ci s'accommoderait en toutes choses à son bon plaisir; et, courant par ses domaines, il commença à se glorifier, et à dire : « Voici qu'à cette heure je suis bien, car j'ai un légat selon mon cœur. Voire, je serai moi-même légat. »

Mais il advint pourtant au contraire de son souhait, ainsi qu'il sera dit ci-après.

CHAPITRE X.

Comment maître Théodise fut délégué avec maître Milon.

En compagnie du susdit maître Milon fut envoyé un certain clerc, nommé Théodise [1], chanoine de Gênes, lequel devait l'assister et aider dans l'expédition des affaires de la foi. Or, ce Théodise était homme de grande science, homme de constance admirable, homme d'exquise bonté, qui se comporta très-bien pour les intérêts de Jésus-Christ. Quels dangers il eut à courir dans sa mission, et quels travaux à endurer, c'est ce que l'issue a fait voir, comme nous aurons soin par la suite de le rapporter plus amplement.

Le seigneur pape avait donné commandement à maître Milon de disposer, en tout ce qui touchait à la foi, et surtout au fait du comte de Toulouse, selon l'avis de l'abbé de Cîteaux, vu que l'abbé connaissait à plein l'état des affaires aussi bien que les fourberies de ce comte. Par quoi, le seigneur pape avait dit expressément à maître Milon : « L'abbé de Cîteaux sera de tout le faiseur, et toi, tu seras son organe; car le comte de Toulouse le tient pour suspect, mais toi, tu ne lui seras point tel. »

Maître Milon et maître Théodise étant donc venus en France, ils trouvèrent l'abbé de Cîteaux à Auxerre. Là, maître Milon le consulta sur plusieurs articles

---

[1] Ou, selon d'autres auteurs, *Thédise*.

concernant les affaires de la foi; au sujet de quoi l'abbé l'instruisant avec soin, lui délivra son avis écrit et scellé. Il lui conseilla en outre de convoquer les archevêques, évêques et autres prélats qu'il jugerait expédiens au bien de la chose, avant que d'arriver au comte de Toulouse, de prendre leurs avis et opinions et de s'y tenir. Il lui indiqua même spécialement et par leurs noms quelques-uns d'entre les prélats aux conseils de qui il devait particulièrement adhérer.

Après, l'abbé de Cîteaux et maître Milon, s'acheminèrent vers le roi de France, Philippe, qui pour lors tenait une conférence solennelle avec plusieurs de ses barons à Villeneuve [1], au territoire de Sens, où se trouvaient le duc de Bourgogne, les comtes de Nevers et de Saint-Pol, et beaucoup d'autres nobles et puissans personnages. Or, le seigneur pape avait envoyé au roi lettres spéciales, l'avertissant et priant d'employer secours opportun par lui-même, ou du moins par son fils Louis, pour la défense de l'Église, qui courait grands risques en la province de Narbonne. Mais le roi donna pour réponse au nonce du seigneur pape, qu'il avait à ses flancs deux grands et terribles lions, savoir Othon [2] qui était dit empereur, et le roi Jean d'Angleterre [3] ; lesquels, d'un et d'autre côté, travaillaient de toutes leurs forces à porter le trouble dans le royaume de France; par ainsi qu'il ne voulait sortir en aucune façon de France,

---

[1] Il y avait trois villes de ce nom auprès de Sens, savoir, Villeneuve-la-Guyard, Villeneuve-l'Archevêque et Villeneuve-le-Roi ou sur Yonne. C'est de cette dernière qu'il est question.

[2] Othon IV, surnommé le Superbe.

[3] Jean-sans-Terre.

ni même envoyer son fils; mais que lui semblait assez pour le présent s'il permettait à ses barons de marcher contre les perturbateurs de la paix et de la foi dans la province de Narbonne.

D'autre part, le souverain pontife avait adressé lettres circulaires à tous prélats, comtes et barons, et au peuple entier du royaume de France, pour rendre les peuples fidèles plus prompts à extirper la peste d'hérésie; les admonestant efficacement et les exhortant de faire hâte à venger, dans le pays de Narbonne, l'injure du Crucifix; leur faisant savoir de plus que quiconque, enflammé du zèle de la foi orthodoxe, s'emploirait à cette œuvre de piété, obtiendrait rémission de tous ses péchés devant Dieu et son vicaire, pourvu qu'il fût contrit et confessé.

Que dirai-je? Ladite indulgence est publiée en France, et une grande multitude de fidèles s'arment du signe de la croix [1].

CHAPITRE XI.

Comment un concile fut tenu à Montélimar, et comment un jour fut fixé au comte de Toulouse pour comparaître à Valence devant Milon.

LA susdite conférence tenue à Villeneuve étant terminée, maître Milon, avec son collègue maître Théodise, marcha vers la Provence, et, étant arrivé dans un certain château nommé Montélimar, il y convoqua un bon nombre d'archevêques et d'évêques,

[1] En 1209.

auxquels, lorsqu'ils furent venus à lui, il demanda en diligence de quelle façon il fallait procéder aux affaires de la foi et de la paix, et principalement touchant le fait du comte de Toulouse; il voulut même que chaque prélat lui donnât son avis écrit et scellé sur certains articles au sujet desquels il avait reçu une instruction de l'abbé de Cîteaux. Il fut fait comme il l'ordonnait, et, chose admirable! tous les avis, tant celui de l'abbé de Cîteaux que ceux des prélats, s'accordèrent sans différence aucune. Ceci a été fait par le Seigneur. Après ce, maître Milon députa vers le comte de Toulouse, lui mandant qu'au jour qu'il lui prescrivait, il eût à venir à lui dans la cité de Valence. Le comte vint au jour dit, et, comme homme fallacieux et cruel, parjure et trompeur, il promit au légat, savoir à maître Milon, de faire en toutes choses selon sa volonté, ce qu'il disait par fraude. Mais le légat, qui était homme avisé et circonspect, usant en cela du conseil des prélats, voulut et commanda que le comte de Toulouse livrât pour sûreté sept châteaux des domaines qu'il tenait en Provence; il voulut encore que les comtes des cités d'Avignon et de Nîmes et de la ville de Saint-George [1] lui jurassent que si le comte présumait d'aller contre les commandemens de lui légat, ils ne seraient astreints, à lui comte, par foi d'hommage ni d'alliance. Quant au comte de Toulouse, bien qu'enrageant et malgré lui, contraint par la nécessité, il promit d'accomplir tout ce que le légat lui avait ordonné; et, par ainsi, il advint que lui qui

[1] Il faut lire probablement *Sancti Ægidii*, et entendre Saint-Gilles au lieu de *Saint-George*. Par les *comtes* de ces villes l'historien entend, à ce qu'il paraît, les *consuls* ou premiers magistrats municipaux.

avait taxé de dureté l'abbé de Cîteaux, se plaignit plus encore de la rigueur du légat Milon. L'on croit qu'il a été très-justement disposé par la volonté de Dieu qu'en l'endroit où le tyran espérait trouver remède, il y trouvât vengeance et châtiment. Aussitôt maître Théodise, homme plein d'entière bonté, vint au pays de Provence, par l'ordre du légat, pour recevoir les châteaux dont nous avons parlé, les occuper de la part de la sainte Église romaine, et les munir.

CHAPITRE XII.

Le comte de Toulouse est réconcilié à l'Église.

Ces choses dûment achevées, le légat descendit à la ville de Saint-Gilles pour là réconcilier le comte de Toulouse, et en cette manière furent conduites sa réconciliation et son absolution. Le comte fut amené nu au devant des portes de l'église du bienheureux Saint-Gilles, et, en ce lieu, en présence du légat, des archevêques et évêques qui s'y trouvaient à telle fin au nombre de vingt et par-dessus, il jura sur le corps du Christ et les reliques des Saints qui, par les prélats, étaient tenues exposées devant les portes de l'église avec grande vénération et en grande quantité, d'obéir en tout aux commandemens de la sainte Église romaine. Puis le légat fit placer une étole au cou du comte, et, le tirant par cette étole, il l'introduisit absous dedans l'église en le fouettant.

Il est à dire que, comme le comte de Toulouse était introduit, ainsi que nous l'avons expliqué, dans l'église de Saint-Gilles, nu et flagellé, il ne put, par la disposition de Dieu, et pour la foule qui s'y trouvait, en sortir par où il était entré, mais lui fallut descendre dans les bas côtés de l'église, et passer nu devant le sépulcre du bienheureux martyr, frère Pierre de Castelnau, qu'il avait fait occire. O juste jugement de Dieu! celui qu'il avait méprisé vivant, il a été forcé de lui payer respect après sa mort.

Je pense aussi qu'il convient de noter que, comme le corps dudit martyr, qui d'abord avait été mis au tombeau dans le cloître des moines de Saint-Gilles, eut été transféré long-temps après dans l'église, il fut retrouvé aussi sain et intact que s'il eût été enterré le jour même; bien plus, une exhalaison de merveilleuse odeur sortit du corps du Saint et de ses accoutremens.

CHAPITRE XIII.

Comment le comte de Toulouse prit feintement la croix de la sainte milice, laquelle les soldats de l'armée catholique portaient cousue sur la poitrine.

Après toutes ces choses, le très-rusé comte de Toulouse, tremblant devant la face des Croisés qui, pour chasser les hérétiques et leurs fauteurs, devaient prochainement venir de France au pays de Narbonne, requit du légat qu'on lui donnât la croix, afin par-là d'empêcher que ses terres ne fussent infestées par les nôtres. Le légat lui octroya sa demande, et donna la croix au comte et à deux de ses chevaliers seulement. O menteur et très-perfide Croisé ! j'entends parler du comte de Toulouse qui prit la croix, non pour venger l'injure du Crucifix, mais pour pouvoir quelque temps céler sa perversité, et la cacher aux yeux.

Ces choses faites, le légat et maître Théodise retournèrent vers Lyon à la rencontre des Croisés qui devaient marcher promptement contre les hérétiques Provençaux ; car par toute la Provence avait-on publié l'indulgence que le seigneur pape accordait à ceux qui partiraient contre les susdits hérétiques ; si bien que beaucoup de nobles et d'ignobles avaient armé leur poitrine du signe de la croix contre les ennemis de la croix. Tant de milliers de fidèles s'étant donc croisés en France pour venger l'injure de notre Dieu, et devant se croiser plus tard, il ne manquait plus rien, sinon que le Dieu des armées, faisant marcher sa milice, perdît ces très-cruels homicides ; lui qui d'abord, avec sa bonté accoutumée et une bénignité extraordinaire, compatissant à ses ennemis, c'est-à-dire, aux hérétiques et à leurs fauteurs, leur avait envoyé à plusieurs fois plusieurs de ses ministres ; mais eux, obstinés dans leur impiété, persévérant dans leur corruption, les avaient accablés d'outrages ou même égorgés.

CHAPITRE XIV.

De l'arrivée de l'armée des Croisés dans la Provence.

L'AN de l'incarnation de Notre-Seigneur 1209, et le onzième du pontificat du seigneur pape Innocent, sous le règne de Philippe, roi des Français, aux environs de la fête de saint Jean-Baptiste, tous les Croisés prenant route des diverses parties de la France, animés d'un même esprit, et tout étant disposé avec prévoyance, se rassemblèrent auprès de Lyon, ville française. Parmi ceux qui s'y trouvèrent, ceux-ci passaient pour les principaux, à savoir : l'archevêque de Sens[1], l'évêque d'Autun, celui de Clermont et celui de Nevers, Eudes duc de Bourgogne, le comte de Nevers, le comte de Saint-Pol, le comte de Montfort[2] et celui de Bar-sur-Seine, Guichard de Beaujeu, Guillaume des Roches, sénéchal d'Anjou, Gaucher de Joigny, et beaucoup d'autres nobles et puissans hommes qu'il serait trop long de nommer.

[1] L'archevêque de Sens prenait le titre de primat des Gaules et de Germanie.
[2] Simon, surnommé le *Fort* et le *Macchabée*. Il était fils de Simon III, seigneur de Montfort-l'Amaury, petite ville à onze lieues de Paris, et à l'époque de la croisade, il était le chef de sa maison, illustre et florissante dès le dixième siècle.

CHAPITRE XV.

Le comte de Toulouse va au-devant des Croisés.

Le comte Raimond de Toulouse, voyant arriver la foule des Croisés, et craignant qu'ils n'envahissent ses terres, d'autant plus que l'aiguillon de sa conscience lui faisait sentir de reste tout ce qu'il avait commis de crimes et méchancetés, sortit au devant d'eux, et vint jusqu'aux entours de la cité de Valence; mais ils avaient déjà passé outre. Ledit comte, les trouvant donc avant d'arriver à la susdite ville, se prit à simuler un esprit de paix et de concorde, et leur promit faussement service, s'engageant très-fermement à se conformer aux ordres de la sainte Église romaine, et même à leur arbitrage, voire, pour gage qu'il garderait sa foi, leur livrant quelques siens châteaux. Il voulut aussi donner son fils en otage ou sa propre personne aux nôtres. Quoi plus? cet ennemi du Christ s'associe aux Croisés; ils marchent ensemble, et arrivent droit à la cité de Béziers.

CHAPITRE XVI.

De la malice des citoyens de la ville de Béziers; siége de leur ville, sa prise et sa destruction.

La cité de Béziers comptait entre les plus nobles, mais était toute infectée du poison de la perversité hérétique; et ses citoyens n'étaient pas hérétiques seulement, mais bien plus; ravisseurs, iniques, adultères, larrons des pires, et pleins de toutes sortes de péchés. Qu'il ne soit à charge au lecteur si nous discourons plus spécialement de leur malice.

Un certain prêtre de cette ville gagnait, par une nuit, aux approches du jour, son église, pour y célébrer les divins mystères, portant le calice dans ses mains. Quelques habitans de Béziers qui s'étaient embusqués, saisissant ce prêtre et le frappant avec violence, le blessèrent grièvement, lui rompirent un bras, et, prenant le calice qu'il tenait, ils le découvrirent et pissèrent dedans, au mépris du corps et du sang de Jésus-Christ. Une autre fois, les susdits gens de Béziers, comme de méchans traîtres qu'ils étaient, occirent leur seigneur vicomte, ayant nom Trencavel, dans l'église de la bienheureuse Marie Madeleine qui est en leurs murs, et ils brisèrent les dents à leur évêque qui s'efforçait de défendre ledit vicomte contre leur furie.

Un chanoine de Béziers ayant célébré la messe, sortait un jour de la principale église. Oyant le grand bruit que faisaient des travailleurs occupés à réparer les fossés de la ville, il demanda ce que c'était, et il eut pour réponse de ceux qui se trouvaient là : « Ce bruit vient des gens qui travaillent aux fossés, parce que nous fortifions notre ville contre les Français qui arrivent déjà. » En effet, l'arrivée des pélerins était imminente ; et, pendant qu'ils parlaient ainsi, apparut un vieillard d'âge vénérable, lequel dit : « Vous fortifiez la ville contre les pélerins ; mais qui pourra vous protéger d'en haut ? » Il indiquait par là que le Seigneur les accablerait du haut du ciel. A ces paroles, ils fu-

4.

rent violemment émus et troublés, et comme ils voulaient fondre sur le vieillard il disparut, et ne put oncques être retrouvé. Maintenant suivons notre sujet.

Avant que les Croisés parvinssent jusqu'à Béziers, le vicomte de cette ville, nommé Raimond-Roger, homme de noble lignage, neveu du comte de Toulouse, et grand imitateur de sa perversité, avait très-fermement promis aux hérétiques de cette ville, qu'il n'avait jamais gênés en aucune façon, de ne les abandonner du tout; et que persévérant jusqu'à la mort, il attendrait dans leurs murs la venue des soldats du Christ. Mais comme il eut appris que les nôtres approchaient, contempteur de ses sermens et rompant la foi promise, il se réfugia à Carcassonne, autre sienne ville noble, où il mena avec lui plusieurs des hérétiques de Béziers.

Les nôtres donc, arrivant à Béziers, envoyèrent au devant l'évêque de cette ville, qui était sorti à leur rencontre, à savoir, maître Renaud de Montpellier, homme vénérable pour son âge, sa vie et science. Car disaient les nôtres qu'ils étaient venus pour la perte des hérétiques; et, à cette cause, ils mandèrent aux citoyens catholiques, s'il s'en trouvait aucuns, de livrer en leurs mains les hérétiques, que ce même vénérable évêque qui les connaissait bien, et même les avait couchés par écrit, leur nommerait, ou que s'ils ne pouvaient faire ainsi, ils eussent à sortir de la ville, abandonnant les hérétiques de peur de périr avec eux. Lequel avis leur étant rapporté par ledit évêque, ils ne voulurent y acquiescer; ains, s'élevant contre Dieu et l'Église, et faisant pacte avec la mort, ils choisirent de mourir hérétiques plutôt que de vivre chrétiens. Devant, en effet, que les nôtres les eussent attaqués le moins du monde, quelques gens de Béziers sortirent de leurs murailles, et commencèrent avec flèches et autres armes de jet, à harceler vivement les assiégeans ; ce que voyant nos servans d'armée, lesquels sont dits vulgairement *ribauds*[1], ils abordent pleins d'indignation les remparts de Béziers, et donnant l'assaut à l'insu des gentilshommes de l'armée, qui n'étaient du tout prévenus, à l'heure même, chose admirable, ils s'emparent de la ville. Que dirai-je ? sitôt entrés, ils égorgèrent presque tout, du plus petit jusqu'au plus grand, et livrèrent la ville aux flammes. Et fut ladite ville prise le jour de la fête de sainte Marie Madeleine (ô très-juste mesure de la volonté divine!), laquelle, ainsi que nous l'avons dit au commencement, les hérétiques disaient avoir été la concubine du Christ; outre qu'en son église, située dans l'enceinte de leur ville, les citoyens de Béziers avaient tué leur seigneur, et brisé

---

[1] Cette espèce de soldats figure, pour la première fois, sous le règne de Philippe-Auguste. Ils avaient beaucoup de rapport avec ce qu'on a appelé depuis *enfans perdus*. On les mettait à la tête des assauts et on s'en servait ordinairement dans toutes les entreprises qui exigeaient un coup de main hardi. La licence excessive à laquelle ils se livraient a, par la suite, rendu leur nom infâme. Il y avait un chef des *ribauds* qui portait le titre de *roi*; il avait des priviléges et des fonctions qui passèrent au grand prévôt de l'hôtel lorsque cette charge fut créée par Charles vi, après la suppression du nom de *roi des ribauds*. Entre autres redevances affectées à cet officier, on comptait celle que lui payait chaque femme adultère (cinq sous). On doit entendre par ces mots *servans d'armée* à peu près tous ceux qui, dans l'armée, n'étaient pas nobles, et ceux même qui étaient à sa suite, sans en faire partie comme soldats.

les dents à leur évêque, comme nous l'avons déjà rapporté. C'est juste donc s'ils furent pris et exterminés au jour de la fête de celle dont ils avaient tenu tant de propos injurieux, et de qui ces chiens très-impudens avaient souillé l'église par le sang de leur seigneur vicomte, et celui de leur évêque. Même dans cette église, où, comme il a été dit souvent, ils avaient occis leur maître, il fut tué d'entre eux jusqu'à sept mille, le jour même de la prise de Béziers.

Il est encore à remarquer grandement que, de même que la ville de Jérusalem fut détruite par Tite et Vespasien l'an 42 de la passion de Notre-Seigneur, ainsi la cité de Béziers fut dévastée par les Français en l'an 42, après le meurtre de leur seigneur. Il ne faut non plus omettre que ladite cité a été maintes fois saccagée pour même cause et le même jour. C'est toujours en celui de la fête de sainte Madeleine, dans l'église de qui un si grand forfait avait été commis, que la ville de Béziers a reçu le digne châtiment de son crime.

CHAPITRE XVII.

Du siége de la ville de Carcassonne et de sa reddition.

Béziers donc étant pris et détruit, nos gens délibérèrent de marcher droit sur Carcassonne; car étaient ses habitans de très-méchans hérétiques et devant Dieu pécheurs outre mesure. Or, ceux qui se tenaient dans les châteaux entre Béziers et Carcassonne, s'étaient enfuis par crainte de notre armée, laissant leurs forts déserts; et d'autres, qui n'appartenaient à la secte perverse, s'étaient rendus à nous.

Le vicomte [1], apprenant que les Croisés s'avançaient pour faire le siége de Carcassonne, ramassa tout ce qu'il put de soldats, et se renfermant avec eux dans la ville, il se prépara à la défendre contre les nôtres. N'oublions pas de dire que les citoyens de Carcassonne, infidèles et méchans qu'ils étaient, avaient détruit le réfectoire et le cellier des chanoines de leur ville, lesquels étaient chanoines réguliers, et, ce qui est encore plus exécrable, les stalles même de l'église; le tout pour fortifier leurs murailles. O profane dessein! ô fortifications sans force, bien dignes d'être renversées, pour ce qu'elles étaient construites en violation et destruction de l'immunité sainte de la maison de Dieu! Les maisons des paysans demeurent en leur entier, et celles des serviteurs de Dieu sont jetées à bas.

Les nôtres cependant, étant arrivés sur la ville, établirent leur camp tout à l'entour, et en formèrent le siége. Mais les corps des hommes d'armes ayant pris poste sur chaque point du circuit, il ne fut question de combattre ni ce jour même ni le suivant.

Or, la cité de Carcassonne, placée à l'extrême issue d'une montagne, était ceinte d'un double faubourg, et chacun était couvert pareillement de remparts et de fossés. Le troisième jour, les nôtres espérant emporter d'assaut et sans machines le premier faubourg, qui était tant soit peu moins fort que l'autre, l'attaquèrent tous d'accord avec grande impétuosité, tan-

---

[1] Le vicomte de Béziers.

dis que les évêques et abbés réunis en chœur avec tout le clergé, et chantant bien dévotement *Veni, sancte Spiritus,* imploraient un prompt secours de Dieu. Les nôtres aussitôt prirent de force le premier faubourg abandonné par les ennemis; et il ne faut omettre que le noble comte de Montfort, attaquant ledit faubourg avec le reste de l'armée, le premier de tous, voire même tout seul, se lança audacieusement dans le fossé. Ce succès obtenu, nos gens comblèrent les fossés, et mirent le faubourg au ras de terre.

Ayant vu que si facilement ils avaient pris le premier, les Croisés jugèrent qu'ils pourraient également emporter d'assaut le second faubourg qui était de beaucoup plus fort et mieux défendu [1]. Le jour suivant donc ils s'en approchèrent; mais, durant qu'ils pressaient l'attaque, le vicomte et les siens les repoussaient si vaillamment que, par la grêle continuelle de pierres dont ils étaient assaillis, force fut aux nôtres de ressauter hors du fossé où ils étaient entrés. Et comme il advint dans ce conflit qu'un certain chevalier n'en pouvait sortir, pour ce qu'il avait une jambe cassée, et que nul n'osait l'en retirer à cause des pierres qu'on lançait toujours, un homme de haute prouesse, c'était le comte de Montfort, se jeta dans le fossé, et sauva le malheureux avec le secours d'un seul écuyer, non sans courir grand risque pour sa propre vie.

[1] L'auteur a dit tout à l'heure que le premier faubourg était *tant soit peu moins fort, aliquantulum minus forte.* Cette contradiction vient sans doute de ce que le premier faubourg fut pris et conservé, tandis que dans le second, attaqué d'abord infructueusement, les Croisés ne purent se maintenir après un nouvel assaut.

Ces choses faites, les nôtres ne tardèrent à dresser des machines, de celles qu'on nomme perrières, pour battre le faubourg, et quand le mur en fut un peu ébranlé vers le faîte par le jet des pierres, y appliquant à grand'peine un chariot à quatre roues couvert de peaux de bœuf[1], ils placèrent dessous des pionniers pour saper la muraille. Lors, les ennemis, dardant sans cesse des pierres, des bois et du feu sur le chariot, l'eurent bientôt fracassé ; mais les ouvriers s'étant retirés sous la brèche déjà ouverte dans le mur, ils ne purent en aucune façon les retarder dans leur travail. Quoi plus ? le lendemain, au point du jour, la muraille ainsi minée s'écroula, et nos gens étant entrés avec un terrible fracas, les ennemis se retirèrent au plus haut de la ville ; puis, s'apercevant que nos soldats étaient sortis du faubourg et retournés au camp, quittant la ville et forçant à la fuite tous ceux qui y étaient demeurés, ils mirent le feu au faubourg, non sans avoir tué plusieurs des assaillans que l'embarras des issues avait empêché de s'échapper, et derechef ils se retranchèrent dans la ville haute.

Il arriva pendant le siége une chose qu'il ne faut passer sous silence, et qui peut à bon droit passer pour un notable miracle. On disait que l'armée comptait jusqu'à cinquante mille hommes. Or, nos ennemis avaient détruit tous les moulins des environs ; si bien que les nôtres ne pouvaient avoir de pain, fors d'un petit nombre de châteaux voisins, et néanmoins

---

[1] Cette machine peut être comparée à ces galeries couvertes ou *vignes* construites avec des claies et du bois de chêne vert, qu'on appelait aussi *chats*, et qui servaient également à mettre les travailleurs, mineurs ou pionniers à l'abri des traits des assiégés.

le pain était au camp en telle abondance qu'il s'y vendait à vil prix. D'où vient ce dire des hérétiques que l'abbé de Cîteaux était sorcier, et qu'il avait amené des démons sous figure humaine, parce qu'il leur paraissait que les nôtres ne mangeaient point.

 Les choses étant à ce point, les Croisés tinrent conseil sur le fait de savoir comment ils prendraient la ville. Mais remarquant que, s'ils faisaient ici comme ils avaient fait à Béziers, la ville serait détruite, et tous les biens qui étaient en icelle consumés, en sorte que celui qu'on rendrait maître de ces domaines n'aurait de quoi vivre ni entretenir chevaliers et servans pour les garder, pour ce fut-il, au conseil des barons, traité de la paix en la façon que voici. Il fut arrêté que tous sortiraient nus de la ville, et se sauveraient ainsi; quant au vicomte, qu'il serait tenu sous bonne garde, et quant aux biens, qu'ils resteraient en totalité à celui qui serait seigneur dudit territoire, à cause des besoins plus haut indiqués : et il fut fait de la sorte. Tous donc sortirent nus de la ville, n'emportant rien que leurs péchés; et ainsi s'accomplirent les paroles du vénérable homme Bérenger, qui avait été évêque de Carcassonne. Car, un jour qu'il prêchait dans sa ville, et que, à son ordinaire, reprochant aux habitans leur hérésie, ils ne voulaient l'écouter : « Vous ne voulez m'écouter, leur « dit-il; croyez-moi, je pousserai contre vous un si « grand mugissement que des lointaines parties du « monde viendront gens qui détruiront cette ville. Et « soyez bien assurés que, vos murs fussent-ils de fer et « de hauteur extrême, vous ne pourrez vous défendre ; « ains, pour votre incrédulité et malice, recevrez du

« très-équitable juge un digne châtiment. » Aussi, pour telles menaces et autres semblables discours que ce saint personnage faisait tonner à leurs oreilles, ceux de Carcassonne le chassèrent un beau jour de leur ville, défendant très-expressément par la voix du héraut, et sous peine d'une vengeance très-sévère, que nul, pour acheter ou vendre, se hasardât à communiquer avec lui ou quelqu'un des siens.

Maintenant poursuivons ce que nous avons commencé. La ville étant rendue et tous ses habitans dehors, on fit choix de chevaliers pour garder fidèlement les biens qui s'y trouvaient.

CHAPITRE XVIII.

Comment le comte de Montfort fut élu prince du territoire et domaine du comte Raimond [1].

Toutes ces choses achevées, les barons tinrent conseil entre eux pour aviser de celui qu'ils devaient faire seigneur dudit domaine; et d'abord il fut offert au comte de Nevers, puis au duc de Bourgogne, mais ils le refusèrent. Pour lors, furent choisis dans toute l'armée deux évêques et quatre chevaliers, ensemble l'abbé de Cîteaux, légat du siége apostolique, pour donner un maître à ce territoire, lesquels promirent fermement d'élire celui qu'ils jugeraient meilleur selon Dieu et selon le siècle. Ces sept per-

---

[1] Il faut entendre par là Raimond, vicomte de Béziers, et non le comte Raimond de Toulouse.

sonnes donc, par la coopération des sept dons du Saint-Esprit et le regard de miséricorde qu'il jette sur la terre, choisissent un homme fidèle, catholique, honnête en ses mœurs et fort en armes, savoir le comte Simon de Montfort. Aussitôt l'abbé de Cîteaux, légat du siége apostolique, père et maître de cette sainte négociation, plus le duc de Bourgogne et le comte de Nevers, viennent audit comte, l'avertissant, priant et engageant pour qu'il eût à accepter ce fardeau et cet honneur tout ensemble; et, comme le susdit personnage tout plein de discrétion s'y refusait très-instamment, se disant insuffisant, voire même indigne, soudain l'abbé de Cîteaux et le duc se jettent à ses pieds, le suppliant d'accéder à leur prière. Mais le comte persistant dans son refus, l'abbé, usant de son autorité de légat, lui enjoignit très-étroitement, par vertu d'obéissance, de faire ce qu'ils lui demandaient. Le comte donc prit le gouvernement des susdites terres pour la gloire de Dieu, l'honneur de l'Église et la ruine de l'hérétique méchanceté.

Il faut placer ici un fait bien digne d'être rapporté, lequel advint peu auparavant en France au noble comte de Montfort. Un jour que le vénérable abbé de Vaulx-Cernay, Gui, dont il est parlé plus haut, qui, du mieux qu'il pouvait, avançait les affaires de la foi contre les hérétiques, revenait d'auprès le duc de Bourgogne, portant lettres de ce duc, par lesquelles il priait le comte de Montfort de se préparer avec lui à la guerre pour Jésus-Christ contre les infidèles, et lui offrant de grands dons s'il voulait en cela acquiescer à son desir, il arriva que ledit abbé rencontra le comte dans une église d'un sien château, dit Rochefort [1], occupé à certaines affaires. Or, comme l'abbé l'eut pris à part pour lui montrer la missive du duc, le comte, passant par le chœur de l'église, saisit le livre du psautier qu'il trouva sur le pupître, et, tenant son doigt sur la première ligne, il dit à l'abbé : expliquez-moi ce passage : « Dieu a commandé à ses anges de vous garder dans toutes vos voies ; ils vous porteront dans leurs mains, de peur que vous ne heurtiez votre pied contre la pierre [2] ; » ce qui, indiqué de la sorte par disposition divine, fut très-manifestement prouvé par l'issue des choses.

CHAPITRE XIX.

Illustres qualités de l'ame et du corps qu'on remarquait dans Simon, comte de Montfort.

Puisque l'occasion s'en présente, et que l'ordre naturel de notre récit le requiert, nous placerons ici ce que nous avons reconnu par nous-même dans le noble comte de Montfort. Nous dirons d'abord qu'il était de race illustre, d'un courage indomptable, et merveilleusement exercé dans les armes ; en outre, et pour parler de l'extérieur, il était d'une stature très-élevée, remarquable par sa chevelure, d'une figure élégante, d'un bel aspect, haut d'épaules, large de poitrine, gracieux de corps, agile et ferme en tous ses mouvemens, vif et léger, tel, en un mot, que

[1] Il est probablement question de la petite ville de ce nom, située en Beauce, à deux lieues de Dourdan.
[2] Psaume 90, v. 11, 12.

nul, fût-il un de ses ennemis ou envieux, n'aurait rien trouvé à reprendre en sa personne pour si peu que ce fût ; enfin, et pour parler de choses plus relevées, il était disert en paroles, affable et doux, d'un commerce aimable, très-pur en chasteté, distingué par sa modestie, doué de sapience, ferme en ses desseins, prévoyant dans le conseil, équitable dans le jugement, plein de constance dans les affaires guerrières, circonspect dans ses actions, ardent pour entreprendre, infatigable pour achever, et tout dévoué au service de Dieu. O sage élection des princes ! acclamations sensées des pélerins, qui ont commis un homme si fidèle à la défense de la foi orthodoxe, et ont voulu élever au premier rang un personnage si bien accommodé aux intérêts de la république universelle, à la très-sainte affaire de Jésus-Christ contre les pestiférés hérétiques ! Il convenait en effet que l'ost du Seigneur des armées fût commandé par un homme tel que celui-ci, orné, comme nous l'avons dit, de la noblesse du sang, de la pureté des mœurs et des vertus de chevalerie, tel, dirons-nous, qu'il fût heureux qu'on le mît au dessus de tous pour la défense de l'Église en péril, afin que, sous son patronage, s'affermît l'innocence chrétienne, et que la présomptueuse témérité de la perverse hérésie ne pût espérer que sa détestable erreur demeurerait impunie; et bellement ce Simon de Montfort fut-il envoyé par le Christ, vraie montagne de force, au secours de l'Église voisine du naufrage, pour la défendre contre ses ennemis acharnés.

Il est digne de remarque que, bien qu'autres pussent se trouver qui l'égalassent en quelque partie, nous dirons hardiment qu'à peine ou jamais on n'en rencontra en qui affluât une si grande plénitude de qualités, soit naturelles, soit acquises, et qu'élevât au dessus du commun la magnificence de tant et si riches largesses accordées par la divine Providence ; voire même il lui fut donné de Dieu l'aiguillon d'une continuelle sollicitude et d'une pauvreté très-pressante ; car, bien que Dieu, par la prise des châteaux et la destruction des ennemis, en ait agi avec lui miraculeusement et avec libéralité grande, en même temps il le tourmentait par tant de soucis, et l'accablait d'une si grande détresse qu'il lui permettait à peine de reposer, afin qu'il ne s'adonnât à l'orgueil; et, pour que la vertu d'un homme si illustre brille davantage, qu'il ne soit à charge au lecteur si nous disons quelques mots des choses qu'il avait faites avant l'époque que nous traitons, et dont nous avons été témoin.

CHAPITRE XX.

Bienveillance du comte Simon à l'égard des habitans de Zara, et sa révérence singulière envers l'église romaine.

UN temps était où ce noble comte, et Gui abbé de Vaulx-Cernay, qui fut ensuite évêque de Carcassonne, et dont nous avons souvent fait mention, s'en allaient outre-mer avec certains barons de France[1]. Et comme les nobles français furent arrivés dans la très-opulente cité de Venise, où ils étaient pour monter à frais

[1] Il s'agit ici de la croisade entreprise en 1205, à l'instigation de Foulques de Neuilly.

communs à bord des navires qui devaient les transporter, ils durent les louer à fort grand prix. Là étaient Baudouin [1] comte de Flandre, et Henri son frère, Louis comte de Blois, le noble comte de Montfort, et beaucoup d'autres qu'il n'était aisé de compter.

Or, les citoyens de Venise, hommes rusés et pervers, s'apercevant que nos pélerins étaient épuisés d'argent et quasi à sec, à cause du prix immodéré des navires, bien plus, qu'ils ne pouvaient en grande partie payer le dit naulage, saisissant l'occasion de ce que nos pélerins étaient à leur merci et dans leur dépendance, ils les conduisirent à la destruction d'une certaine ville chrétienne appartenant au roi de Hongrie, laquelle était nommée Zara; et comme nos pélerins y furent arrivés, selon la coutume des assiégeans, ils assirent leurs tentes près des murs de la ville. Mais le comte de Montfort et l'abbé de Vaulx, ne voulant suivre la multitude à mal faire, se refusèrent à camper avec les autres, et se logèrent loin de la ville. Cependant le seigneur pape envoya lettres à tous pélerins, et avec elles menaces très-strictes de perdre l'indulgence qu'il leur avoit accordée, leur commandant, sous peine de grave excommunication, de n'endommager en aucune façon ladite cité de Zara.

Il advint que l'abbé de Vaulx, lisant un jour ces lettres aux nobles hommes de l'armée, tous réunis au même lieu, les Vénitiens voulurent le tuer. Lors, le noble comte de Montfort se leva au milieu de l'assemblée, et s'opposant aux Vénitiens, il les empêcha de le tuer; puis s'adressant aux citoyens de Zara qui

---

[1] Baudouin IX.

étaient là présens pour demander la paix, le noble comte, devant tous les barons, leur parla de cette sorte : « Ici ne suis venu, dit-il, pour détruire les chrétiens, et ne vous ferai aucun mal ; et quoi que fassent les autres, pour ce qui est de moi et des miens, je vous en assure. » Ainsi parla cet homme sans peur, et aussitôt lui et les siens sortirent du lieu où se tenait la conférence. Que tardons-nous davantage ? Les barons de l'armée, ne déférant pas au commandement apostolique, prennent et détruisent la ville : derechef, ils sont excommuniés par le seigneur pape, misérablement et de façon très-grave ; et moi, qui étais là, je rends témoignage à la vérité, en ce que j'ai vu et lu les lettres contenant l'excommunication apostolique.

Quant au comte, il n'acquiesça à l'avis de plusieurs, pour dévier de la vraie route ; ains, sortant de la compagnie des pécheurs, avec grand ennui et dépens, il gagna, par une terre déserte et non frayée, la très-noble ville de Brindes, après beaucoup d'angoisses et de travaux, et là, finalement, ayant loué des navires, il s'achemina avec promptitude outre-mer, où, durant une année, il fit mainte et mainte prouesse dans la guerre contre les païens. Puis, avec honneur, il revint sauf et en vie dans ses domaines, tandis que les barons qu'il avait quittés près de Zara coururent grands périls, et presque tous moururent. Dès ce temps donc il commença les triomphes qu'il a heureusement consommés par la suite, et dès lors il mérita la gloire que, depuis, il obtint en châtiant la perversité hérétique.

Nous ne pensons pas qu'il faille taire que ce comte

étant tel et si grand homme, Dieu pourvut à lui donner un aide semblable à lui, à savoir, sa femme, qui, pour en dire peu de mots, était religieuse, sage et pleine de zèle. Chez elle, en effet, la religion ornait le zèle et la sagesse, la sagesse guidait la religion et le zèle, le zèle animait la sagesse et la religion. De plus, Dieu avait béni ladite comtesse en procréation de lignée; car le comte avait d'elle plusieurs et fort beaux enfans. Ces choses déduites à la louange dudit comte, apprêtons-nous à poursuivre l'ordre de notre narration.

CHAPITRE XXI.

Comment le comte de Nevers abandonna le camp des Croisés à cause de certaines inimitiés.

Quand ledit comte eut été élu en la façon et l'ordre que nous avons rapportés plus haut, aussitôt l'abbé de Cîteaux et lui-même s'en vinrent trouver le duc de Bourgogne et le comte de Nevers, les priant et suppliant qu'ils daignassent rester encore quelque peu au service de Jésus-Christ; car il y avait encore à enlever grand nombre de châteaux très-forts ès mains des hérétiques; et pour ne parler d'autres innombrables, il s'en trouvait trois bien munis autour de Carcassonne, où se tenaient en ce moment les principaux ennemis de notre foi. D'un côté était Minerve [1], le

---

[1] C'était une des plus fortes places du royaume, dans le diocèse de Saint-Pons.

château de Termes [1] de l'autre, et enfin Cabaret [2].

Le duc de Bourgogne, homme très-bénin, acquiesça à leurs prières, et promit de rester avec eux encore pour quelque temps. Mais le comte de Nevers ne voulut du tout entendre à leurs suppliques, et retourna à l'instant dans ses domaines. En effet, le duc et ce comte ne s'accordaient pas bien ensemble, et le diable, ennemi de la paix, avait aiguisé entre eux de telles inimitiés que les nôtres craignaient tous les jours qu'ils ne s'entretuassent. Nos soldats jugeaient aussi que le comte de Nevers n'avait pas assez de bonne volonté envers le comte Simon, pour autant que celui-ci était l'ami du duc de Bourgogne, et avec lui était venu du pays de France. O combien est grande la malice du vieil ennemi qui, voyant et jalousant le progrès des affaires de Jésus-Christ, voulut empêcher ce dont l'accomplissement le mit si fort en peine! Or, l'armée des Croisés qui avait été au siége de Carcassonne était si grande et si forte que, si elle avait voulu se porter plus avant, et poursuivre avec concert les ennemis de la foi catholique, ne trouvant aucune résistance, elle aurait pu s'emparer promptement de toute la contrée. Mais autant que peut l'humaine raison s'en rendre compte, autrement en ordonna la clémence divine, parce que, songeant au salut du genre humain, elle a voulu réserver la conquête de ce pays aux pécheurs. A donc, le bon maître ne voulut finir tout d'un coup cette très-sainte guerre,

---

[1] *Castrum Finarum.* Nous avons traduit *Termes*, comme plus bas, pour *Termarum* et *Thqermarum*, à quatre lieues de Carcassonne.

[2] Château qui a donné son nom au pays de Cabardès, dans le diocèse de Carcassonne.

pourvoyant par là à ce que les pécheurs pussent gagner pardon, et au plus grand mérite des justes; ains, il voulut que ses enuemis fussent subjugués peu à peu et successivement, afin que peu à peu et successivement les pécheurs se prissent à venger l'injure de Jésus-Christ, et que la guerre étant prolongée, le temps de grâce se prolongeât aussi pour eux.

CHAPITRE XXII.

Prise du château de Fanjaux. Le comte pénètre dans le diocèse d'Albi.

Après qu'il eut passé peu de jours à Carcassonne, le noble comte en sortit avec le duc et une bonne partie de l'armée, pour passer outre avec l'aide du Seigneur, délaissé qu'il était par le plus grand nombre des Croisés, qui avaient fait retraite avec le comte de Nevers. Marchant donc de Carcassonne, ils campèrent le même jour auprès d'une certaine ville nommée Alzonne [1].

Au lendemain, le duc donna conseil au comte d'aller vers un château nommé Fanjaux [2], où étaient entrés quelques soldats arragonais du parti de notre comte, et qu'ils avaient fortifié, ledit château ayant été abandonné par les soldats et les habitans, pour la crainte qu'ils avaient des nôtres; car plusieurs des plus nobles et plus puissantes forteresses aux mains des ennemis avaient été laissées vides et dé-

[1] Bourg à trois lieues de Carcassonne.
[2] *Fanum jovis*; petite ville à quatre lieues de Mirepoix.

sertes, à cause de la terreur qu'inspiraient les Croisés. Le comte ayant donc pris quelques hommes d'armes avec lui, et laissant le duc avec le gros de l'armée, marcha vers le susdit château, et, l'ayant reçu de ses gens, il l'occupa et le munit.

Il ne faut pas taire que le comte de Toulouse, qui avait assisté au siége de Carcassonne, et qui était envieux de nos bons succès, conseilla à notre comte de détruire certains châteaux qui étaient voisins de ses domaines à lui, comte de Toulouse; le même, sous prétexte de bien faire, et suivant la volonté de notre comte, détruisit de fond en comble, et brûla quelques castels, de peur, disait-il, qu'ils ne fissent tort aux nôtres par la suite. Mais il en usait ainsi, cet homme plein de perfidie et d'iniquité, parce qu'il voulait que tout ce pays fût saccagé, et que nul ne fût en état de lui opposer résistance.

Comme ces choses se passaient, les bourgeois d'un très-noble château, qu'on appelle Castres, au territoire Albigeois, vinrent vers notre comte, prêts à le recevoir pour maître et à faire suivant sa volonté. Le duc engagea le comte à s'y rendre, et à recevoir ladite forteresse, parce qu'elle était comme la clef de tout le territoire Albigeois. Le comte y alla donc avec un petit nombre des siens, laissant derrière le duc avec l'armée. Or, il advint pendant qu'il était à Castres, et que les habitans lui rendaient hommage et lui livraient le château, qu'arrivèrent à lui des gens d'armes d'un certain autre château très-noble, proche d'Albi, appelé Lombers [1], disposés à faire pour le comte comme avaient fait ceux de Castres; mais le

---

[1] Bourg à trois lieues d'Albi.

noble comte, voulant retourner à l'armée, ne voulut les suivre pour l'instant, et seulement prit leur ville sous sa protection, jusqu'à ce qu'il pût y aller en temps plus opportun.

Nous n'oublierons pas de rapporter un miracle qui advint dans le château de Castres en présence du comte. Comme on lui présenta deux hérétiques, dont l'un était dit *parfait* dans sa secte, et l'autre était comme néophyte et disciple du premier, le comte, ayant tenu conseil, ordonna que tous deux seraient brûlés; mais le second des deux, savoir, celui qui était disciple de l'autre, ayant le cœur touché intérieurement d'une vive douleur, commença à se convertir, et promit qu'il abjurerait volontiers l'hérésie, et obéirait en tout à la sainte Église romaine: ce qu'ayant entendu nos gens entrèrent en grande altercation; les uns disant que, puisque celui-ci voulait faire selon notre volonté, il ne devait être condamné à mort; les autres au contraire soutenant qu'il méritait de mourir, tant pour ce qu'il était manifeste qu'il avait été hérétique, que parce qu'il était à croire qu'il promettait plutôt par la crainte pressante du bûcher, que par le desir de suivre la religion chrétienne. Quoi plus? Le comte consentit qu'il fût brûlé, dans l'idée que s'il était réellement converti, le feu lui serait en expiation de ses péchés, et que s'il avait menti, il souffrirait le talion pour sa perfidie. Ils furent donc liés tous les deux étroitement avec des liens très-forts et très-durs, par les jambes, le ventre, le col, et leurs mains attachées derrière le dos. Cela fait, on demanda au disciple en quelle foi il entendait mourir, et il répondit : « J'abjure la méchanceté hérétique, et

« veux mourir dans la foi de la sainte Église romaine,
« priant que cette flamme me serve de purgatoire ».
Lors un grand feu fut allumé autour du pal, et tandis
que le parfait en hérésie fut consumé en un moment,
les liens qui attachaient l'autre s'étant rompus aussitôt, tout forts qu'ils étaient, il sortit du feu tellement
intact qu'il n'en resta sur lui aucune trace, si ce n'est
que le bout de ses doigts était brûlé un petit.

CHAPITRE XXIII.

Comment le siége de Cabaret fut tenté vainement par le comte.

A son retour du château de Castres, le comte rejoignit l'armée qu'il avait quittée aux environs de
Carcassonne ; et pour lors l'avis du duc de Bourgogne,
des hommes d'armes et de l'armée, fut de marcher
sur Cabaret, pour voir si, par aventure, ils pourraient
inquiéter les gens de ce château, et les forcer par
assaut à se rendre. Les nôtres donc s'ébranlant, vinrent à demi-lieue de Cabaret, et là établirent leur
camp. Le lendemain les hommes d'armes s'armèrent,
ainsi qu'une grande partie de l'armée, et s'approchèrent du château pour le prendre. Puis, ayant donné
l'assaut, voyant qu'ils ne profitaient guère, ils retournèrent à leurs tentes.

CHAPITRE XXIV.

Du départ du duc de Bourgogne, et de l'occupation de Pamiers, Saverdun et Mirepoix.

Au jour suivant, le duc de Bourgogne se prépara à partir avec toute la force de l'armée, et le troisième jour ils quittèrent le comte, chacun s'en revenant chez soi. Le comte donc resta seul et quasi désespéré, n'ayant que très-peu de chevaliers, au nombre de trente environ, lesquels étaient venus de France avec les autres pélerins, et chérissaient avant tout le service du Christ et le comte de Montfort.

L'armée s'étant ainsi retirée, le noble comte vint à Fanjaux, où, arrivé, il vit venir à lui le vénérable abbé de Saint-Antonin de Pamiers [1], dans le territoire de Toulouse, le priant de vouloir s'acheminer avec lui, et l'assurant qu'il lui livreroit sur l'heure le très-noble château de cette ville. Or, tandis que le comte se portait vers ce lieu, il arriva au château dit de Mirepoix [2], et le prit aussitôt. Était ce château un réceptacle d'hérétiques et de routiers, et appartenait aux domaines du comte de Foix. L'ayant pris, le comte marcha droit vers Pamiers, où l'abbé le reçut avec de grands honneurs et lui livra le château de cette ville, que le comte reçut de lui et pour lequel il lui fit hommage, ainsi qu'il le devait; car ce château était proprement en la possession de l'abbé et des chanoines de Saint-Antonin, lesquels chanoines étaient

---

[1] A trois lieues de Foix.
[2] A six lieues de Toulouse.

réguliers [1], et nul n'y devait rien avoir que de la part de l'abbé. Mais le très-méchant comte de Foix, qui devait le tenir de lui, voulait malicieusement se l'approprier tout entier, ainsi que nous le montrerons ci-après.

De là le comte vint à Saverdun [2], dont les bourgeois se rendirent à lui sans condition aucune. Or ce château, je veux dire celui de Saverdun, était au pouvoir et dans le domaine du comte de Foix.

CHAPITRE XXV.

Albi et Lombers tombent en la possession du comte Simon.

Comme il revenait de Fanjaux, notre comte délibéra d'aller au château de Lombers dont nous avons dit ci-dessus un mot, afin d'en prendre possession. Or, il y avait en ce château plus de cinquante chevaliers, lesquels, à son arrivée, reçurent le comte avec honneur, et lui dirent que le lendemain ils feraient suivant ses ordres. Le lendemain étant survenu, les susdits chevaliers se concertèrent pour le trahir lâchement; mais leur conciliabule ayant duré jusqu'à la neuvième heure, la chose vint aux oreilles du comte, qui, prétextant une affaire, sortit sans délai du château. Pour lors ils le suivirent, et, poussés par la crainte, ils se soumirent à sa volonté et livrèrent la place, lui faisant hommage et jurant fidélité.

Puis vint notre comte à Albi, laquelle cité avait

[1] Ils furent sécularisés en 1745.
[2] Petite ville à cinq lieues de Foix.

appartenu au vicomte de Béziers. L'évêque d'Albi, Guillaume, qui en était le principal seigneur, le reçut avec joie pour maître, et lui rendit la ville. Que dirai-je? Le comte prit alors possession de tout le diocèse albigeois, à l'exception de quelques châteaux que tenait le comte de Toulouse, qui les avait enlevés au vicomte de Béziers.

Ces choses dûment achevées, notre comte retourna à Carcassonne, d'où, quelques jours après, il partit pour aller à Limoux [1], dans le territoire du comté de Razez, et y mettre garnison; car s'était ledit château vendu au comte, sitôt la prise de Carcassonne, et tout en y allant, il prit plusieurs castels qui résistaient à la sainte Église, et pendit à bon droit plusieurs de leurs habitans à des potences que bien avaient gagnées.

A son retour de Limoux, le comte marcha contre un certain fort, voisin de Carcassonne, et appartenant au comte de Foix, lequel avait nom Preissan [2]. Or, durant qu'il en faisait le siége, ledit comte de Foix vint à lui, lui jurant qu'il agirait en tout suivant les ordres de l'Église; et, en outre, il donna au comte son propre fils en otage, lui abandonnant encore le château qu'il assiégeait. Après quoi, Simon revint à Carcassonne.

---

[1] Ancienne capitale du comté de Razez, à quinze lieues de Narbonne.
[2] Dans le diocèse de Narbonne.

CHAPITRE XXVI.

Le roi d'Arragon refuse d'admettre le comte de Montfort à prestation d'hommage comme il lui était dû à raison de la ville de Carcassonne. Inutiles instances dudit comte à ce sujet.

Le roi d'Arragon, Pierre, dans le domaine duquel entrait la cité de Carcassonne, ne voulut en aucune façon recevoir l'hommage du comte, mais bien voulait avoir la ville même. Or, un jour qu'il voulait aller à Montpellier [1], et qu'il n'osait, il envoya vers le comte, et lui manda qu'il eût à venir à sa rencontre à Narbonne. La chose faite, le roi et notre comte s'en vinrent ensemble à Montpellier, où, comme ils eurent demeuré sept jours, le roi ne put être amené à recevoir l'hommage du comte. Bien plus, il ordonna secrètement, ainsi qu'on le sut ensuite, à tous les nobles des vicomtés de Béziers et de Carcassonne, qui résistaient encore à la sainte Église et à notre comte, de ne point faire composition avec lui, leur promettant que lui-même l'attaquerait de concert avec eux.

Quant au comte de Montfort, il advint qu'à son retour de Montpellier, gens vinrent à lui qui lui dirent qu'un grand nombre des chevaliers des diocèses de Béziers, de Carcassonne et d'Albi, avaient rompu la foi qu'ils lui avaient promise : et de fait il en était ainsi. En outre, certains félons avaient assiégé deux chevaliers du comte dans la tour d'un château près de Carcassonne, savoir, Amaury et Guillaume de

---

[1] Ce prince était aussi seigneur de Montpellier.

Pissiac. Ce qu'oyant le comte, il fit hâte afin de pouvoir arriver au château devant que ses hommes d'armes fussent pris. Mais ne pouvant traverser la rivière de l'Aude, vu qu'elle était débordée, force lui fut de gagner Carcassonne, parce qu'autrement il n'aurait pu la passer; et comme il était en route, il fut informé que lesdits chevaliers étaient tombés au pouvoir des traîtres.

Il advint, tandis que le comte était à Montpellier, que Bouchard de Marly et Gobert d'Essignac, ensemble quelques autres chevaliers, qui étaient en un certain château de Saissac [1], lieu très-fort au diocèse de Carcassonne, que le comte avait donné audit Bouchard, poursuivirent un jour les ennemis jusqu'à Cabaret. Or, cette forteresse, située près de Carcassonne, était presque inexpugnable et garnie d'un grand nombre de soldats. Plus que toutes les autres, elle résistait à la chrétienté et au comte, et c'est là qu'était la source de l'hérésie, son seigneur, Pierre Roger [2], vieux de méchans jours, étant hérétique et ennemi reconnu de l'Église. Comme donc ledit Bouchard et ses compagnons se furent approchés de Cabaret, les chevaliers de ce château s'étant mis en embuscade se levèrent tout à coup, les entourèrent et se saisirent de Bouchard. Pour Gobert, lui ne voulant d'autant se rendre, ils le tuèrent; et menant Bouchard dans Cabaret, ils le jetèrent dans une tour du château où ils le tinrent aux fers pendant seize mois.

Au même temps, avant que le comte revînt de Mont-

[1] A quatre lieues de Carcassonne.
[2] Il était parent du vicomte de Béziers.

pellier, vint à mourir de maladie Raimond-Roger, vicomte de Béziers, lequel était retenu à Carcassonne dans le palais [1]. Retournons maintenant à la suite de l'autre récit.

CHAPITRE XXVII.

De la trahison et cruauté de Gérard de Pépieux envers le comte Simon et ses chevaliers.

Durant que le comte Simon revenait de Montpellier vers Carcassonne, Gérard de Pépieux, chevalier du Minervois, que le comte tenait en grande affection et familiarité, et auquel il avait remis la garde de ses châteaux aux entours de Minerve, ce méchant traître et cruel ennemi de la foi, reniant Dieu, abjurant sa croyance, oubliant les bienfaits du comte et son amitié, faillit à son attachement et à la foi qu'il lui avait jurée. Que s'il n'avait devant les yeux Dieu et la religion, au moins les bontés du comte auraient dû le détourner d'une si grande cruauté. Ledit Gérard donc, venant avec d'autres chevaliers ennemis de la foi, dans un certain château du comte au territoire de Béziers, dit Puiserguier [2], prit deux chevaliers de Montfort qui gardaient le château, ainsi qu'un grand nombre de servans, promettant avec serment qu'il ne les occirait point, mais qu'il les conduirait vies et bagues sauves jusqu'à

---

[1] Le 10 novembre 1209 ; il est à peu près hors de doute qu'il mourut de mort violente, et non de maladie.
[2] A deux lieues de Béziers.

Narbonne. Ce que le comte ayant appris, il vint audit château du plus vite qu'il put, comme Gérard et ses compagnons s'y trouvaient encore, et voulut assiéger la place; mais Amaury, seigneur de Narbonne, qui était avec lui, et ses hommes déclarèrent ne vouloir entreprendre le siége avec le comte, et s'en revinrent chez eux. Lors, voyant qu'il restait quasi seul, le comte se retira pendant la nuit dans un sien château voisin, nommé Capestang [1], avec dessein de revenir le lendemain à l'aube du jour.

Or, il arriva à Puiserguier certain miracle que nous ne devons passer sous silence. Lorsque Gérard y fut arrivé, et s'en fut rendu maître, méprisant les promesses qu'il avait données, savoir qu'il conduirait sans leur mal faire les prisonniers jusqu'à Narbonne, il jeta dans une tour du château les servans du comte, dont il s'était saisi au nombre de cinquante. Puis, comme dans la nuit même où le comte s'était retiré, il songea à déguerpir sur l'heure de minuit, dans la crainte qu'il ne revînt au lendemain l'assiéger en forme, ne pouvant par trop grande hâte emmener ses captifs de la tour, il les précipita dans un fossé de cette tour même, fit jeter par-dessus eux de la paille, du feu, des pierres, et tout ce qu'il trouva sous la main; et bientôt quittant le château, il gagna Minerve, traînant après lui les deux chevaliers qu'il avait en son pouvoir. O bien cruelle trahison! au point du jour, le comte étant de retour au susdit château, et le trouvant vide, le renversa de fond en comble; et quant à ces gens gisans dans le fossé, lesquels avaient jeûné pendant trois jours, il les en fit retirer, trouvés

[1] A quatre lieues de Narbonne.

qu'ils furent, ô grand miracle! ô chose du tout nouvelle! sans blessure ni brûlure aucune.

Partant dudit lieu, le comte rasa jusqu'au sol plusieurs châteaux dudit Gérard, et peu de jours après il rentra dans Carcassonne. Pour ce qui est de ce traître et félon Gérard, il avait conduit les chevaliers de Montfort à Minerve; et ne tenant cas de sa promesse, faussant son serment, il ne les tua point, il est vrai, mais, ce qui est plus cruel que la mort, il leur arracha les yeux; et, leur ayant amputé les oreilles, le nez et la lèvre supérieure, il leur ordonna de retourner tout nus vers le comte. Or, comme il les avait chassés en tel état pendant la nuit, le vent et le gel faisant rage, car en ce temps-là l'hiver était très-âpre, un d'eux, ce qu'on ne saurait ouïr sans larmes, vint mourir en un bourbier; l'autre, ainsi que je l'ai entendu de sa propre bouche, fut amené par un pauvre à Carcassonne. O scélératesse infâme! ô cruauté inouie! Mais n'était tout ceci que prélude à majeures souffrances.

CHAPITRE XXVIII.

Comment vint derechef l'abbé de Vaulx au pays Albigeois pour raffermir les esprits presque abattus des Croisés.

Dans le même temps, le vénérable abbé de Vaulx-Cernay, Gui, cet homme excellent, qui embrassait d'un merveilleux amour les affaires de Jésus-Christ, et, après l'abbé de Cîteaux, était celui qui les poussait à bonne issue plus que tous les autres, était venu de France à Carcassonne, à telle fin que de reconforter les nôtres qui étaient alors dans un grand abattement ; et telle était, comme nous l'avons dit, son ardeur pour les intérêts du Christ, que, dès l'origine de l'entreprise, il avait couru d'un et d'autre côté par la France, allant et prêchant en tous lieux.

Or ceux qui étaient en la cité de Carcassonne ressentaient un tel trouble et frayeur si grande, que, désespérant, peu s'en fallait, entièrement, ils ne songeaient plus qu'à la fuite, étant de toutes parts enfermés par d'innombrables et très-puissans ennemis. Mais cet homme de vertu, au nom de celui qui donne le succès avec les épreuves, mitigeait chaque jour par de salutaires avertissemens leur accablement et leurs craintes.

CHAPITRE XXIX.

Robert de Mauvoisin revient de la cour de Rome.

Aussi vers ce temps, survint Robert de Mauvoisin qui, par le comte, avait été député en cour de Rome[1], lequel était un très-noble soldat du Christ, homme de merveilleuse droiture, de science parfaite, de bonté incomparable, et depuis longues années avait exposé soi-même et les siens pour le service du Christ. Au par-dessus des autres, il soutenait la sainte entreprise avec grande ardeur et la plus notable efficacité;

---

[1] Il avait été chargé d'entretenir le pape dans des dispositions hostiles contre Raimond, et de l'engager à recruter, par de nouvelles indulgences, les rangs des Croisés.

si fut-il en effet celui à l'aide duquel, après Dieu, mais avant tous, la milice du Christ vint à reprendre vigueur, comme nous le montrerons dans les chapitres suivans.

CHAPITRE XXX.

Mort amère d'un abbé de l'ordre de Cîteaux et d'un frère convers égorgés près de Carcassonne.

Sur ces entrefaites, le comte de Foix avait, pour ses affaires, envoyé vers les légats dans la ville de Saint-Gilles un abbé de l'ordre de Cîteaux, lequel était d'une maison entre Foix et Toulouse, qu'on appelle Caulnes [1]. Celui-ci, à son retour, vint à Carcassonne, menant avec lui deux moines et un frère convers; d'où lui et ses compagnons étant partis, ils avaient à peine fait un mille quand soudain ce très-monstrueux ennemi du Christ, ce très-féroce persécuteur de l'Église, à savoir Guillaume de Rochefort, frère de l'évêque de Carcassonne (de celui qui l'était alors), se jeta sur eux, armé qu'il était contre hommes désarmés, cruel envers gens pleins de douceur, barbare à l'égard d'innocens : et pour nulle autre cause fors qu'ils étaient de l'ordre de Cîteaux, frappant l'abbé en trente-six endroits de son corps, et le frère convers en vingt-quatre, ce plus féroce des hommes les tua sur la place. Quant aux deux moines, il laissa l'un plus qu'à demi-mort, lui ayant fait seize blessures; et l'autre qui était connu, et quelque peu fa-

[1] Abbaye de l'ordre de Cîteaux, à trois lieues de Toulouse.

milier de ceux qui se trouvaient avec le susdit tyran, ne dut qu'à cela d'échapper la vie sauve. O guerre ignoble! honteuse victoire! Notre comte qui était alors à Carcassonne, venant à savoir ce qui s'était passé, commanda qu'on enlevât les corps des malheureuses victimes, et qu'on les ensevelît honorablement dans cette ville. O homme catholique! ô prince fidèle! De plus, il fit soigner promptement par médecins le moine qui avait été laissé à moitié mort, et, quand il fut guéri, le renvoya à sa maison. Le comte de Foix, au contraire, lui qui avait député l'abbé et ses compagnons pour ses propres affaires, reçut leur meurtrier en grande familiarité et affection; voire même il retint le bourreau près de sa personne. Pour en finir sur ce fait, on retrouva peu après en compagnie du comte de Foix les montures de l'abbé que le traître avait ravies. O le plus scélérat des hommes! (je veux dire le comte de Foix) ô le pire des félons!

Il ne faut point taire, d'ailleurs, que l'homicide, atteint par la céleste vengeance de Dieu, ce juge équitable, porta le prix de sa cruauté, le sang de ceux qu'il avait tués criant contre lui de la terre vers le ciel. En effet, lui qui avait frappé de tant de coups ces bons religieux, recevant bientôt après un nombre infini de blessures, fut tué à la porte même de Toulouse par les soldats du Christ, ainsi qu'il l'avait bien mérité. O juste jugement! ô équitable mesure des dispensations divines! car il n'est point de loi plus juste que celle-ci : « Que les artisans de mort périssent « par leur art. »

CHAPITRE XXXI.

Comment fut perdu le château de Castres.

Dans le même temps, les bourgeois de Castres renoncèrent à l'amitié et domination du comte, et se saisirent d'un sien chevalier qu'il avait laissé pour la garde du château, ensemble de plusieurs servans. Toutefois n'osèrent-ils leur mal faire, pour autant que quelques-uns des plus puissans de leur ville étaient retenus en otage à Carcassonne. Presque en même jour, les chevaliers de Lombers, rompant avec Dieu et notre comte, mirent la main sur des servans à lui qui étaient dans le château, et les envoyèrent à Castres pour être jetés en prison et chargés de fers. A quelle fin les bourgeois de Castres les mirent en certaine tour, eux, le chevalier et les servans qu'ils avaient pris, comme nous venons de le dire ; mais tous, par une belle nuit, s'étant fabriqué une manière de corde avec leurs vêtemens, et se laissant aller par une fenêtre, s'échappèrent avec l'aide de Dieu.

CHAPITRE XXXII.

Le comte de Foix se retire de l'alliance du comte de Montfort.

Vers ce temps encore [1], le comte de Foix, qui, comme nous l'avons rapporté plus haut, avait juré

---

[1] Il s'agit toujours de la fin de l'an 1209.

amitié au comte Simon, reprit par trahison le château de Preissan qu'il lui avait livré, et, se retirant de son alliance, il commença à le combattre avec acharnement. En effet, peu de temps ensuite, le jour de la fête de Saint-Michel, le félon vint de nuit à Fanjaux, et, ayant dressé des échelles contre le mur, il fit entrer les siens, lesquels escaladèrent les murailles, et vinrent se répandre dans la place. Ce qu'apprenant les nôtres qui étaient en très-petit nombre dans le château, attaquant les ennemis, ils les forcèrent de sortir en grande confusion, et de se précipiter dans le fossé, après en avoir tué plusieurs. Ce n'est tout : il y avait auprès de Carcassonne un noble château [1], nommé Mont-Réal, dont le seigneur était un chevalier, nommé Amaury, lequel, dans tout le pays, ne comptait, après les comtes, nul qui fût plus noble ou plus puissant que lui. Or, cet Amaury, lors du siége de Carcassonne, avait, par peur des nôtres, abandonné Mont-Réal ; puis il était venu au comte, et pour un temps se tint à sa suite et dans sa familiarité ; mais, peu de jours après, perfide à Dieu et à Montfort, il se retira. Il faut savoir que le comte, voulant occuper Mont-Réal, en avait fié la garde à un certain clerc originaire de France. Séduit néanmoins par une diabolique suggestion, et pire qu'un infidèle, ledit clerc, par trahison bien cruelle, livra presque aussitôt le château à ce même Amaury, et demeura quelque temps avec nos ennemis. Mais, par la divine volonté du très-juste Juge, le noble comte le prit bientôt après, en compagnie d'autres adversaires de la foi, dans un château qu'il assiégeait auprès de Mont-Réal, lequel a

---

[1] A quatre lieues de Carcassonne.

nom Brom[1], et le fit pendre, après qu'il eut d'abord été dégradé par l'évêque de Carcassonne, et traîné par toute cette ville à la queue d'un cheval, recevant ainsi le châtiment mérité de son méfait.

Que tardons-nous davantage? Saisis d'une même passion de malice, presque tous les gens du pays rompirent pareillement avec le comte; en telle façon qu'ayant en très-court espace perdu plus de quarante châteaux, il ne lui resta que Carcassonne, Fanjaux, Saissac et le château de Limoux (dont même on désespérait), Pamiers, Saverdun et la cité d'Albi avec un château voisin nommé Ambialet[2]; et ne faut omettre que plusieurs de ceux à qui le comte avait remis la garde de ses châteaux furent tués par les traîtres ou mutilés. Le comte du Christ, qu'allait-il faire? Qui n'aurait défailli en si grande adversité, et en tel danger perdu toute espérance? Mais ce noble personnage, se jetant tout en Dieu, ne put être abattu par le malheur, comme il n'avait su s'enorgueillir dans la prospérité.

Or tout ceci se passait vers la nativité de Notre-Seigneur.

CHAPITRE XXXIII.

Comment le comte Raimond partit pour Rome.

Les choses étant en tel état, le comte de Toulouse alla vers le roi de France[3] pour voir s'il ne pourrait

[1] Ou Bram.
[2] A trois lieues d'Albi.
[3] En 1210.

par quelque moyen obtenir de son aide et sanction certains péages nouveaux auxquels il avait renoncé de l'exprès commandement des légats. En effet, ledit comte avait outre mesure accru les péages sur ses terres et domaines; pour quoi il avait été très-souvent excommunié. Mais, comme à ce sujet il ne put en rien profiter auprès du roi, il partit de la cour de France, et, s'approchant du seigneur pape, il essaya s'il ne lui serait possible en quelque manière d'avoir restitution du pays à lui appartenant que les légats du seigneur pape avaient occupé pour gage de sûreté [1], ainsi qu'il a été expliqué plus haut, et aussi de rentrer en grâce auprès du souverain pontife. Pour quelle fin ce plus trompeur des hommes faisait grandement parade d'entière humilité et soumission, promettant d'accomplir soigneusement tout ce qu'il plairait au seigneur pape lui commander. Mais ledit seigneur par tant de sanglans reproches le rabroua, et par tant d'affronts, que réduit, pour ainsi parler, au désespoir, il ne savoit plus que faire, traité qu'il étoit de mécréant, de persécuteur de la paix, d'ennemi de la foi; et tel était-il bien réellement.

Toutefois, le seigneur pape, pensant que, tourné à désespoir, ledit comte attaquerait plus cruellement et plus ouvertement l'Église qui, dans la province de Narbonne, étoit à bien dire orpheline et mineure, il lui enjoignit d'avoir à se purger de deux crimes dont il était plus particulièrement accusé; savoir de la mort du légat, frère Pierre de Castelnau, et du crime d'hérésie: et, au sujet de cette double justification,

---

[1] Il s'agit ici des sept châteaux dont maître Théodise avait pris possession au nom de l'Église romaine. (Voy. le chap. XI.)

le seigneur pape écrivit à l'évêque de Riez en Provence, et à maître Théodise, leur mandant que, si le comte de Toulouse pouvoit se purger suffisamment des deux crimes susdits, ils le reçussent à résipiscence. Cependant maître Milon qui, comme nous l'avons dit plus haut, usait de son titre de légat en la terre de Provence pour le bien de la paix et de la foi, avait convoqué au pays d'Avignon un concile de prélats, où furent excommuniés les citoyens de Toulouse, pour ce qu'ils avaient méprisé de remplir leurs promesses faites aux légats et aux Croisés touchant l'expulsion des hérétiques; et même le comte de Toulouse fut pareillement excommunié dans ce concile, au cas toutefois où il tenterait de recouvrer les péages auxquels il avait renoncé.

CHAPITRE XXXIV.

Comment le comte Raimond se vit frustré de l'espoir qu'il avait placé dans le roi de France.

Le comte de Toulouse, à son retour de la cour de Rome, s'en vint trouver Othon [1], lequel était dit empereur, afin de se ménager ses bonnes grâces, et d'implorer son secours contre le comte de Montfort; puis il revint vers le roi de France, pour que le surprenant par de feintes paroles il pût le faire pencher en faveur de sa cause. Mais le roi, qui était homme plein de discrétion et de prudence, le reçut avec

---

[1] Raimond était vassal de l'Empire à raison du comtat Venaissin.

dédain, pour autant qu'il était grandement méprisable.

Or le comte de Montfort, ayant appris que le comte de Toulouse s'était acheminé en France, avait mandé à ses principaux vassaux en ce pays de mettre à sa disposition ses terres et tout ce qu'il possédait, vu qu'ils n'étaient pas encore ennemis déclarés ; même le comte de Toulouse avait promis par serment que son fils prendrait en mariage la fille du comte de Montfort, ce qu'ensuite il se refusa de faire, au mépris de son serment, trompeur et inconstant comme il était.

Voyant qu'il ne gagnait rien près du roi, le comte de Toulouse retourna dans ses domaines avec sa courte honte. Pour nous, retournons à ce que nous avons abandonné.

Le noble comte de Montfort, étant donc cerné de tous côtés par ses rivaux acharnés, se replia sur lui-même, gardant durant cet hiver le peu de pays qui lui était resté, et souvent même infestant ses ennemis. Nous pouvons ajouter que, bien qu'il eût des adversaires à l'infini et très-peu d'auxiliaires, ils n'osèrent jamais l'attaquer en rase campagne. Enfin, vers les premiers jours de carême, on vint annoncer à Montfort que la comtesse sa femme (il l'avait en effet appelée de France) arrivait avec plusieurs chevaliers. A cette nouvelle, le comte alla à sa rencontre jusqu'à un certain château dans le territoire d'Agde, nommé Pézénas [1], où, l'ayant trouvée, il revint en hâte à Carcassonne. Or, comme il s'approchait du château de Campendu [2], on lui vint dire que les gens du château

---

[1] A trois lieues d'Agde et quatre de Béziers.

[2] *Capis suspensus*, à trois lieues de Carcassonne.

de Mont-Laur[1], près le monastère de la Grasse[2], l'ayant trahi, étaient en train d'assiéger en la tour du château les servans qui s'y trouvaient. Aussitôt le comte avec ses chevaliers, renvoyant la comtesse dans un château voisin, marche vers ledit lieu ; et, trouvant les choses telles qu'on le lui avait rapporté, il prit bon nombre de ces traîtres, et les pendit à des gibets. Les autres, à la vue des nôtres, avaient décampé prestement.

Le comte revint ensuite avec ses gens à Carcassonne, d'où, marchant vers le bourg d'Alzonne[3], ils le trouvèrent désert; de là, s'avançant vers le château de Brom qu'ils trouvèrent préparé à se défendre, ils l'assiégèrent, et, au bout de trois jours, ils le prirent d'assaut sans le secours de machines. Au demeurant, ils arrachèrent les yeux à plus de cent hommes de ce château, et leur coupèrent le nez, laissant un œil à l'un d'eux pour qu'au grand opprobre des ennemis il conduisît les autres à Cabaret. Le comte en agit de la sorte, non qu'une telle mutilation lui fît plaisir, mais pour autant que ses adversaires avaient fait ainsi les premiers, et qu'ils taillaient en pièces tous ceux des nôtres qu'ils pouvaient prendre, comme des bourreaux féroces qu'ils étaient; et certes il était juste que, tombant dans la fosse qu'ils avaient creusée, ils bussent parfois au calice qu'ils avaient présenté aux autres. Le noble comte, d'ailleurs, ne se délectait oncques

[1] Petite ville à cinq lieues de Carcassonne, qu'il ne faut pas confondre avec une autre du même nom, également située dans le Languedoc, à trois lieues de Toulouse.

[2] Abbaye de bénédictins, appelée Notre-Dame de la Grasse, située près de la petite ville de ce nom, à cinq lieues de Carcassonne.

[3] A trois lieues de Carcassonne.

dans aucun acte de cruauté ou dans les souffrances de qui que ce fût, étant le plus doux des hommes, et tel qu'à lui s'appliquait très-évidemment ce dire du poète :

« Ce prince, paresseux à punir, prompt à récom-
« penser, qui est marri toutes fois qu'il est forcé d'être
« sévère [1]. »

Dès ce moment, le Seigneur qui semblait s'être endormi tant soit peu, se réveillant au secours de ses serviteurs, montra plus manifestement qu'il agissait avec nous. En peu de temps nous nous emparâmes de tout le territoire du Minervois, à l'exception de Minerve même et d'un certain château nommé Ventalon.

Il advint un jour auprès de Cabaret un miracle que nous croyons devoir rapporter. Les pèlerins venus de France arrachaient les vignes de Cabaret, suivant l'ordre du comte, lorsqu'un des ennemis, lançant d'un jet de baliste une flèche contre l'un des nôtres, le frappa violemment à la poitrine dans l'endroit où était placé le signe de la croix. Tout le monde pensait qu'il était mort, attendu qu'il était entièrement dépourvu de ses armes ; cependant il resta tellement intact que le trait ne put pénétrer même son vêtement pour si peu que ce fût, mais rebondit comme s'il eût frappé contre la pierre la plus dure. O admirable puissance de Dieu ! ô vertu immense !

[1] Ovide, *de Ponto*, Eleg. 3.

CHAPITRE XXXV.

Siége d'Alayrac.

Aux environs de Pâques, le comte et les siens vinrent assiéger un certain château entre Carcassonne et Narbonne, lequel s'appelait Alayrac [1]. Ce château était placé sur la montagne, et de toutes parts environné de rocs. Ce fut donc avec une grande difficulté, par une furieuse intempérie de saison, que les nôtres s'en emparèrent après onze jours de siége. Ceux qui le gardaient ayant déguerpi pendant la nuit, plusieurs d'entre eux, savoir ceux qui ne purent s'échapper, furent mis à mort. De là, les nôtres étant revenus à Carcassonne, en repartirent bientôt pour aller à Pamiers. Or, près dudit lieu se réunirent le roi d'Arragon, le comte de Toulouse et celui de Foix, pour faire la paix entre notre comte et ce dernier; ce que n'ayant pu arranger, le roi d'Arragon et le comte de Toulouse s'en retournèrent à Toulouse. Quant au comte de Montfort, il mena son armée vers Foix, où il fit preuve d'admirable vaillance. En effet, étant arrivé près du château, il chargea avec un seul chevalier tous les ennemis postés devant les portes, et, chose merveilleuse, il les y fit tous rentrer; voire même serait-il entré après eux, s'ils n'eussent, à sa face, levé le pont qui en fermait l'abord; et, comme il se retirait, le chevalier qui l'avait suivi fut écrasé par les pierres qu'on lançait du haut

[1] A deux lieues de Carcassonne.

des murailles, la voie pour la retraite étant très-étroite, et toute close de murs; puis, ayant ravagé les terres, détruit les vignes et les arbres aux environs de Foix, notre comte revint à Carcassonne.

CHAPITRE XXXVI.

Comment les hérétiques desirant que le roi d'Arragon se mît à leur tête en furent refusés, et pourquoi.

En ce temps, Pierre de Roger, seigneur de Cabaret, Raimond de Termes et Amaury, seigneur de Mont-Réal, ensemble d'autres chevaliers qui résistaient à l'Église et au comte, firent dire au roi d'Arragon qui était en ces quartiers, de venir à eux, qu'ils l'établiraient leur seigneur, et lui bailleraient tout le pays : ce qu'ayant appris notre comte, il tint conseil avec ses chevaliers sur ce qu'il devait faire; et, après différens avis de divers d'entre eux, le comte et les siens tombèrent d'accord d'assiéger une certaine forteresse près de Mont-Réal. Or était-ce à Mont-Réal qu'étaient rassemblés les susdits seigneurs, attendant la venue du roi; et par là notre comte voulait leur donner à connaître qu'il ne les craignait pas plus de près que de loin, bien qu'il eût alors un très-petit nombre de soldats. Quoi plus? les nôtres s'acheminèrent sur la susdite forteresse, laquelle avait nom Bellegarde [1].

Le lendemain, le roi d'Arragon vint près de Mont-

---

[1] Il ne faut pas confondre ce lieu avec la place forte du même nom, située sur la frontière de Catalogne.

Réal, et les chevaliers qui l'avaient appelé, et avaient employé plusieurs jours à ramasser force vivres, en sortirent et allèrent à lui, le priant d'y rentrer avec eux pour qu'ils lui fissent hommage, ainsi qu'ils lui avaient mandé; ce qu'ils voulaient faire, afin que par là ils pussent chasser le comte de Montfort de ce territoire. Mais le roi, aussitôt leur arrivée, exigea qu'ils lui livrassent le fort de Cabaret; il leur dit en outre qu'il les recevrait à hommage, moyennant qu'ils lui livreraient leurs forteresses toutes les fois qu'il le voudrait. Eux, ayant tenu conseil, prièrent itérativement le roi d'entrer à Mont-Réal, disant qu'ils feraient comme ils avaient promis. Le roi pourtant n'y voulut venir en aucune façon, à moins qu'ils ne fissent d'abord ce qu'il demandait; ce qu'ayant refusé, chacun d'eux s'en retourna avec confusion du lieu de la conférence. Quant au roi, il députa au comte de Montfort, et lui manda, durant qu'il était occupé au siége de Bellegarde, qu'il donnât trève au comte de Foix jusqu'à Pâques; ce qui fut fait. Furent pris par les ennemis........ [1].

CHAPITRE XXXVII.

Siége de Minerve.

L'an 1210 de l'incarnation du Seigneur, aux environs de la fête de saint Jean-Baptiste, les citoyens de

---

[1] Il se trouve ici une phrase qui n'est pas achevée, et dont les seuls mots imprimés sont *capta sunt ab hostibus*. Sorbin a traduit sur son manuscrit : *Pendant lequel temps la forteresse fut abandonnée des ennemis et saisie des nôtres.*

Narbonne firent dire à notre comte d'assiéger Minerve, et qu'eux-mêmes l'aideraient selon leur pouvoir : or, ils projetaient de la sorte, parce que ceux de Minerve les désolaient outre mesure; et à ce les poussait davantage l'amour de leur propre utilité que le zèle de la religion chrétienne. Au demeurant, le comte répondit à Amaury, seigneur de Narbonne, et à tous les habitans de cette ville, que, s'ils étaient dans l'intention de lui porter aide mieux qu'ils n'avaient fait jusqu'alors, et de persévérer avec lui jusqu'à la prise de Minerve, lui, comte de Montfort, l'assiégerait. Ce qui lui ayant été promis par ceux-ci, aussitôt il se hâta de marcher sur ladite forteresse avec ce qu'il avait de soldats; et, lorsqu'ils y furent arrivés tous ensemble, le comte assit son camp à l'orient : un sien chevalier, nommé Gui de Lecq, avec les Gascons qui se trouvaient là, plaça ses tentes à l'occident; au nord se porta Amaury de Narbonne avec les siens, et certains autres étrangers au midi; car, dans toute cette armée, il n'y avait nul homme prépondérant, hormis le comte et Amaury de Narbonne.

Le château de Minerve était d'une force incroyable, entouré par nature de vallées très-profondes, en telle sorte que chaque corps n'aurait pu, en cas de besoin, venir sans grand risque au secours de l'autre.

Pourtant, tout étant ainsi disposé, on éleva du côté des Gascons une machine, de celles qu'on nomme mangonneau[1], dans laquelle ils travaillaient nuit et jour

---

[1] Machine de guerre empruntée des Turcs, qui lançait des grêles de cailloux.

avec beaucoup d'ardeur. Pareillement, au midi et au nord, on dressa deux machines, savoir, une de chaque côté : enfin, du côté du comte, c'est-à-dire à l'orient, était une excellente et immense perrière, qui chaque jour coûtait vingt et une livres pour le salaire des ouvriers qui y étaient employés. Lorsque les nôtres eurent passé quelque temps à battre le susdit château, une nuit de dimanche, les ennemis sortant de leurs murailles vinrent au lieu où était la perrière, et y appliquèrent des paniers remplis d'étoupes, de menu bois sec, et d'appareils enduits de graisse, puis ils y mirent le feu. Soudain une grande flamme se répandit dans les airs; car on était en été et la chaleur était extrême, vu que c'était, comme on l'a dit, vers la fête de saint Jean; mais il arriva, par la volonté de Dieu, qu'un de ceux qui travaillaient dans la machine, s'était en ce moment retiré à l'écart pour certain besoin [1]; lequel, ayant vu l'incendie, se prit à pousser de grands cris, lorsque soudain un des boute-feux lui jetant sa lance, le blessa grièvement. Le tumulte gagna notre armée, beaucoup accoururent et défendirent si à point l'engin de guerre, et si merveilleusement qu'il ne cessa de jouer, si ce n'est pour deux jets. Puis, comme après quelques jours les machines eurent en grande partie affaibli la place; et, en outre, les vivres venant à y manquer, l'envie de se défendre faillit à ceux qui étaient au dedans. Que dirai-je de plus? Les ennemis demandent la paix; le seigneur du château ayant nom Guillaume

---

[1] Le texte porte *secessit ad inquisita naturæ*; il faut lire sans doute *ad requisita*. Plus loin l'auteur, pour exprimer la même idée, se sert des mots *quæsita naturæ* (chap. 44).

de Minerve, en sort pour parler au comte; mais comme ils étaient à parlementer, voilà que soudain et sans être attendus, survinrent l'abbé de Cîteaux, et maître Théodise, dont nous avons fait plus haut fréquente mention. Pour lors, notre comte, homme plein de discrétion et faisant tout avec conseil, leur dit qu'il ne déciderait rien touchant la reddition et l'occupation du château, sinon ce qu'ordonnerait l'abbé de Cîteaux, maître de toutes les affaires du Christ. A ces paroles, l'abbé fut grandement marri, pour le desir qu'il avait que les ennemis du Christ fussent mis à mort, et n'osant cependant les y condamner, vu qu'il était moine et prêtre.

Songeant donc à la manière dont il pourrait faire revenir, sur le compromis qu'ils avaient passé entre eux, le comte ou ledit Guillaume, qui s'était pareillement soumis à l'arbitrage de l'abbé touchant la reddition du château, il ordonna que l'un et l'autre, savoir le comte et Guillaume, rédigeassent la capitulation par écrit; et il faisait ainsi afin que les conditions de l'un venant à déplaire à l'autre, chacun résiliât l'engagement qu'il avait pris. Au fait, lorsqu'en présence du comte fut récité ce qu'avait écrit Guillaume, il n'y acquiesça point; mais bien dit au seigneur du château d'y rentrer et de se défendre comme il pourrait, ce qu'il ne voulut pas faire, s'abandonnant en tout à la volonté du comte.

Néanmoins, celui-ci voulut que tout fût fait suivant le bon plaisir de l'abbé de Cîteaux. L'abbé donc ordonna que le seigneur du château, et tous ceux qui s'y trouvaient, même les *croyans* entre les hérétiques, sortissent vivans s'ils voulaient se réconcilier avec l'Église et lui obéir, la place restant ès mains du comte.

Davantage il permit que les hérétiques *parfaits*, desquels il y avait là un grand nombre, s'en allassent aussi sains et saufs, s'ils voulaient se convertir à la foi catholique. Ce qu'oyant un noble homme, et tout entier à la foi catholique, Robert de Mauvoisin, qui était présent, pensa que par là seraient délivrés les hérétiques, pour la ruine desquels étaient accourus nos pèlerins; et craignant que, poussés peut-être par la peur, ils ne promissent, lorsqu'ils étaient déjà entre nos mains, de faire tout ce que nous exigerions, résistant en face à l'abbé, il lui dit que les nôtres ne souffriraient du tout que la chose se terminât de la sorte. L'abbé lui répondit : « Ne crains rien ; car je crois que très-peu se convertiront. »

Cela fait, précédés de la croix et suivis de la bannière du comte, les nôtres entrent dans la ville, et ils arrivent à l'église en chantant *Te Deum laudamus* : laquelle ayant purifiée, ils arborent la croix du Seigneur sur le sommet de la tour, et la bannière du comte en un autre lieu. Le Christ en effet avait pris la ville, et il était juste que son enseigne marchât devant en guise de sa bannière à lui, et que placée dans le lieu le plus apparent, elle rendît témoignage de cette chrétienne victoire. Pour ce qui est du comte, il ne fit alors son entrée à Minerve.

Les choses ainsi disposées, le vénérable abbé de Vaulx-Cernay, qui était au siège avec le comte, et qui embrassait la cause du Christ avec un zèle unique, ayant appris qu'une multitude d'hérétiques étaient assemblés dans une certaine maison de la ville, alla vers eux, leur portant des paroles de paix et les avertissemens du salut, car il desirait les amener à de meilleures voies. Mais eux l'interrompant lui répondirent tout d'une voix : « Pourquoi venez-vous nous prêcher de paroles ? Nous ne voulons de votre foi, nous abjurons l'Église romaine : vous travaillez en vain ; et même pour vivre, nous ne renoncerons à la secte que nous suivons. » A ces mots, le vénérable abbé sortit soudain de cette maison, et se rendit à une autre, où les femmes étaient réunies, afin de leur offrir le verbe de la sainte prédication : or, s'il avait trouvé les hommes endurcis et obstinés, il trouva les femmes plus obstinées encore et plus endurcies.

Sur ces entrefaites, notre comte étant entré dans le château, et venant au lieu où tous les hérétiques étaient rassemblés, cet homme vraiment catholique, voulant tous les sauver et les induire à reconnaître la vérité, commença à leur conseiller de se convertir à la foi du Christ. Mais comme il n'en obtint absolument rien, il les fit extraire du château, et un grand feu ayant été préparé, cent quarante, ou plus [1], de ceux des hérétiques *parfaits* y furent jetés ensemble. Ni fut-il besoin, pour bien dire, que les nôtres les y portassent, car, obstinés dans leur méchanceté, tous se précipitaient de gaîté de cœur dans les flammes. Trois femmes pourtant furent épargnées, lesquelles furent, par la noble dame, mère

---

[1] D'autres disent cent quatre-vingts. Le texte même n'explique pas bien clairement si les *parfaits* furent seuls brûlés, et la mention qu'il fait plus bas de trois femmes semble supposer que tous les hérétiques trouvés à Minerve furent livrés aux flammes.

de Bouchard de Marly¹ enlevées du bûcher et réconciliées à la sainte Église romaine. Les hérétiques étant donc brûlés, tous ceux qui restaient dans la ville furent pareillement réconciliés à la sainte Église, après avoir abjuré l'hérésie². Le noble comte donna même à Guillaume, qui avait été seigneur de Minerve, d'autres revenus près de Béziers. Mais lui bientôt après méprisant la fidélité qu'il avait promise à Dieu et au comte, et abandonnant l'un et l'autre, s'associa aux ennemis de la religion.

Nous ne croyons pas devoir taire deux miracles qui arrivèrent pendant le siége de Minerve. En effet, lorsque l'armée arriva pour assiéger ce château, une source coulait près de la ville, laquelle était très-peu abondante ; mais la miséricorde divine la fit grossir si subitement, à la venue des nôtres, qu'elle suffit et au-delà durant tout le siége aux hommes et aux bêtes de l'armée : or, il dura sept semaines environ ; puis, les Croisés s'étant retirés, l'eau se retira de même et redevint très-peu abondante, comme auparavant. O grandes choses de Dieu! ô bonté du Rédempteur!

Item, autre miracle. Lorsque le comte partit de Minerve, les piétons de l'armée mirent le feu à des cabanes que les pélerins avaient faites de branches et de feuillages, et comme elles étaient très-sèches, elles s'enflammèrent aussitôt ; si bien qu'il s'éleva par toute la vallée une flamme aussi grande que si une vaste

---

¹ Celui dont il est question au chapitre 26.
² D'après ce que nous venons de dire, il faudrait entendre par là le reste des habitans de Minerve qui renoncèrent au commerce des hérétiques. En effet, l'auteur ne dit pas *combustis perfectis*, mais bien *hæreticis*.

cité eût été la proie d'un incendie. Or, il y avait là une cabane faite aussi de feuillages, et toute entourée des autres, où durant le siége un prêtre avait célébré les saints mystères; laquelle fut si miraculeusement préservée du feu que l'on ne découvrit en elle aucun vestige de la commune combustion, ainsi que je l'ai ouï de la bouche de vénérables personnages qui étaient présens. Soudain les nôtres courant à ce spectacle merveilleux trouvèrent que les cabanes qui avaient été brûlées joignaient de toutes parts, à la distance d'un demi-pied, celle qui était demeurée intacte. O prodige immense !

CHAPITRE XXXVIII.

Comment des croix, en forme d'éclairs, apparurent sur les murs du temple de la Vierge mère de Dieu à Toulouse.

C'est ici que nous pensons devoir placer mêmement un autre miracle qui advint à Toulouse, durant que notre comte était au siége de Minerve. En cette cité, et proche le palais du comte de Toulouse, est une église fondée en l'honneur de la bienheureuse vierge Marie, dont les murailles avaient été nouvellement blanchies en dehors. Un jour, sur le vêpre, un nombre infini de croix commencèrent d'apparaître sur les murs de cette église et de tous côtés; lesquelles semblaient comme d'argent, et plus blanches que les murailles mêmes. De plus, elles étaient en perpétuel mouvement, se laissant voir tout à coup, puis tout à coup disparaissant; de telle sorte que beaucoup les voyaient, et ne pouvaient les montrer à d'autres. Devant en effet qu'aucun pût lever le doigt, la croix qu'il pensait indiquer avait disparu; vu qu'elles se montraient tout ainsi que des éclairs, tantôt plus grandes, tantôt moyennes ou plus petites.

Cette vision se maintint quasi durant quinze jours, chaque journée et à l'heure du soir : aussi le peuple presque entier de Toulouse en fut-il témoin. Et pour qu'il ajoute foi à notre récit, saura le lecteur que Foulques, évêque de Toulouse, Rainaud, évêque de Béziers, l'abbé de Cîteaux, légat du siége apostolique, et maître Théodise, qui se trouvait pour lors à Toulouse, ont vu la chose et me l'ont racontée en détail.

D'ailleurs, il arriva par la disposition de Dieu, que le chapelain de ladite église ne put d'abord voir les croix en question. Entrant donc par une nuit dans l'église, il se mit en prière, suppliant le Seigneur qu'il daignât lui montrer ce que presque tous avaient vu : et soudain il vit des croix innombrables, non plus sur les murailles, mais bien éparses dans l'air, entre lesquelles une était plus grande et plus haute que tout le reste. Bientôt celle-ci sortant de l'église, toutes sortirent après elle, et se prirent à tendre en droite course vers les portes de la ville. Pour ce qui est du prêtre, à tel spectacle bien véhémentement stupéfait, il suivit les croix lumineuses; et comme elles étaient sur le point de sortir de la ville, il lui sembla qu'un quidam d'un air respectable et de bel aspect, entrant dans Toulouse, une épée dégainée à la main, tuait, secouru par ces mêmes croix, un homme de grande taille, lequel en sortait, et ce à l'issue même de la ville. Pour quoi, le susdit prêtre, quasi mort de peur, courut vers le seigneur évêque d'Uzès [1], et tombant à ses pieds, il lui conta le tout par ordre.

CHAPITRE XXXIX.

Comment le comte Raimond fut séparé de la communion des fidèles par le légat du siége apostolique.

Vers le même temps, le comte de Toulouse, lequel, comme il a été dit, s'était approché du seigneur pape, était revenu de la cour de Rome. Or, ledit seigneur, ainsi que nous l'avons rapporté plus haut, avait mandé à l'évêque de Riez et à maître Théodise comme quoi il lui avait été enjoint de se purger principalement de deux crimes, savoir, la mort de frère Pierre de Castelnau, légat du siége apostolique, et le crime d'hérésie. Pour lors maître Théodise vint à Toulouse, où nous avons vu, dans le récit du précédent miracle, qu'il se trouvait, tandis que les nôtres étaient occupés au siége de Minerve, à telle fin que de consulter l'abbé de Cîteaux sur la justification prescrite audit comte, et pour absoudre, du commandement du souverain pontife, les citoyens de Toulouse selon la forme, c'est-à-dire, moyennant qu'ils s'engageraient par serment d'obéir aux ordres de l'Église. Mais l'é-

---

[1] Raimond III, évêque d'Uzès ; il ne faut pas le confondre avec deux évêques d'Uzès du même nom qui l'avaient précédé ; celui-ci succéda, en 1208, à l'évêque d'Uzès Éverard.

vêque de Toulouse les avait déjà reçus à absolution dans la forme susdite, prenant en outre pour otages et sûreté dix des plus considérables de la ville.

A son arrivée à Toulouse, maître Théodise eut un secret colloque avec l'abbé de Cîteaux touchant l'admission du comte Raimond à se purger, ainsi qu'il a été expliqué ci-dessus. Or, maître Théodise, homme tout plein de circonspection, de prévoyance et de sollicitude pour les affaires de Dieu, ne desirait rien tant que de pouvoir à bon droit repousser le comte de la justification qu'il avait à lui prescrire, et en cherchait tous les moyens. Il voyait bien en effet que, s'il l'admettait à ce faire, et que l'autre, au moyen de quelques dols et faussetés, parvînt à en tirer parti, c'en serait fait de l'Église en ces contrées, et que la foi y périrait tout ainsi que la dévotion chrétienne. Tandis qu'il se tourmentait de ces appréhensions, et qu'il en délibérait en lui-même, le Seigneur lui ouvrit une voie pour sortir d'embarras, lui insinuant de quelle manière il pourrait refuser au comte de se justifier. Par ainsi, il eut recours aux lettres du seigneur pape, où, entre autres choses, le souverain pontife disait : *Nous voulons que le comte de Toulouse accomplisse nos commandemens.* Or, était-il que beaucoup avaient été faits à ce comte, comme d'expulser les hérétiques de ses terres, de délaisser les nouveaux péages dont nous avons parlé, et maintes autres injonctions qu'il avait en tout dédaigné d'accomplir. Adonc, maître Théodise, d'accord avec son compagnon, savoir l'évêque de Riez, et pour qu'ils ne parussent molester le comte ni lui faire tort, lui fixèrent un jour pour l'admettre à justification dans la ville de Saint-Gilles ; et là se rendit ledit comte, ainsi que plusieurs archevêques, évêques et autres prélats des églises, qui y avaient été convoqués par l'évêque de Riez et maître Théodise ; puis, comme Raimond s'efforçait tant bien que mal de se purger de la mort du légat et du crime d'hérésie, maître Théodise lui dit, de l'avis du prélat, que sa justification ne serait reçue, pour autant qu'il n'avait en rien accompli ce qui lui avait été enjoint selon les ordres du souverain pontife, bien qu'il eût tant de fois juré de s'y conformer. En effet, cedit maître avançait, ce qui était vraisemblable, voire même très-manifeste, que si le comte n'avait tenu ses sermens pour choses plus légères, il ne ferait difficulté de se parjurer pour soi et ses complices, afin de se purger de crimes aussi énormes que la mort du légat et le crime d'hérésie, ains qu'il s'y donnerait de grand cœur. Ce qu'entendant le comte de Toulouse, par malice en lui innée, il se prit à verser des larmes. Mais ledit maître, sachant bien que ces pleurs n'étaient pleurs de dévotion et repentance, mais plutôt de méchanceté et douleur, il lui dit : « Quand les grandes eaux inonderont comme dans un déluge, elles n'approcheront point du Seigneur[1]. Et sur-le-champ, du commun avis et assentiment des prélats, pour moultes et très-raisonnables causes, le très-scélérat comte de Toulouse fut derechef excommunié sur la place, ensemble tous ses fauteurs, et qui lui baillerait aide.

Il ne faut pas oublier de dire qu'avant l'événement de toutes ces choses, maître Milon, légat du siége apostolique, était mort à Montpellier en l'hiver passé.

[1] Psaume 31, v. 8.

Retournons maintenant à la suite de notre narration.

Le château de Minerve étant donc tombé en son pouvoir aux environs de la fête de la bienheureuse Marie Madeleine, notre comte vit venir à lui un chevalier, seigneur d'un château qu'on appelle Ventalon, lequel se rendit au comte, lui et son fort; et le comte, pour les grands maux que les Chrétiens avaient soufferts à l'occasion de ce château, y alla, et en renversa la tour de fond en comble. Finalement Amaury, seigneur de Mont-Réal, et ceux de ce château, apprenant la perte de Minerve, et craignant pour eux-mêmes, députèrent vers le comte, le priant de leur accorder la paix dans la forme qui suit: Amaury promettait de lui livrer Mont-Réal, pourvu qu'il lui donnât un autre domaine à sa convenance, mais ouvert et sans défense : à quoi consentit le comte, et il fit comme Amaury avait demandé. Pourtant ledit Amaury, comme un très-méchant traître, rompant ensuite le pacte entre eux conclu, et se séparant du comte, se joignit aux ennemis de la croix.

CHAPITRE XL.

Siége de Termes.

Dans le même temps, survinrent de France un certain noble croisé, ayant nom Guillaume, et d'autres pélerins, lesquels annoncèrent au comte la venue d'une grande multitude de Bretons. Le comte, ayant donc tenu conseil avec les siens, et se confiant dans le secours de Dieu, conduisit son armée au siége du château de Termes [1]; et, comme il s'y acheminait, les chevaliers qui étaient à Carcassonne firent sortir de la ville les engins et machines de guerre qui s'y trouvaient renfermés, pour les amener au comte qui se portait rapidement sur Termes. Ce qu'ayant su ceux de nos ennemis qui étaient dans Cabaret, savoir, que nos machines étaient placées hors de Carcassonne, ils vinrent au beau milieu de la nuit en force et en armes pour essayer de les détruire à coups de cognée. Mais, à leur approche, nos gens sortirent de la ville, bien qu'ils fussent en très-petit nombre, et, se ruant sur eux vaillamment, ils les mirent en déroute et les menèrent battans un bon bout de chemin, fuyant de toutes parts. Pourtant la fureur de nos ennemis n'en fut point refroidie, et au point du jour ils revinrent pour tenter encore de démantibuler lesdites machines : ce que les nôtres apercevant, ils sortirent derechef contre eux, et les poursuivirent plus long-temps et plus bravement encore que la première fois; même, à deux ou trois reprises, ils eussent pris Pierre de Roger, seigneur de Cabaret, si, par peur, il ne se fût mis à crier avec les nôtres : « Montfort! Montfort! » comme s'il était l'un d'entre eux; et, en telle façon, s'esquivant et se sauvant par les montagnes, il ne rentra à Cabaret que deux jours après.

D'un autre côté, les Bretons dont nous avons fait mention ci-dessus, s'avançant pour se joindre au comte, arrivèrent à Castelnaudary, dans le territoire de Toulouse, et appartenant encore au comte Raimond. Mais les bourgeois de Castelnaudary ne les

[1] En 1211.

voulurent recevoir dans le château, et les firent demeurer pendant la nuit dans les jardins et champs des alentours; et c'était pour autant que le comte de Toulouse mettait aux affaires du Christ de secrets empêchemens du plus qu'il pouvait. Les Bretons, passant de là à Carcassonne, transportèrent à la suite du comte qui allait au siége de Termes les machines dont nous avons parlé plus haut. Ce château était au territoire de Narbonne, et distant de cinq lieues de Carcassonne; il était d'une force merveilleuse et incroyable, si bien qu'au jugement humain il paraissait du tout inexpugnable, étant situé au sommet d'une très-haute montagne, sur une grande roche vive taillée à pic, entouré dans tout son pourtour d'abîmes très-profonds et inaccessibles, d'où coulaient des eaux qui l'entouraient de toutes parts. En outre, des rochers si énormes, et pour ainsi dire inabordables, ceignaient ces vallées, que, si l'on voulait s'approcher du château, il fallait se précipiter dans l'abîme; puis, pour ainsi parler, ramper vers le ciel. Enfin, près du château, à un jet de pierre, il y avait un roc, à la pointe duquel s'élevait une moindre fortification garnie de tours, mais très-bien défendue, que l'on nommait vulgairement Tumet. Dans cette position, le château de Termes n'était abordable que par un endroit, parce que, de ce côté, les rochers étaient moins hauts et moins inaccessibles.

Or, le seigneur de ce château était un chevalier nommé Raimond, vieillard qui avait tourné à la réprobation, et notoire hérétique, lequel, pour peindre en résumé sa malice, ne craignait ni Dieu ni les hommes. En effet, il présumait tant de la force de son château qu'il attaquait tantôt le roi d'Arragon, tantôt le comte de Toulouse, ou même son propre seigneur, c'est-à-dire, le vicomte de Béziers. Ce tyran, apprenant que notre comte se proposait d'assiéger Termes, ramassa le plus de soldats qu'il put, et, se pourvoyant de vivres en abondance et des autres choses nécessaires à la défense, il se prépara à résister.

Notre comte, arrivé en vue de Termes, l'assiégea; mais, n'ayant que peu de monde, il ne put menacer qu'une petite partie du château. Aussi ceux qui étaient dedans en grand nombre, et à l'abri de notre armée, ne redoutant rien à cause de sa faiblesse, sortaient librement et rentraient pour puiser de l'eau à la vue des nôtres qui ne pouvaient l'empêcher. Et tandis que ces choses et autres semblables se passaient, quelques pélerins français, arrivant de jour en jour au camp, et comme goutte à goutte, sitôt qu'ils les voyaient venir, nos ennemis, montant sur leurs murailles, pour faire affront aux nôtres qui se présentaient en petit nombre et mal armés, s'écriaient par moquerie : « Fuyez de notre présence, fuyez. » Mais bientôt commencèrent à venir en grandes troupes et multitude des pélerins de France et d'Allemagne; et pour lors ceux de Termes, tournant à la peur, se déportèrent de telles dérisions, cessèrent de nous narguer, et devinrent moins présomptueux et moins audacieux.

Cependant les gens de Cabaret, en ce temps principaux et très-cruels ennemis de la religion chrétienne, s'approchant de Termes, battaient nuit et jour les grands chemins, et tous ceux des nôtres qu'ils pouvaient trouver, ils les condamnaient à la mort la plus honteuse, ou, au mépris de Dieu et de nous, ils les renvoyaient à l'armée, après leur avoir crevé les yeux et leur avoir coupé le nez et autres membres avec une grande barbarie.

CHAPITRE XLI.

De la venue au camp des catholiques des évêques de Chartres et de Beauvais avec les comtes de Dreux et de Ponthieu.

Les choses en étaient là, quand de France survinrent les nobles et puissans hommes, savoir, l'évêque de Chartres, Philippe, évêque de Beauvais, ensemble Robert, comte de Dreux, et celui de Ponthieu, menant avec eux une grande multitude de pélerins, dont la venue réjouit bien fort le comte et tout son camp. On espérait en effet que ces puissans auxiliaires agiraient efficacement, et mépriseraient les ennemis de la foi chrétienne, se confiant dans la main de celui qui peut tout, et dans le bras qui combat d'en haut. Mais celui qui abaisse les forts et octroie la grâce aux humbles ne voulut permettre que rien de grand ni d'honorable fût opéré par ces puissances, et cela par un secret jugement à lui seul connu. Néanmoins, et pour autant que la raison humaine peut l'éclaircir, on croit que le juste Juge en ordonna de la sorte, soit que les nouveaux venus ne fussent dignes d'être choisis de Dieu pour instrumens de grandes et glorieuses choses, glorieux et grand qu'il est lui-même, soit parce que, si l'issue eût été amenée par de nombreuses et magnifiques ressources, tout eût été imputé au pouvoir de l'homme, et non à celui de Dieu. L'ordonnateur céleste disposa donc toutes choses pour le mieux en réservant cette victoire aux pauvres, et en triomphant par eux avec gloire, pour en donner une nouvelle à son glorieux nom.

Cependant notre comte avait fait dresser des machines, de celles qu'on nomme perrières, qui, lançant des pierres sur le mur avancé du château, aidaient chaque jour les nôtres aux progrès du siége. Or, il y avait dans l'armée un vénérable personnage, savoir, Guillaume, archidiacre de Paris, qui, enflammé d'amour pour la religion chrétienne, se donnait tout entier aux travaux les plus pénibles pour le service du Christ. Il prêchait à toute heure, faisait des collectes pour les frais des engins de guerre, et remplissait avec constance et prévoyance tous les autres soins de cette activité si nécessaire. Il allait très-souvent à la forêt, menant avec lui une multitude de pélerins, et faisant emporter en abondance du bois pour l'usage des perrières. Un jour même que les nôtres voulaient dresser une machine près du camp, et qu'une profonde vallée les en empêchait, cet homme d'une grande persévérance, cet homme de ferveur incomparable, chercha et trouva le remède à un tel obstacle dans sa sagesse et son audace. A donc, conduisant les pélerins à la forêt, il ordonna qu'on en rapportât une grande quantité de bois, et la fit servir à remplir cette vallée, où l'on jeta aussi de la terre et des pierres : ce qui étant exécuté, les nôtres placèrent leurs machines sur ce terre-plain. Au demeurant, comme nous ne pourrions rapporter tous les expédiens et ingénieuses inventions inspirées par le zèle et l'adresse dudit archidiacre, ni les travaux qu'il eut à endurer pendant le siége, nous nous bornerons à dire que c'est à lui surtout, même à lui seul après Dieu, qu'il faut en attribuer la conduite vigilante et diligemment soutenue, aussi bien que la victoire et la prise du château. Il était, en effet, illustre par sa sainteté, prévoyant dans le conseil, bien résolu de cœur; et la divine Providence avait répandu sur lui une telle grâce, et si abondante dans le cours de cette entreprise, qu'il était regardé comme le plus habile pour toutes les choses qu'on jugeait profitables au succès du siége. Il enseignait les ouvriers, instruisait les charpentiers, et surpassait chaque artisan dans la direction de tout ce qui intéressait le siége. Il faisait combler les vallées, comme nous l'avons déjà dit; de même, lorsqu'il le fallait, il faisait abaisser de hautes collines au niveau des vallées profondes.

Les machines étant donc placées près du camp, lesquelles jouaient sans cesse contre les murs du château, et les nôtres regardant que la première muraille était ébranlée par l'effet de leur batterie continuelle, ils s'armèrent pour prendre d'assaut le premier faubourg : ce que voyant les ennemis, à l'approche des nôtres, ils y mirent le feu, et se retirèrent dans le faubourg supérieur; puis, comme les assiégeans pénétraient dans le premier, sortant contre eux et les obligeant d'en sortir, ils les en chassèrent plus vite qu'ils n'étaient venus.

La chose en était là, quand les nôtres s'apercevant que la tour voisine du château (dont nous avons déjà parlé, et qu'on appelle Tumet), toute garnie de soldats, portait grandement obstacle à la prise du château, ils songèrent au moyen de s'en emparer. Ils placèrent donc au pied de cette tour, qui, comme nous l'avons dit, était sise au haut d'une roche, un guet, pour le cas où ceux de la tour voudraient venir sur notre camp, et où ceux du château chercheraient à donner aide à la garnison de la tour, si le besoin les en pressait. Peu de jours après, entre le château de Termes et la tour susdite, dans un lieu inaccessible et avec grande peine et danger, ils dressèrent une machine, de celles dites mangonneaux; mais les assiégés, élevant aussi un mangonneau, jetaient de grosses pierres sur le nôtre, sans toutefois qu'ils pussent le détruire; et notre machine travaillant continuellement contre la tour, et ceux qui s'y trouvaient voyant qu'ils étaient cernés, sans que les gens du château pussent en aucune façon les secourir, ils cherchèrent pendant la nuit, et craignant la lumière du jour, leur salut dans la fuite, déguerpirent, et laissèrent la tour vide. De quoi les servans de l'évêque de Chartres, qui faisaient la garde au bas, s'étant aperçus, ils y pénétrèrent aussitôt, et plantèrent la bannière dudit évêque au plus haut des remparts.

Pendant ce temps, nos perrières battaient sans cesse d'autre part les murs du château; mais nos ennemis, vaillans et matois qu'ils étaient, à mesure que nos machines avaient abattu quelque endroit de leurs murs, construisaient aussitôt derrière avec des pierres et du bois une autre barrière : d'où il suivait que toutes fois et quantes les nôtres abattaient un pan de muraille, arrêtés par la barrière que l'ennemi avait relevée, ils ne pouvaient davantage avancer; et comme nous ne pouvons détailler toutes les circonstances de ce siége, nous dirons, en quelques mots, que les ennemis ne perdirent jamais une portion de leurs murs sans bâtir à l'instant un autre mur intérieur, de la façon que nous avons expliquée ci-dessus. Cependant les nôtres dressèrent un mangonneau sur une roche, auprès du rempart, dans un lieu inaccessible; et, lorsque cette machine était en action, elle ne faisait pas peu de mal à l'ennemi. Notre comte avait envoyé pour la garder trois cents servants et cinq chevaliers; car on craignait beaucoup pour elle, tant parce qu'on pensait que nos ennemis mettraient tous leurs soins à la détruire, vu qu'elle leur portait grand dommage, que parce que l'armée n'aurait pu, en cas de besoin, secourir les gardiens de ce mangonneau, car il était placé dans un lieu inabordable. Or, sortant un jour du château, au nombre de quatre-vingts, les assiégés, armés de leurs écus, firent mine de se ruer sur la machine : ils étaient suivis d'une infinité d'autres portant du bois, du feu, et autres matières inflammables. A cette vue, les trois cents servants de garde auprès du mangonneau, saisis de terreur panique, prirent tous la fuite; si bien qu'il ne resta pour le défendre que les cinq chevaliers. Quoi plus? A l'approche des ennemis ceux-là même s'enfuirent à leur tour, hors un seul qui s'appelait Guillaume d'Escuret : lequel, en voyant les ennemis s'avancer, se prit à grand'peine à gravir par dessus la roche pour les attendre de pied ferme; et comme ils se furent tous précipités sur lui, il se défendit avec beaucoup d'adresse et de valeur. Les ennemis, s'apercevant qu'ils ne pourraient le prendre, le poussèrent avec leurs lances sur notre mangonneau, et jetèrent après lui du bois sec et du feu. Mais ce preux garçon se relevant aussitôt, aussitôt dispersa les brandons : de telle sorte que le mangonneau resta intact ; puis, il grimpa de nouveau pour les combattre ; eux le précipitèrent derechef, comme ils avaient fait d'abord, et lancèrent du feu sur lui... Que dirai-je? Il se relève encore, et les aborde ; ils le poussent une troisième fois sur la machine, et ainsi de suite jusqu'à quatre reprises différentes. Finalement, les nôtres voyant que ce vaillant homme, au demeurant, ne pourrait s'échapper, parce qu'il n'était possible à personne d'aller à son aide, ils s'approchèrent du château comme pour l'attaquer par un autre endroit ; ce qu'apprenant ceux qui molestaient de la sorte le brave Guillaume, ils se retirèrent dans la place. Pour lui, bien que grandement affaibli, il échappa la vie sauve, et, grâce à son incomparable prouesse, notre mangonneau demeura en son entier.

En ce temps-là le noble comte de Montfort était en proïe à une telle pauvreté et si urgente détresse que, le pain même venant souvent à lui manquer, il n'avait rien à mettre sous la dent; si bien que très-souvent, ainsi que nous l'avons appris avec toute certitude, quand l'instant du repas approchait, ledit comte s'absentait de fait exprès, et n'osait, par vergogne, retourner à son pavillon, parce qu'il était heure de manger, et qu'il n'avait pas même de pain. Quant au vénérable archidiacre Guillaume, il instituait des confréries, faisait, comme nous avons dit, de fréquentes collectes, et tout ce qu'il pouvait extorquer, exacteur vertueux et pieux ravisseur, il le dépensait curieusement pour les engins et autres objets concernant le siége.

Les choses étaient à ce point quand l'eau vint à manquer à nos ennemis. En effet, depuis long-temps les nôtres ayant fermé toutes les issues, ils ne pouvaient plus sortir pour puiser de l'eau, et, en étant privés, ils perdirent aussi courage et l'envie de résister. Quoi plus? Ils entrent en pourparler avec les assiégeans et traitent de la paix de la manière suivante : Raimond, seigneur du château, promettait de le livrer au comte, sous la condition que celui-ci lui abandonnerait un autre domaine; de plus, qu'il lui rendrait le château de Termes aussitôt après Pâques. Or, pendant qu'on négociait sur ce pied, les évêques de Chartres et de Beauvais, le comte Robert et le comte de Ponthieu firent dessein de quitter l'armée. Le comte les supplia, tous les prièrent de rester encore quelque peu de temps au siége; bien plus, comme ils ne pouvaient être fléchis en aucune manière, la noble comtesse de Montfort se jeta à leurs pieds, les suppliant affectueusement qu'en telle nécessité ils ne tournassent le dos aux affaires du Seigneur, et qu'en un péril si pressant ils secourussent le comte de Jésus-Christ qui chaque jour s'exposait à la mort pour le bien de l'Église universelle; mais l'évêque de Beauvais, le comte Robert et celui de Ponthieu ne voulurent acquiescer aux instances de la comtesse, et dirent qu'ils partiraient le lendemain sans différer aucunement, même d'un seul jour. Pour ce qui est de l'évêque de Chartres, il promit de rester avec le comte encore un peu de temps.

8.

CHAPITRE XLII.

Comment les hérétiques ne voulurent rendre le château de Termes, et comment Dieu, pour leur ruine, leur envoya une grande abondance d'eau.

Voyant notre comte que, par le départ des susdits personnages, il allait rester quasi seul, contraint qu'il était par une nécessité aussi évidente, il consentit, bien que malgré lui, à recevoir les ennemis à composition, suivant le mode qu'ils avaient offert. Quoi plus ? Les nôtres parlementent derechef avec eux, et ladite capitulation est ratifiée. Aussitôt le comte manda à Raimond, seigneur du château, qu'il eût à en sortir, et à le remettre en ses mains; ce qu'il ne voulut faire le même jour, et d'ailleurs promit fermement qu'il le rendrait le lendemain de bon matin. Or, ce fut la divine Providence qui voulut et arrangea ce délai, ainsi qu'il a été prouvé tout manifestement par l'issue des choses. En effet, le très-équitable juge céleste, Dieu, ne voulut souffrir que celui qui avait tant de fois et si fort fait pâtir sa sainte Église, et l'eût plus encore vexée s'il l'avait pu, s'en allât impuni et se retirât franc de toute peine après de si fières œuvres de cruauté : car, pour ne rien dire de ses autres méfaits, trente ans et plus s'étaient écoulés déjà, comme nous l'avons su de personnes dignes de foi, depuis que, dans l'église du château de Termes, les divins sacremens avaient été célébrés pour une dernière fois.

Adonc la nuit suivante, le ciel venant comme à crever et toutes ses cataractes à s'ouvrir, une abondance d'eau pluviale fondit si soudainement sur la place que nos ennemis qui avaient long-temps souffert de la pénurie d'eau, et même, pour cette cause, avaient proposé de se rendre, furent très-copieusement ravitaillés et bien refaits par ce secours inattendu. Nos chants d'allégresse se changent en deuil; le deuil des ennemis se tourne en joie. Par ainsi, s'enflant d'orgueil aussitôt, ils reprirent avec leurs forces l'envie de se défendre; et d'autant plus cruels devinrent-ils et plus obstinés à nous persécuter, qu'ils présumaient que, dans leur besoin, Dieu ne leur avait envoyé qu'une plus manifeste assistance. O sotte et méchante présomption! faire jactance de l'aide de celui dont ils abhorraient le culte, dont même ils avaient abdiqué la foi! Ils disaient donc que Dieu ne voulait pas qu'ils se rendissent; voire affirmaient-ils que pour eux était fait ce que la divine justice avait fait contre eux.

Les choses en étaient là quand l'évêque de Beauvais, ensemble le comte Robert et le comte de Ponthieu, laissant l'affaire du Christ imparfaite, bien plus, en passe très-étroite et dangereuse, quittèrent l'armée, et s'en retournèrent chez eux; et, s'il nous est permis de faire remarquer ce qu'il ne leur était permis de faire, ils se retirèrent avant d'avoir fini leur quarantaine; car il avait été ordonné par les légats du siége apostolique, pour ce qu'un bon nombre de pélerins étaient tièdes et toujours soupirant après leurs quartiers, que nul ne gagnerait l'indulgence que le seigneur pape avait accordée aux Croisés, s'il ne passait au service du Christ au moins quarante jours.

Pour ce qui est de notre comte, à la pointe du jour, il envoya à Raimond, seigneur du château, et le somma de se rendre comme il avait promis le jour précédent; mais celui-ci, rafraîchi par l'abondance de l'eau dont la disette l'avait contraint à capituler, voyant aussi que la force était presque entièrement revenue à ses gens, trompeur et glissant ès mains, manqua à la parole convenue. Pourtant deux chevaliers qui étaient dans la place en sortirent, et même se rendirent au comte, pour ce que la veille ils avaient promis fermement de ce faire au maréchal de notre comte. Or, comme cet officier fut de retour au camp, car c'était lui que le comte avait envoyé pour conférer avec Raimond, et qu'il lui eut rapporté ce qu'avait dit celui-ci, l'évêque de Chartres, qui voulait partir le lendemain, pria et conseilla que le maréchal fût de nouveau député vers lui, et lui offrît quelque composition que ce fût, pourvu qu'il livrât le château au comte; et, afin que notre émissaire persuadât plus facilement Raimond touchant la garantie et sûreté du traité, ledit évêque fut d'avis qu'il menât avec lui l'évêque de Carcassonne présent au siége, pour autant qu'il était du pays, connu personnellement du bourreau, et qu'en outre sa mère, très-méchante hérétique, était dans le château, ainsi que son frère à lui évêque de Carcassonne, savoir, ce Guillaume de Rochefort dont nous avons fait mention plus haut, lequel était très-cruel homme, et aussi pire ennemi de l'Église qu'il le pouvait.

Adonc le susdit prélat et le maréchal allant derechef trouver Raimond, ils mettent prières sur paroles et menaces sur prières, travaillant avec grandes instances pour que le tyran, acquiesçant à leurs ouvertures, se rendît à notre comte, ou plutôt à Dieu, en la façon que nous avons expliquée ci-dessus. Mais celui que le maréchal avait trouvé endurci et obstiné dans sa malice, l'évêque de Carcassonne et lui le trouvèrent plus endurci encore, et même il ne voulut jamais souffrir que l'évêque conférât secrètement avec son frère Guillaume. N'avançant donc à rien, nos envoyés revinrent pardevers le comte; et si faut-il dire que les nôtres ne comprenaient pas encore pleinement que la divine Providence avait ordonné ces choses pour le plus grand bien de son Église.

L'évêque de Chartres se retira le lendemain de grand matin, et le comte sortit avec lui pour l'accompagner un peu; mais, comme il était à quelque distance du camp, nos ennemis firent une sortie, en grand nombre et bien armés, pour mettre en pièces un de nos mangonneaux. Aux cris de notre armée, le comte, rebroussant chemin en toute hâte, arriva sur ceux qui ruinaient la machine, les força, à lui seul, de rentrer bon gré mal gré dans la place, et, les poursuivant vaillamment, les maintint long-temps en pleine course, non sans courir risque de sa propre vie. O audace bien digne d'un prince! ô virile vertu!

Après le départ des susdits nobles, savoir, des évêques et comtes, Montfort, se voyant presque seul, et quasi tout désolé, tomba en grand ennui et vive anxiété d'esprit : de vrai, il ne savait que faire. Il ne voulait entendre à lever le siége, et si ne pouvait-il davantage y rester; car il avait de nombreux ennemis sous les armes, peu d'auxiliaires (et dans ce petit nombre la plupart bien mal disposés), puisque toute la force de l'armée, comme nous l'avons dit, s'était retirée avec les évêques et comtes susdits. D'autre part, le château de Termes était encore très-fort, et l'on ne croyait point qu'il pût être pris, à moins d'avoir sous la main des forces considérables et troupes aguerries. Finalement, on était menacé des approches de l'hiver qui, dans ces contrées, est pour l'ordinaire très-âpre, ledit château étant situé dans la montagne, ainsi que nous l'avons rapporté; et durant cette saison, le lieu n'était pas tenable, ains glacial outre mesure, à cause des inondations, des pluies, des ouragans, et de l'abondance des neiges.

Tandis que le comte se perdait dans ces angoisses et tribulations, et ne savait quel parti prendre, voilà qu'un beau jour survinrent de Lorraine des gens de pied, dont l'arrivée le réjouissant bien fort, il pressa le siége de Termes. En même temps, avec l'aide et par l'industrie du vénérable archidiacre Guillaume, les nôtres reprenant courage, recommencèrent à pousser vivement tout ce qui intéressait l'entreprise, et soudain, transportant près des murs du château les machines, qui auparavant avaient été d'un mince service, ils y travaillaient incessamment; et n'en pâtissaient pas médiocrement les remparts de la place; car, par un admirable et incompréhensible jugement de Dieu (chose en effet bien merveilleuse), il advint que les machines, qui, pendant la présence au camp des nobles souvent plus haut dénommés, n'avaient rendu que faible ou nul service, après leur retraite portaient aussi juste que si chaque pierre eût été dirigée par le Seigneur. Et ainsi pour sûr était la chose ; cela était fait par Dieu, et semblait miracle aux yeux de nos gens. Comme ils eurent donc travaillé long-temps aux machines, et démantelé en grande partie les murs et la tour du château, un jour, en la fête de sainte Cécile, le comte fit mener un chemin couvert jusqu'au pied de la muraille, pour que les mineurs pussent y arriver et la saper à l'abri des assiégés ; puis, ayant employé tout ce jour à pousser cette tranchée, et l'ayant passé dans le jeûne, aux approches de la nuit, savoir, la veille de saint Clément, il revint à sa tente ; et ceux du château, par la disposition de la miséricorde divine et l'aide de saint Clément, frappés de terreur et saisis d'un désespoir total, sortirent soudain, et tentèrent de prendre la fuite : ce dont les assiégeans ayant eu connaissance, aussitôt donnant l'alarme, ils commencèrent à courir de toutes parts pour frapper les fuyards. Que tardons-nous davantage ? Aucuns furent pris vivans, et un plus grand nombre fut tué ; même un certain pélerin de Chartres, homme pauvre et de basse extraction, durant qu'il était à courir çà et là avec les autres, et qu'il poursuivait les ennemis détalant à toutes jambes, tomba par l'effet d'un jugement divin sur Raimond, seigneur de Termes, qui s'était caché en quelque endroit, et l'amena au comte, lequel le reçut comme un ample présent, et ne le fit pas tuer, mais bien clore au fond de la tour de Carcassonne, où, pendant plusieurs années, il endura peines et misères selon ses mérites.

Durant le siége de Termes, il arriva une chose que nous ne devons passer sous silence. Un jour que le comte faisait conduire pour percer le mur du château une certaine petite machine, que l'on nomme vulgairement un *chat*, pendant qu'il était auprès, et qu'il conversait avec un sien chevalier, tenant son bras appuyé sur l'épaule de celui-ci, à cause de sa familiarité avec lui, voilà qu'une grosse pierre lancée par le mangonneau des ennemis, venant du haut des airs en grande impétuosité, frappa ledit chevalier à la tête, et tandis que, par la merveilleuse opération de la vertu divine, le comte qui le tenait comme embrassé demeura sain et sauf, le chevalier, recevant le coup de la mort, expira dans ses bras. Un autre jour de dimanche, le comte était dans son pavillon et entendait la messe, lorsqu'il advint, par la prévoyante clémence de Dieu, que, lui étant debout et écoutant l'office, un certain servant, par l'ordre du Seigneur, se trouva derrière lui proche son dos, lequel reçut une flèche partie d'une baliste du château, et en fut tué roide : ce que nul ne peut douter avoir été disposé par la bonté divine ; savoir, que cedit servant, debout derrière le comte, ayant été frappé, Dieu dans sa miséricorde ait conservé à sa sainte Église son plus vaillant athlète.

Le château de Termes ayant donc été pris par les nôtres la veille de saint Clément, le comte y mit garnison ; puis il dirigea son armée sur un certain château nommé Coustausa, et, le trouvant désert, il poussa vers un autre qu'on appelle Puyvert, lequel lui ouvrit ses portes au bout de trois jours. Pour lors il se décida à rentrer dans le diocèse d'Albi pour récupérer les châteaux qui s'étaient soustraits à sa domination ; et en conséquence, marchant sur Castres, dont les bourgeois se rendirent à lui, se soumettant pour tout à ses volontés, il passa de là au château de Lombers, dont nous avons déjà fait mention, et le trouva dégarni d'hommes et bien fourni de vivres. En effet, les chevaliers et bourgeois dudit lieu avaient tous pris la fuite par peur du comte, ayant contre lui brassé maintes trahisons. Il s'en saisit aussitôt, et jusqu'à ce jour il l'a conservé en son pouvoir. Que tardons-nous davantage? Le noble comte du Christ recouvra dans le même temps presque tous les châteaux du territoire albigeois sur la rive gauche du Tarn.

Ce fut à cette époque que le comte de Toulouse vint en un château voisin d'Albi pour conférer avec notre comte, lequel s'y rendit de son côté. Or, les ennemis avaient tout disposé pour l'enlever, et Raimond avait mené avec lui certains méchans félons ennemis très-avérés de Montfort. Pourquoi il dit au comte de Toulouse : « Qu'avez-vous fait? Vous m'avez appelé à une conférence, et vous avez conduit avec vous gens qui m'ont trahi. » Sur ce, l'autre de répondre qu'il ne les avait pas amenés ; ce qu'oyant notre comte, il voulut mettre la main dessus : mais Raimond le supplia de n'en rien faire, et ne voulut souffrir qu'ils fussent pris. Adonc, à compter de ce jour, il commença à exercer quelque peu la haine qu'il avait conçue contre l'Église et contre le comte de Montfort.

CHAPITRE XLIII.

Du colloque solennel tenu à Narbonne sur les affaires des comtes de Toulouse et de Foix, auquel intervinrent le roi d'Arragon, les légats du siége apostolique, et Simon de Montfort ; inutilité et dissolution de ladite conférence.

Peu de jours après, le roi d'Arragon, le comte de Montfort et celui de Toulouse se réunirent à Narbonne pour tenir colloque entre eux. Là se trouvèrent aussi l'évêque d'Uzès et le vénérable abbé de Cîteaux, lequel, après Dieu, était le principal promoteur des choses de Jésus-Christ. Pareillement cet évêque d'Uzès, nommé Raimond, dès long-temps s'était pris d'un zèle ardent pour les affaires de la foi, et les avançait du plus qu'il pouvait, s'acquittant en ce temps des fonctions de légat, de concert avec l'abbé de Cîteaux. Enfin, furent ensemble présens à ladite conférence maître Théodise, dont nous avons parlé plus haut, et moult autres sages personnages et gens de bien.

On s'y occupa du comte de Toulouse, et grande grâce lui eût été faite et copieuse miséricorde, s'il eût voulu acquiescer à de salutaires conseils. En effet, l'abbé de Cîteaux, légat du siége apostolique, consentait à ce que le comte de Toulouse conservât dans leur entier et sans lésion toutes ses seigneuries et possessions, pourvu qu'il expulsât les hérétiques de ses domaines ; voire il consentait à ce que le quart ou même le tiers des droits qu'il avait sur les châteaux des hérétiques, comme étant de son fief, lesquels ce comte disait être au nombre de cinquante pour le moins, lui échût en toute propriété. Mais le susdit comte méprisa une faveur aussi grande, Dieu pourvoyant ainsi à l'avenir de son Église; et par là il se rendit indigne de tout bienfait et grâce.

Davantage on traita dans la même conférence du rétablissement de la paix entre l'Église et son très-monstrueux persécuteur, savoir, le comte de Foix; et même fut-il ordonné, à la prière du roi d'Arragon, que si ledit comte jurait d'obéir à l'Église, et, de plus, qu'il ne commettrait nulle aggression à l'encontre des Croisés, et surtout du comte de Montfort, celui-ci lui ferait restitution de la portion de ses domaines qu'il avait déjà en son pouvoir, fors un certain château nommé Pamiers. Ce château, en effet, ne devait en aucune façon lui être rendu, pour beaucoup de raisons qui seront ci-après déduites. Mais le Dieu éternel qui connaît les choses cachées, et sait toutes choses avant qu'elles soient faites, ne voulant permettre que restassent impunies tant de cruautés et si grandes d'un sien ennemi aussi furieux, et connaissant combien de maux sortiraient dans l'avenir de cette composition, par son profond et incompréhensible jugement, endurcit à tel point le cœur du comte de Foix qu'il ne voulut recevoir ces conditions de paix. Ainsi Dieu visita miséricordieusement son Église, et fit de telle sorte que l'ennemi, en refusant la paix, donnât par avance contre soi-même sentence confirmative de sa future confusion.

Il ne faut oublier de dire que le roi d'Arragon, de qui le comte de Foix tenait la plus grande partie de ses terres, mit en garnisaires au château de Foix des gens d'armes à lui, et, en présence de l'évêque d'Uzès et de l'abbé de Cîteaux, promit qu'en toute cette contrée nul tort ne serait porté à la chrétienté. D'abondant, cedit roi jura auxdits légats que si le comte de Foix voulait jamais s'écarter de la communion de la sainte Église, et de la familiarité, amitié et service du comte de Montfort, lui roi délivrerait ès mains de ce dernier le château de Foix à la première réquisition des légats ou de notre comte; et même il lui donna à ce sujet lettres-patentes contenant plus à plein cette convention : et moi qui ai vu ces lettres, les ai lues et curieusement inspectées, je rends témoignage à la vérité. Mais combien, par la suite, le roi garda mal sa promesse, et combien, pour cette cause, il se rendit infâme aux nôtres, c'est ce qui deviendra plus clair que le jour.

CHAPITRE XLIV.

De la malice et tyrannie du comte de Foix envers l'Église.

Et pour autant que le lieu le requiert et que l'occasion s'en présente, plaçons ici quelques mots sur la malignité cruelle et la maligne cruauté du comte de Foix, bien que nous n'en puissions exprimer la centième partie.

Il faut savoir d'abord qu'il retint sur ses terres, favorisa le plus qu'il put, et assista les hérétiques et leurs fauteurs. De plus, au château de Pamiers appartenant en propre à l'abbé et aux chanoines de Saint-Antonin, il avait sa femme et deux sœurs hérétiques, avec une grande multitude d'autres gens de sa secte, lesquels, en ce château, malgré les susdits chanoines, et en dépit de toute la résistance qu'ils pouvaient faire, semant publiquement et en particulier le venin de leur perversité, séduisaient le cœur des simples. Voire il avait fait bâtir une maison à ses sœurs et à sa femme sur un terrain que les chanoines possédaient en franc-aleu, bien qu'il ne tînt le château de Pamiers de l'abbé, et sa vie durant, qu'après lui avoir juré sur la sainte Eucharistie qu'il ne le molesterait en rien, non plus que la ville, dont le monastère des chanoines était éloigné à la distance d'un demi-mille.

Un beau jour deux chevaliers, parens et familiers dudit comte (lesquels étaient notoires hérétiques et des pires, et dont il suivait l'avis en toutes choses), amenèrent à Pamiers leur mère, hérésiarque très-grande et amie de ce seigneur, pour qu'elle y résidât et disséminât le virus de l'hérétique superstition; ce que voyant l'abbé et les chanoines, ne pouvant supporter une telle injure faite au Christ et à l'Église, ils la chassèrent du château. A cette nouvelle le traître, je veux dire le comte de Foix, entra en furieuse colère, et l'un de ces deux chevaliers hérétiques, fils de ladite hérésiarque, venant à Pamiers, dépeça membre à membre, bourreau très-cruel qu'il était, et en haine des chanoines, un des leurs qui était prêtre, au moment même où il célébrait les divins mystères sur l'autel d'une église voisine de Pamiers; d'où, jusqu'au présent jour, cet autel demeure encore tout rouge du sang de cette victime. Si pourtant son ire ne fut-elle apaisée, car se saisissant de l'un des frères du monastère de Pamiers, il lui arracha les yeux en haine de la religion chrétienne et en signe de mépris pour les chanoines. Peu ensuite le comte de Foix vint lui-même audit monastère, menant avec soi routiers, bouffons et p******; et faisant appeler l'abbé (auquel, comme nous l'avons dit ci-dessus, il avait juré sur le corps du Seigneur qu'il ne lui porterait aucune nuisance), il lui dit qu'il lui baillât sans délai toutes les clefs du cloître, ce que l'abbé ne voulut faire : mais craignant que le tyran ne les ravît par violence, il entra dans l'église et les plaça sur le corps du saint martyr Antonin, lequel était sur l'autel avec beaucoup d'autres saintes reliques, et en l'honneur de qui cette église avait été fondée. Pourtant le comte ayant suivi l'abbé, sans respect pour le lieu, sans révérence pour les reliques des saints, enleva, violateur très-impudent des choses sacrées, ces mêmes clefs de dessus le corps du très-saint martyr; puis enfermant l'abbé et tous les chanoines dans l'église, il fit clore les portes, et là les tint durant trois jours, si bien que pendant ce temps ils ne burent ni ne mangèrent, et ne purent même sortir pour satisfaire aux nécessités de nature. Et lui, cependant, gaspillant toute la substance du monastère, dormait avec ses p******* dans l'infirmerie même des chanoines, au mépris de la religion. Enfin, après les trois jours, il chassa presque nus de l'église et du monastère l'abbé et les chanoines, et, de plus, fit crier par la voix du héraut dans tout Pamiers (qui leur appartenait, comme nous l'avons dit) que nul n'eût à être si hardi que d'en recevoir aucun en son logis; faisant suivre cette proclamation des plus terribles menaces. O nouveau genre d'inhumanité ! En effet, tandis que l'Église est d'ordinaire refuge aux captifs et aux condamnés, cet artisan de crimes emprisonne des innocens dans leur église même. Ce n'est tout : le tyran démolit en grande partie le temple du bienheureux Antonin, détruisit, ainsi que nous nous en sommes assuré par nos yeux, le dortoir et le réfectoire des chanoines, et se servit des décombres pour faire construire des fortifications dans le château. Mais insérons ici un fait bien digne d'être rapporté pour grossir d'autant les abominations de ce traître.

CHAPITRE XLV.

Comment le comte de Foix se comporta avec irrévérence envers les reliques du saint martyr Antonin, lesquelles étaient portées en procession solennelle.

Près le monastère dont nous avons parlé précédemment, était une église sise sur le sommet d'un mont, aux environs de laquelle vint à passer d'aventure ledit comte chevauchant, un jour que les chanoines allaient la visiter, comme ils font d'usage une fois chaque année, et qu'en solennelle procession ils portaient avec honneur le corps de leur vénérable patron Antonin. Mais lui, ne déférant à Dieu ni au saint martyr, ni à cette procession pieuse, ne put prendre sur lui de s'humilier, au moins par signes extérieurs, et, sans descendre de sa bête, dressant son col avec superbe, et haussant la tête (attitude qui était très-ordinaire à ceux de sa maison), il passa fièrement. Ce que voyant un respectable personnage, savoir, l'abbé de Mont-Sainte-Marie [1], de l'ordre de Cîteaux, l'un des douze prédicateurs dont nous avons fait mention au commencement de ce livre, qui assistait alors à la procession, il lui cria : « Comte, tu ne défères à ton seigneur le saint martyr; sache donc que, dans la ville où maintenant tu es maître de par le saint, tu seras privé de ton droit seigneurial, et que le martyr fera si bien que, de ton vivant, tu seras déshérité. » Or ont été trouvées fidèles les paroles de l'homme de bien, ainsi que l'issue le prouve très-manifestement.

Pour moi j'ai ouï ces cruautés et autres qui suivent de la bouche même de l'abbé du monastère de Pamiers, personnage digne de foi, personnage de grande religion et de notoire bonté.

CHAPITRE XLVI.

Sacriléges et autres crimes du comte de Foix exercés par violence.

UNE fois ledit comte alla avec une foule de routiers en certain monastère qu'on nommait Sainte-Marie, au territoire du comte d'Urgel, et qui avait un siége épiscopal; or s'étaient les chanoines de ce monastère, par crainte du tyran, retirés dans l'église. Mais ils y furent si long-temps claquemurés par lui qu'après

---

[1] Abbaye de l'ordre de Cîteaux, au diocèse de Besançon, à quatre lieues de Pontarlier.

avoir été contraints de boire de leur urine pour la soif désespérée qu'ils enduraient, force leur fut enfin de se rendre; et pour lors ce très-cruel ennemi de l'Église, entrant dans le temple, enleva toutes les fournitures, croix et vases sacrés, brisa même les cloches et n'y laissa rien que les murailles; de plus il la fit rançonner au prix de cinquante mille sols. Ce qu'ayant fait, il lui fut dit par un sien chevalier aussi méchant que lui : « Voilà que nous avons détruit Saint-Antonin et Sainte-Marie, il ne nous reste plus qu'à détruire Dieu lui-même. » Une autre fois que cedit comte et ses routiers dépouillaient la même église, ils en vinrent à ce point de furieuse démence qu'ils tranchèrent les jambes et les bras aux images du crucifix pour, au mépris de la passion du Seigneur, piler le poivre et les herbes qu'ils mettaient dans leurs sauces. O très-cruels bourreaux ! ô vaillans scélérats ! ô monstres pires que ceux qui ont crucifié le Christ, et plus félons que ceux qui lui crachèrent à la face ! Les ministres de Pilate, ores qu'ils virent Jésus mort, dit l'Évangéliste, ils ne lui rompirent les jambes. O nouvelle industrie d'abomination ! ô signe de cruauté inouïe ! ô quel homme que ce comte de Foix, dis-je, homme le plus misérable entre tous les misérables ! ô bête plus féroce qu'aucune autre bête !

Dans la même église, les routiers avaient logé leurs chevaux; ils leur donnaient pour crèche les saints autels et les faisaient manger dessus. Dans une autre où se trouvait un jour le tyran avec une foule de gens armés, soudain son écuyer plaça son heaume sur la tête du crucifix, lui passa le bouclier et lui chaussa les éperons; puis saisissant sa lance, il chargea la

9.

sainte image et la cribla de coups, lui disant qu'elle se rachetât. O perversité non encore expérimentée !

Une autre fois ledit comte appela à une conférence les évêques de Toulouse et de Conserans, et leur assigna le temps et le lieu ; mais le jour où ils s'acheminaient pour s'y rendre, il le passa, lui, tout entier, à insulter un certain château appartenant à l'abbé et aux chanoines de Saint-Antonin de Pamiers. O méchant tour ! ô scélératesse ! Ajoutons ici un trait du tyran qu'il ne faut omettre. Il avait fait alliance avec le comte de Montfort, ainsi que nous l'avons dit plus haut, et lui avait livré son fils pour otage du traité. Or, à cette époque le vénérable abbé de Pamiers avait déjà remis son château ès-mains du comte de Montfort. Néanmoins le comte de Foix vint un beau jour avec ses routiers aux environs de cette ville, et, les mettant en embuscade, il s'approcha du château et manda aux bourgeois de sortir pour conférer avec lui, leur promettant en toute assurance, et avec serment, qu'ils pouvaient le faire sans crainte et qu'il ne leur ferait point de mal. Mais à peine les bourgeois furent-ils venus à lui, qu'appelant en secret ses routiers des embuscades où ils étaient cachés, ceux-ci survinrent avant que les autres pussent rentrer au château, en prirent un grand nombre et les emmenèrent. O vilaine trahison !

Ce même comte disait, en outre, que s'il avait tué de sa main les Croisés, et ceux qui se porteraient à l'être, ensemble tous ceux qui travaillaient aux affaires de la foi ou qui y mettaient intérêt, il croirait avoir rendu service à Dieu. Il faut savoir aussi que souvent il jura en présence des légats du seigneur pape qu'il expulserait les hérétiques; ce que pourtant il ne voulut faire par aucune raison. Pour en finir, ce chien très-cruel a commis envers l'Église et envers Dieu beaucoup et d'autres maux tels que, si nous voulions les réciter par ordre, nous n'y pourrions suffire, et ne serait-il personne qui ajoutât facilement foi à nos paroles, car sa malice excéda la mesure. Il a pillé les monastères, ruiné les Églises, et plus cruel que pas un autre cruel bourreau, tout haletant de la soif du sang des chrétiens, il a toujours respiré le massacre, reniant, comme il faisait, sa nature d'homme pour imiter la férocité des brutes, non plus homme mais bête farouche.

Ayant dit ce peu de mots de la méchanceté dudit comte, retournons à ce que nous avons abandonné.

CHAPITRE XLVII.

Le comte de Montfort fait hommage au roi d'Arragon pour la cité de Carcassonne.

Dans la susdite conférence de Narbonne, l'évêque d'Uzès et l'abbé de Cîteaux supplièrent le roi d'Arragon qu'il reçût pour son homme le comte de Montfort, la cité de Carcassonne étant du fief dudit roi; et, comme il n'en voulait rien faire, au lendemain ils vinrent derechef vers lui, et, se jetant à ses pieds, ils le prièrent humblement et avec grandes instances de daigner accepter l'hommage du comte, qui ayant lui-même fléchi le genoux devant le roi, le lui offrait avec humilité. Enfin, vaincu par leurs supplications, le roi consentit à le recevoir en vassal, pour la cité de Carcassonne, le comte confessant la tenir de lui.

Cela fait, le roi et notre comte, celui de Toulouse et l'évêque d'Uzès, quittèrent Narbonne et s'en vinrent à Montpellier, où, durant leur séjour, on tenta de contracter mariage entre le fils aîné du roi et la fille du comte de Montfort. Que dirai-je? Cette alliance était arrêtée par les deux parties; de part et d'autre, on avait échangé les promesses sous la foi du serment, et même le roi avait remis son fils à la garde du comte. Mais peu de temps après, il donna sa sœur au fils du comte de Toulouse; pour quoi, parmi les nôtres, il ne se rendit pas médiocrement (et si fut-ce à juste titre) infâme et grandement suspect. En effet, quand fut conclu ce mariage, Raimond déjà persécutait ouvertement la sainte Église de Dieu.

Il ne faut taire que durant que lesdits personnages étaient à Montpellier, ensemble beaucoup d'évêques et de prélats, on s'occupa de nouveau du fait du comte de Toulouse; et voulaient bien les légats, savoir, l'évêque d'Uzès et l'abbé de Cîteaux, lui faire très-notable grâce et miséricorde, en la manière que nous avons expliquée plus haut. Mais ledit comte, après avoir promis d'accomplir le lendemain tout ce que les légats lui avaient ordonné, quitta du grand matin Montpellier, sans prendre congé d'eux ni les venir saluer; et fut ce brusque départ causé pour ce qu'il avait vu un certain oiseau (que les gens du pays nomment oiseau de Saint-Martin) voler à sa gauche: ce dont il entra en frayeur extrême, ayant, comme il faisait à l'exemple des Sarrasins, toute confiance dans le vol et chant des oiseaux, et autres sortes d'augures.

CHAPITRE XLVIII.

Comment l'évêque de Paris et autres nobles hommes vinrent à l'armée du comte de Montfort.

L'an de l'incarnation du Verbe 1211[1], aux environs de la mi-carême, arrivèrent de France nobles et puissans Croisés, savoir, l'évêque de Paris, Enguerrand de Coucy, Robert de Courtenai, Juël de Mayenne[2], et plusieurs autres; lesquels nobles personnages se comportèrent noblement aux affaires du Christ.

Or, comme ils furent arrivés à Carcassonne, ayant tenu conseil, tous cesdits pélerins tombèrent d'accord de marcher au siége de Cabaret, pour autant que les chevaliers du diocèse de Carcassonne, ayant depuis long-temps déserté leurs châteaux par peur des nôtres, s'étaient réfugiés dans cette place, entre lesquels étaient deux frères selon la chair, l'un nommé Pierre Miron, et l'autre Pierre de Saint-Michel, les mêmes qui avaient pris Bouchard de Marly,

---

[1] Il y a dans le texte 1210; mais c'est évidemment une erreur, et il suffirait pour s'en convaincre de voir qu'il est question, dans ce chapitre, de la délivrance de ce Bouchard de Marly, dont l'auteur, après avoir raconté comment il fut pris à la fin de l'an 1209, dit qu'il resta seize mois dans les fers. (Voy. chap. XXVI.)

[2] *Ivellus de Meduana* : la plupart des modernes ont traduit *Juël de Mantes*; c'est une erreur. (*Histoire générale de Languedoc*, t. 3, p. 205.)

comme nous l'avons rapporté plus haut [1]. Mais ensuite ils étaient sortis dudit château avec certains autres, et étaient venus se rendre au comte : pour quoi il leur donna des terres. Quant au seigneur de Cabaret, Pierre Roger, voyant que le comte et les pélerins voulaient l'assiéger, considérant de plus qu'il était grandement affaibli par la retraite des susdits chevaliers, il eut peur, et composa avec Montfort et les barons en la manière qui suit : il lui livra le château de Cabaret, lui rendant en outre ce même Bouchard dont nous avons parlé, à la charge que le comte lui donnerait un autre domaine convenable, après la reddition du château ; ce qui fut fait. Puis le comte et les barons conduisirent l'armée au siége d'une certaine place nommée Lavaur [2].

CHAPITRE XLIX.

Siége de Lavaur.

Or était ce château très-noble et très-vaste situé sur l'Agout [3], à cinq lieues de Toulouse, et s'y trouvait ce traître Amaury qui avait été seigneur de Mont-Réal, et beaucoup d'autres chevaliers ennemis de

---

[1] Voyez chap. xxvi, pag. 76.
[2] C'était une des villes les plus considérables aux mains des Albigeois. Cependant elle ne possédait pas encore un évêché. Elle est située à huit lieues d'Albi et de Toulouse. L'auteur fait à ce sujet une légère erreur en moins.
[3] Rivière qui descend des montagnes près de Castres, et se jette dans le Tarn à une lieue de Rabastens.

la croix, au nombre de quatre-vingts, lesquels s'y étaient retirés et fortifiés contre nous; plus, la dame du château, nommé Guiraude, femme veuve, sœur dudit Amaury, et des pires hérétiques.

A leur arrivée devant la place, les nôtres n'en formèrent le siége que d'un côté, car l'armée ne suffisait pas pour l'enfermer toute entière; et peu de jours après, ayant dressé des machines, ils commencèrent, suivant l'usage, à battre le château, comme les ennemis à le défendre du mieux qu'ils pouvaient, sans compter qu'ils étaient en grand nombre et parfaitement armés, si bien qu'il y avait quasi plus d'assiégés que d'assiégeans. N'oublions pas de dire qu'aux premières approches de nos gens, les ennemis firent une sortie, et nous prirent un chevalier qu'ils emmenèrent et occirent aussitôt.

Bien que les nôtres n'eussent menacé la place que par un seul endroit, ils s'étaient cependant divisés en deux corps, et tellement disposés qu'en cas de besoin l'un n'aurait pu, sans danger, venir au secours de l'autre. Mais bientôt survinrent de France beaucoup de nobles, savoir, l'évêque de Lisieux et l'évêque de Langres, le comte d'Auxerre, ensemble moult autres pèlerins; et pour lors on serra le château de toutes parts au moyen d'un pont de bois qu'on jeta sur l'Agout, et qui nous servit à traverser la rivière.

Pour ce qui est du comte de Toulouse, il gênait autant qu'il était en son pouvoir l'Église de Dieu et le comte, non pourtant à découvert, car les vivres pour notre armée arrivaient encore de Toulouse, et Raimond lui-même vint au camp lorsque les choses en étaient à ce point. Là fut-il admonesté par le comte d'Auxerre et Robert de Courtenai, lesquels étaient ses cousins germains, pour que, revenant de cœur à l'Église, il obéît à ses commandemens ; mais ils n'en purent rien tirer, et il se départit du comte de Montfort avec grande rancune et indignation, suivi de ceux de Toulouse qui étaient au siége de Lavaur. Davantage il défendit aux Toulousains d'apporter vivres au camp devant Lavaur.

C'est ici qu'il nous faut narrer un crime exécrable des comtes de Toulouse et de Foix : trahison inouie !

CHAPITRE L.

Comme quoi pélerins en grand nombre furent tués traîtreusement par le comte de Foix à l'instigation du Toulousain.

Durant qu'on tenait colloque devant Lavaur, ainsi que nous l'avons dit, pour rétablir la paix entre le comte de Toulouse et la sainte Église, une multitude de pélerins venaient de Carcassonne à l'armée : et voilà que ces ministres de dol et artisans de félonie, savoir, le comte de Foix, Roger Bernard, son fils, Gérard de Pépieux, et beaucoup d'autres hommes au comte de Toulouse, se mettent en embuscade, avec nombre infini de routiers, dans un certain château nommé Montjoyre, près de Puy-Laurens ; puis, au passage des pélerins, ils se lèvent, et, se jetant sur les pélerins désarmés et sans défiance, ils en tuent une quantité innombrable, et emportent tout l'argent de leurs victimes à Toulouse, où ils le partagent entre eux. O bienheureuse troupe d'occis ! ô mort de saints bien précieuse aux yeux du Seigneur! Il ne faut taire que, tandis que les bourreaux susdits égorgeaient nos pélerins, un prêtre qui était parmi ces derniers se réfugia dans un temple voisin, afin que, mourant pour l'Église, il mourût aussi dans une église; mais ce bien méchant traître Roger Bernard, fils du comte de Foix, n'ayant garde de dégénérer de la perversité paternelle, l'y suivit, et, y entrant avec audace, il s'approcha de lui, et lui demanda quelle espèce d'homme il était. « Je suis, répondit l'autre, pélerin et prêtre. » A quoi le bourreau : « Montre-moi, lui dit-il, que tu es prêtre; » et lors celui-ci, baissant son capuchon, car il était vêtu d'une chappe, lui fit voir le signe clérical. Mais le cruel, ne déférant en rien ni au lieu saint ni à la personne, leva soudain une hache très-aiguisée qu'il tenait à la main, et, frappant à toute force le prêtre au beau milieu de sa tonsure, il tua dans l'église ce ministre de l'autel. Revenons à notre propos.

Nous ne croyons devoir omettre que le comte de Toulouse, monstrueux ennemi du Christ et féroce persécuteur, envoya secrètement au château de Lavaur, où était la source et l'origine de toute hérésie, un sien sénéchal avec plusieurs chevaliers pour le défendre contre nous, et ce par pure haine pour la religion chrétienne, puisque n'était ce château à lui comte de Toulouse; ains même il avait depuis nombre d'années fait la guerre aux Toulousains; lesdits chevaliers furent trouvés par notre comte après la prise de la place, et long-temps tenus aux fers. O nouveau genre de trahison! Au dedans il jetait ses soldats pour la défense du château, et au dehors, faisant comme s'il nous prêtait secours, il permettait que de Toulouse on approvisionnât le camp. En effet, ainsi que nous l'avons dit plus haut, des vivres, bien qu'en menue quantité, arrivaient de Toulouse au camp lors des premiers temps du siége; mais, tout en les laissant venir, Raimond avait défendu strictement qu'on y portât des machines. Au demeurant, cinq mille Toulousains environ s'étaient rendus audit siége pour aider les nôtres, à l'instigation de leur vénérable pasteur Foulques, et lui-même y arriva, banni pour la foi catholique. Nous n'avons pas cru superflu de rapporter ici de quelle manière il sortit de Toulouse.

CHAPITRE LI.

Foulques, évêque de Toulouse, chassé de son épiscopat, s'exile avec une grande constance d'esprit, prêt même à tendre son col au glaive pour le nom du Christ.

Ledit évêque était un jour à Toulouse, savoir le samedi après la mi-carême, et voulait, comme il est d'usage dans les églises épiscopales, administrer en cette journée la sainte ordination. Mais alors était aussi dans la ville le comte Raimond qui, pour excès nombreux, avait été excommunié nominativement par les légats du siége apostolique : par ainsi, nul ne pouvait célébrer les divins mystères en tous lieux où il se trouvait. Adonc l'évêque députa vers ce comte, le priant humblement et lui conseillant que, sortant de la ville pour s'ébattre à quelque jeu, il allât se promener jusqu'à ce qu'il eût seulement conféré l'ordination. Grande fut la rage du tyran, et, envoyant à l'évêque un chevalier, il lui fit exprès commandement, et sous peine de la vie, de vider au plus vite Toulouse et tout le territoire en sa domination. Ce qu'entendant cet homme vénérable, il fit, dit-on, audit chevalier la réponse suivante avec ferveur d'ame, intrépidité de cœur, le visage gaillard et serein : « Ce n'est, dit-il, le comte de Toulouse qui m'a fait évêque, ni est-ce par lui que j'ai été colloqué en cette ville ni pour lui; l'humilité ecclésiastique m'a élu, et je n'y suis venu comme un intrus par la violence d'un prince ; je n'en sortirai donc à cause de lui. Qu'il vienne, s'il ose ; je suis prêt à recevoir le couteau pour gagner la majesté bienheureuse par le calice de la passion. Oui, vienne le tyran avec ses soldats et ses armes, il me trouvera seul et désarmé : j'attends le prix [1], et ne crains point ce que l'homme me peut faire. » O grande constance d'esprit ! ô merveilleuse vigueur de l'ame ! Ne bougeant donc, cet intrépide serviteur de Dieu attendait de jour en jour les coups du bourreau ; mais celui-ci n'osant le tuer, pour autant qu'ayant depuis longues années porté tant et de tels maux à l'Église, il craignait, comme il se dit vulgairement, pour sa peau, l'évêque, après avoir passé quarante jours dans cette attente de la mort, se proposa de quitter Toulouse. Un jour donc des octaves de la Résurrection du Seigneur, il en sortit, et vint trouver notre comte, lequel était occupé au siége de Lavaur que les nôtres travaillaient continuellement à forcer, tandis que les

---

[1] *Brabium* ou *brabeium*, prix des jeux publics, du mot grec βραβεῖον.

ennemis, arrogans et superbes, se défendaient avec grande obstination. Ni est-il à taire que, montés sur leurs chevaux bardés de fer, ils galoppaient sur les murs pour narguer les nôtres, et leur montrer en cette sorte combien étaient larges et forts leurs remparts.

CHAPITRE LII.

Comment Lavaur fut emporté par les catholiques, et comment beaucoup de nobles hommes y furent tués par pendaison et d'autres livrés aux flammes.

Certain jour cependant les nôtres élevèrent près les murailles du château des castels en bois, au sommet desquels les soldats du Christ fichèrent le signe de la croix. A cette vue, les ennemis faisant jouer incessamment leurs machines contre le saint étendard, rompirent un bras du crucifix, et soudain ces très-impudens chiens éclatèrent en rires et en hurlemens, comme s'ils avaient par ce bris remporté une grande victoire. Mais celui auquel est consacré la croix revancha miraculeusement tel outrage et très-manifestement; car, peu après, il arriva, chose admirable et merveilleusement louable, que ces ennemis de la croix, qui s'étaient si fort ébaudis de son échec, furent pris, comme nous le dirons plus bas, au jour de la fête de la croix, celle-ci vengeant ainsi ses injures.

Tandis que ces choses se passaient, nos gens firent établir une machine, de celles qu'on nomme *chats*, et lorsqu'elle fut prête, ils la traînèrent jusqu'au fossé du château; puis, à force de bras, ils apportèrent bois et ramées, et en faisant des fascines, ils les jetaient dans ce fossé pour le remplir. Mais les ennemis, bien madrés qu'ils étaient, ouvrirent un chemin sous terre, lequel gagnait jusqu'aux approches de notre machine, et sortant constamment par cette tranchée, ils tiraient hors du fossé les fagots que les nôtres y avaient poussés, et les portaient dans la place : davantage, quelques-uns d'entre eux venant près du *chat* s'efforçaient, à la dérobée et par fraude, d'entraîner avec des crocs de fer ceux qui ne cessaient, sous la protection de la machine, de travailler à combler le fossé. Une nuit même, sortant du château par leur route souterraine, ils y pénétrèrent, et lançant sans discontinuer des brandons enflammés, du feu, des étoupes, de la graisse, et autres appareils de combustion, ils voulurent incendier ladite machine. Or, en cette nuit, deux comtes allemands montaient la garde auprès d'elle; et soudain un grand cri d'alarme s'élevant dans l'armée, on courut aux armes et au secours de notre engin. De plus, voyant lesdits comtes allemands, et les Teutons qui étaient avec eux, qu'ils ne pouvaient atteindre les ennemis postés dans le fossé, par merveilleuse prouesse et à leur grand péril, ils s'y jetèrent, et les abordant vaillamment, ils les ramenèrent battans dans le château, après en avoir tué quelques-uns et blessé plusieurs.

Néanmoins, les nôtres en ce temps commencèrent à se troubler fort et à désespérer en quelque sorte du succès, pour autant que, quelque chose qu'ils jetassent dans le fossé pendant le jour, c'était la nuit enlevé par les ennemis et porté dans le château. Mais tandis qu'ils étaient en tel souci, certains d'entre eux, d'imagination plus ardente, trouvèrent un utile remède aux ruses des assiégés. Adonc, ils firent jeter devant l'issue du chemin souterrain par où ceux-ci avaient coutume de sortir, du bois vert et des branches, placèrent ensuite du menu bois sec, du feu, de la graisse, des étoupes, et autres pièces d'incendie, sur l'abord même de ce chemin, et mirent encore par dessus du bois vert, de la paille fraîche et une grande quantité de gazon ; d'où soudain partit une telle fumée que les ennemis ne purent plus sortir par cette voie, toute remplie qu'elle fut par la fumée qui ne pouvant s'échapper par en haut à cause du bois vert et de la paille entassés au dessus, s'y portait, comme nous l'avons dit, toute entière. Pour lors, les nôtres comblèrent le fossé plus librement que par le passé, et l'ayant rempli tout-à-fait, nos chevaliers et servans armés traînèrent la susdite machine jusqu'au mur à grand'peine, et y conduisirent les mineurs. Bref, bien que ceux du château ne cessassent de lancer du bois, du feu, de la graisse, voire même de très-gros pieux et très-affilés sur notre engin, nos gens le défendirent si bravement et de si merveilleuse adresse, qu'ils ne purent l'incendier, ni éloigner les pionniers de la muraille.

Cependant les évêques présens au siége, et un certain vénérable abbé de Case-Dieu[1], de l'ordre de Cîteaux, lequel du mandat des légats les suppléait alors à l'armée, ensemble tout le clergé réuni, chantaient en dévotion bien grande *Veni Creator spiritus*, durant que les nôtres attaquaient si vigoureusement Lavaur. Ce que voyant et entendant les ennemis, ils

---
[1] A sept lieues d'Auch.

furent par la disposition de Dieu tant et tant stupéfaits que les forces leur manquèrent quasi à plein pour se défendre ; car, ainsi qu'ils l'ont avoué depuis, ils craignaient plus les chants des prêtres que les attaques des soldats, les psalmodies que les assauts, les prières que les coups. La brèche donc étant faite, nos gens entrant déjà dans la place, et les assiégés se rendant pour ne pouvoir plus résister, le château de Lavaur fut pris, Dieu le voulant et visitant miséricordieusement les siens, le jour de l'invention de la sainte Croix. Sur l'heure en furent tirés Amaury, dont nous avons parlé ci-dessus, lequel avait été seigneur de Mont-Réal, et autres chevaliers au nombre de quatre-vingts, que le noble comte arrêta de pendre tous à un gibet ; mais quand Amaury, le plus considérable d'entre eux, fut pendu, les fourches patibulaires, qui par la trop grande hâte n'avaient pas été bien plantées en terre, étant venues à tomber, le comte, voyant le grand délai qui s'en suivait, ordonna qu'on tuât les autres. Les pèlerins s'en saisirent donc très-avidement, et les occirent bien vite sur la place. De plus, il fit accabler de pierres la dame du château, sœur d'Amaury, et très-méchante hérétique, laquelle avait été jetée dans un puits. Finalement, nos Croisés avec une allégresse extrême brûlèrent hérétiques sans nombre.

CHAPITRE LIII.

Comment Roger de Comminges¹ se joignit au comte de Montfort, puis faillit à la foi qu'il avait donnée.

Il faut savoir que, durant que notre comte était au siége de Lavaur, un certain noble de Gascogne, ayant nom Roger de Comminges, parent du comte de Foix, vint à lui pour se rendre. Or, tandis qu'il était devant le comte, le jour du grand vendredi², pour lui faire hommage, Montfort en ce moment vint d'aventure à éternuer. Pour lors ledit Roger, entendant qu'il n'avait éternué qu'une fois, prit à part ceux qui étaient avec lui pour les consulter, et ne voulait accomplir sur l'heure ce qu'il avait offert au comte; car, en ce pays, ces bien sottes gens croient aux augures, et tiennent pour très-résolu que, s'ils n'éternuent qu'une seule fois, rien de bon ne peut de tout le jour arriver à celui qui l'a fait, non plus qu'à ceux³ qui ont affaire à lui. Toutefois, remarquant qu'à ce propos les nôtres se gaussaient de lui, et craignant que le comte ne le notât pour mauvaise superstition, cedit Roger lui fit hommage, bien que malgré lui, en reçut son fief, et demeura nombre de jours à son service; mais ensuite il s'écarta, malheureux et misérable, de la fidélité qu'il lui avait jurée.

Nous ne croyons pas devoir passer sous silence un

---

¹ Il s'appelait Bernard et non Roger.
² C'est le vendredi saint.
³ Il y a en cet endroit, comme en plusieurs autres, une lacune où le sens indique qu'il faut suppléer *illi cum eo*.

certain miracle qui advint au siége de Lavaur, ainsi que nous le tenons d'un récit véridique. La cape d'un chevalier des Croisés ayant pris feu, par je ne sais quel accident, il arriva, par un miraculeux jugement de Dieu, que, brûlant toute entière, elle resta intacte et nullement entamée dans la seule petite partie où était cousue la croix. Revenons à notre sujet.

Sicard, seigneur de Puy-Laurens [1], lequel avait été autrefois du bord de notre comte, mais puis l'avait quitté, apprenant la prise de Lavaur, eut peur, et, abandonnant son château, se réfugia en hâte à Toulouse avec ses chevaliers. Or était Puy-Laurens un noble castel, à trois lieues de Lavaur, dans le diocèse de Toulouse, que notre comte, après qu'il l'eut recouvré, donna à Gui de Lucé [2], homme de bon lignage et fidèle, lequel y entra aussitôt et le munit. Cependant, Lavaur étant tombé en notre pouvoir, l'évêque de Paris, Enguerrand de Coucy, Robert de Courtenai, et Juël de Mayenne, se retirèrent et retournèrent en leurs quartiers.

Quand les nôtres eurent pris possession de cette place, qu'ils y eurent trouvé les gens du comte de Toulouse [3], et de plus, considérant qu'il s'était dé-

---

[1] A trois lieues de Lavaur.

[2] Ce Gui de Lucé est probablement le même qui figure dans le chapitre XXXVII au siége de Minerve, et plus bas dans le chapitre LVI, au siége de Castelnaudary, sous le titre de maréchal. Il est souvent désigné dans le texte, et presque toujours sous des noms qui ne sont pas exactement les mêmes. Nous avons écrit *de Lucé* toutes les fois que le mot latin a été *Guido de Lucio*, ou à peu près semblable. La même observation s'applique à plusieurs autres noms propres rapportés dans le texte, et qui variaient aussi, ce semble, dans le manuscrit de Sorbin, car il les défigure chaque fois qu'il les cite.

[3] Nous avons été obligés de rectifier ce passage. Nous l'avons fait sui-

parti avec rancune d'auprès notre comte, qu'il avait en outre défendu de porter de Toulouse vivres et machines au camp, et surtout qu'il avait été excommunié par les légats du seigneur pape, et signalé pour beaucoup d'excès ; toutes ces choses, dis-je, diligemment examinées, ils proposèrent d'attaquer plus à découvert ce comte, déjà presque apertement damné : par ainsi, Montfort levant son camp marcha sur un château de Mont-Joyre, là où les pélerins avaient été égorgés par le comte de Foix. Or, il advint, tandis que l'armée s'y acheminait et en était encore éloignée quelque peu, qu'en la place où ces pauvres gens avaient été tués par le traître, une colonne de feu apparut aux yeux des nôtres, brillant et descendant sur les cadavres des occis ; et, lorsqu'ils furent arrivés à ce lieu, ils virent tous ces corps gisans sur le dos, les bras étendus en forme de croix. O chose merveilleuse ! et j'ai ouï ce miracle de la bouche du vénérable évêque de Toulouse, Foulques, lequel était présent.

A son arrivée à Mont-Joyre, le comte le renversa de fond en comble, car les gens du château avaient déguerpi par peur, et passa de là vers un autre castel, qu'on nomme Casser, et qui appartenait en propre au comte de Toulouse, lequel alors vint à Castelnaudary [1],

vant ce que l'auteur a dit plus haut des soldats de Raimond trouvés dans Lavaur.

[1] Il y a dans le Languedoc dix ou douze villes du nom de Castelnau. Il s'agit ici de Castelnaudary, placé sur la route qu'en venant du côté de Lavaur sur Castres le comte devait suivre. En effet, il fit rétablir plus tard cette ville qu'on verra plus bas avoir été brûlée deux fois. Enfin dans l'endroit où c'est bien sûrement de cette ville qu'il parle, l'auteur ne l'appelle également que *Castellum novum*, Castelnau.

château noble où il mit le feu, de crainte qu'il ne fût pris par les nôtres, et qu'il laissa désert. Pour ce qui est de Montfort, poussant sur Casser, il en fit le siége; sur quoi les hommes de Raimond qui s'y trouvaient, voyant qu'ils ne pourraient tenir long-temps dans cette place, bien que très-forte, se rendirent au comte à condition que, nous livrant tous les hérétiques qu'elle contenait, eux seraient sauvés; et il fut fait ainsi. En effet, il y avait dans Casser beaucoup d'hérétiques parfaits, que les évêques présens à l'armée, à leur entrée dans le château, se prirent à prêcher et voulurent ramener de leurs erreurs. Mais, n'ayant pu même en convertir un seul, ils sortirent dudit lieu, et les pélerins, empoignant les infidèles au nombre d'environ soixante, les brûlèrent avec une bien grande joie. Au demeurant, il parut à cette occasion, et très-clairement, combien le comte de Toulouse chérissait les hérétiques, puisque en un sien château fort petit on trouva plus de cinquante de leurs parfaits.

CHAPITRE LIV.

Le clergé de Toulouse, emportant religieusement le corps du Christ, sort de cette ville nourricière des hérétiques et frappée d'interdiction.

Cela fait, l'évêque de Toulouse qui était à l'armée manda au prévôt de son église, ensemble à quelques clercs, qu'ils partissent de ladite ville; ce qu'ils firent aussitôt, selon l'ordre du prélat, et en sortirent les pieds nus, emportant le corps du Christ.

Après la prise de Casser, notre comte, avançant toujours, vint à un autre château de Raimond, appelé Montferrand[1], où se trouvait le frère du Toulousain, ayant nom Baudouin, et envoyé par lui pour défendre cette place. Arrivé sous ses murs, Montfort en forma le siége; et voilà que peu de jours après, au moment où les nôtres donnaient l'assaut, le comte Baudouin, car on le nommait ainsi[2], voyant qu'il ne pourrait faire longue résistance, rendit le château, moyennant que lui et les siens en sortiraient libres. Même, une fois délivré, il fit serment que d'ores en avant il ne combattrait en aucune sorte l'Église ni le comte; bien plus, que, si celui-ci le voulait, il l'aiderait envers tous et pour tout. Puis il s'en alla chez son frère, savoir le comte de Toulouse; mais presque aussitôt il revint vers Montfort, et, l'abordant, lui fit prière qu'il daignât le recevoir pour son homme, offrant de le servir fidèlement en tout et contre tous. Quoi plus? Le comte y consentit : Baudouin fut réconcilié à l'Église, et, de ministre du diable, devint ministre du Christ. De fait, il garda sa foi, et, dès ce jour et par suite, il combattit de toute sa force les ennemis de la foi. O Providence! ô miséricorde du Rédempteur! Voici deux frères nés du même père, toutefois de bien loin dissemblables; et celui qui a dit par la bouche du prophète[3] : *J'ai aimé Jacob, mais Ésaü me fut en haine*, laissant l'un de ces deux plongé dans la boue de l'incrédulité, en arracha miraculeu-

---

[1] A cinq lieues de Lombez.

[2] Cette répétition s'applique ou au titre de comte ou à ce que d'autres lui ont donné le nom de Bertrand.

[3] Malachie.

sement l'autre et bénévolement, par un secret dessein que lui-même a connu. Ni faut-il taire qu'au moment où le comte Baudouin sortait de Montferrand, et avant qu'il fût venu devers notre comte, certains routiers ayant détroussé, en haine des Croisés, des pélerins qui revenaient du pélerinage de Saint-Jacques, il s'enquêta soigneusement, dès qu'il l'eut appris, quels étaient ceux qui les avaient pillés, et fit rendre en entier tout ce qu'ils avaient volé : présage de sa future loyauté et de sa noble et fidèle conduite.

Montferrand étant pris et quelques autres places à l'entour, Castelnaudary même, où le Toulousain avait mis le feu, comme il est dit plus haut, ayant été fortifié par les nôtres, notre comte passa le Tarn, et marcha sur un certain château nommé Rabastens [1], au territoire albigeois, qui lui fut livré par les bourgeois. Après quoi, poussant devant lui, profitant et croissant toujours, il acquit de la même manière, sans coup férir et condition aucune, six autres nobles châteaux dont voici les noms, savoir : Montaigu [2], Gaillac [3], Cahusac [4], Saint-Marcel [5], la Guépie [6] et Saint-Antonin [7], lesquels, tous voisins l'un de l'autre, le comte de Toulouse avait ôtés au vicomte de Béziers.

[1] A six lieues d'Albi.
[2] Ou Montagut, celui qui est à huit lieues de Toulouse.
[3] Celui qui est à cinq lieues d'Albi.
[4] A quatre lieues d'Albi.
[5] Celui qui est au diocèse de Narbonne.
[6] Au diocèse d'Albi, à six lieues de Villefranche.
[7] A dix lieues de Villefranche.

CHAPITRE LV.

Du premier siége de Toulouse par les comtes de Montfort et de Bar.

Les choses en étaient à ce point lorsqu'on vint annoncer à notre comte que celui de Bar arrivait à marches forcées pour se joindre à l'armée du Christ, et qu'il s'approchait de Carcassonne. A cette nouvelle, le comte entra en joie bien vive pour les grandes choses qu'on disait de ce seigneur, et tous nos gens attendaient beaucoup de son arrivée; mais il en fut bien autrement que nous ne l'avions espéré, afin que Dieu, donnant gloire à son nom, montrât que c'est en lui, non dans l'homme, qu'il faut se fier.

Toutefois Montfort envoya au devant dudit comte des chevaliers pour le conduire vers Toulouse par une certaine rivière, où lui-même avec son armée devait venir à sa rencontre; et il fut fait de la sorte. Or, le comte de Toulouse et le comte de Foix, ensemble une multitude d'ennemis, apprenant que l'armée marchait sur Toulouse, vinrent à ladite rivière, laquelle n'était éloignée de cette ville que d'une demi-lieue [1]; et de cette façon les nôtres s'y rendirent d'un côté, et les ennemis de l'autre, outre qu'ils avaient fait ruiner le pont qui joignait les deux rives, pour que nos gens ne pussent passer sur leur bord. Davantage les Croisés, se boutant çà et là en recherche d'un gué, trouvèrent un autre pont que les autres s'occu-

---

[1] Sans doute la petite rivière de Lers.

paient sur l'heure même à détruire. Mais eux, par bien grande prouesse, qui sur le pont, qui à la nage, traversèrent la rivière, et poussèrent vaillamment les ennemis jusqu'aux portes mêmes de Toulouse, d'où, revenant sur leurs pas, ils passèrent la nuit sur la rive, et là délibérèrent d'assiéger Toulouse le lendemain. Les nôtres donc s'ébranlèrent, et vinrent asseoir leurs tentes aux portes de cette ville, ayant parmi eux le comte de Bar et plusieurs nobles hommes d'Allemagne. Au demeurant, le siége ne fut établi que d'un côté, vu que nous n'étions en assez grand nombre pour le former entièrement.

Étaient enfermés au dedans des murs le comte de Toulouse et son parent, le comte de Comminges, qui l'assistait de tout son pouvoir; plus, le comte de Foix et autres chevaliers à l'infini, enfin les citoyens de Toulouse dont le nombre ne se pouvait compter. Que dirai-je? En comparaison des assiégés, nous paraissions bien peu. D'ailleurs, comme il serait trop long de raconter tous les événemens de ce siége, nous dirons en peu de mots que toutes fois et quantes les ennemis faisaient sortie pour attaquer les nôtres, ils étaient ramenés en désordre, et forcés de rentrer dans leurs murailles, par la brave résistance de nos gens. Un jour même qu'ils les poussaient ainsi hardiment sur la ville, ils tuèrent dans l'assaut un cousin du comte de Comminges et ce Guillaume de Rochefort, frère de Bernard, évêque de Carcassonne, dont nous avons parlé plus haut. Une autre fois, les nôtres faisant, comme il est d'usage, la méridienne après leur repas, car on était en été, les ennemis sachant qu'ils reposaient, et sortant par un chemin caché, se ruèrent sur l'armée ; mais les Croisés, se levant aussitôt, les reçurent vaillamment, et les forcèrent de rebrousser vers Toulouse. Finalement, tandis que cela se passait, Eustache......[1] et Simon, châtelain de Melfe, gentilshommes, lesquels étaient sortis du camp pour escorter nos vivandiers, venant à rejoindre l'armée avec des vivres, les ennemis leur coururent sus, et s'avisèrent de les vouloir prendre, d'où suivit qu'ayant fait vigoureuse résistance, Eustache reçut dans le flanc un couteau qui lui fut lancé par un d'entre eux, suivant qu'ils usent de faire. Pour ce qui est du châtelain, grâce à mille efforts et maints traits de courage, il échappa sain et sauf.

Cependant, faute de vivres, une grande cherté advint dans l'armée, en même temps que de mauvais bruits couraient sur le comte de Bar, et que tous ceux du camp en portaient une sinistre opinion. O juste jugement de Dieu! Hommes, ils avaient espéré que ce comte ferait merveilles, et d'un homme avaient présumé plus que de raison ; mais Dieu, qui dit par la bouche du prophète[2] : *Je ne donnerai ma gloire à un autre*, sachant que, si les nôtres obtenaient bonne réussite en ce siége, on l'attribuerait à la créature, et non au Créateur, ne voulut permettre qu'il s'y fît rien de grand. Voyant donc notre comte que la chose ne profitait en rien, que fortes dépenses s'amassaient, et que l'avancement des affaires du Christ souffrait détriment notable, levant le siége devant Toulouse, il prit route sur un certain château vers le territoire du comte de Foix, qu'on nomme

---

[1] C'est Eustache de Quen.
[2] Isaïe.

Hauterive ¹, et, y ayant mis garnison de ses servans, il vint à Pamiers. Or, voilà que soudain accoururent routiers à Hauterive, et aussitôt les gens du château voulurent prendre les servans que le comte y avait laissés, et les livrer aux routiers; mais eux, se retirant dans le fort, se mirent en devoir de résister, bien qu'il fût d'une médiocre défense. O furieuse trahison! ô crime horrible! Puis, voyant qu'ils ne pourraient s'y maintenir, ils dirent aux routiers qu'ils leur rendraient la place, pourvu qu'ils les laissassent sortir la vie sauve et sans dommage; ce qui fut fait. Ensuite de la chose, notre comte, bientôt après, passa par ledit château, et le réduisit en cendres tout entier. Bref, partant de Pamiers, il vint à un autre nommé Vareilles ², près de Foix, lequel trouvant vide et incendié, il y posta de ses gens, pénétra dans le territoire du comte de Foix, saccagea plusieurs de ses castels, brûla même entièrement le bourg du même nom, et, après avoir passé huit jours dans les environs de Foix, détruit les arbres et déraciné les vignes, il retourna à Pamiers.

Or, était venu vers ce comte l'évêque de Cahors, député par la noblesse du pays de Quercy, laquelle le suppliait de s'y rendre, disant qu'elle l'établirait son seigneur, et tiendrait de lui ses terres, relevant jusqu'à ce jour du comte de Toulouse. Pour lors, il pria le comte de Bar et les nobles allemands de l'accompagner, ce que tous accordèrent et promirent de faire; mais comme ils étaient en route, et près de Castelnaudary, le comte, de peur, faillit à sa promesse, et nonchalant de son honneur et renom, il dit à Mont-

¹ A quatre lieues de Toulouse.
² Ou Verilhes, à deux lieues de Foix et de Pamiers.

fort qu'il n'irait du tout avec lui. Tous en restèrent ébahis, et se joignant à notre comte, lequel était bien violemment troublé, ils lui firent instantes prières, sans toutefois en rien obtenir. L'autre, sur l'heure, demanda à ceux d'Allemagne s'ils étaient toujours en dessein de le suivre; et, comme ils eurent assuré qu'ils chemineraient très-volontiers avec lui, il se remit en marche vers Cahors, tandis que le comte de Bar, prenant une autre route, tourna bride sur Carcassonne. Disons qu'à son départ il eut à endurer tel opprobre qu'il ne serait facile de l'exprimer, pour autant que ceux de notre armée le lardaient si publiquement d'injures, et à ce point que nous n'osons, par vergogne, dire et écrire ce qu'ils disaient. Et il advint ainsi, par le juste jugement de Dieu, que celui qui, en venant au pays albigeois, était dans les villes et châteaux craint et honoré de tous, fut à son retour honni de tous et avili à tous les yeux.

Quant à notre comte, dans sa marche vers Cahors, il passa par un certain château de Caylus [1], au territoire de cette ville, l'assaillit, et brûla tout le bourg extérieur; et, arrivant à Cahors, il y fut reçu honorablement; puis, y ayant passé quelques jours, il en sortit avec les Allemands dont il est parlé ci-dessus, les conduisant jusqu'au lieu dit Roquemadour [2], où ils se séparèrent, les uns pour retourner chez eux, le comte pour revenir à Cahors. Durant son séjour en cette ville, on lui annonça que deux de ses chevaliers, savoir, Lambert de Turey [3], et Gautier de

---

[1] A huit lieues de Montauban
[2] A cinq lieues de Sarlat.
[3] Ici il est nommé *de Terreio*, et plus bas *de Tureyo*.

Langton, frère de l'évêque de Cantorbéry, avaient été pris par ceux du comte de Foix. Rapportons en peu de mots quelque chose de la manière dont cela arriva, ainsi que nous l'avons appris de tous les deux.

Un jour qu'ils chevauchaient près des domaines du comte de Foix en compagnie de plusieurs gens du pays, celui-ci, le sachant, les poursuivit avec une grande troupe des siens. Or, les indigènes qui, selon ce qu'on dit, avaient brassé cette trahison, ayant fui soudain à la vue de cette multitude, les nôtres ne se trouvèrent plus que six; si bien qu'ils furent enveloppés par un bon nombre d'ennemis (le comte allant sur les talons des fuyards), lesquels tuèrent tous leurs chevaux. Bien que démontés cependant, et entourés par cette foule d'ennemis, nos gens se défendaient vaillamment, quand l'un des agresseurs, plus noble que les autres et parent du comte de Foix, dit à Lambert qu'il connaissait, qu'ils se rendissent à eux. A quoi ce preux garçon : « l'heure, répondit-il, n'en est encore venue. » Mais quand il vit qu'il n'y avait moyen d'échapper : « Nous nous rendrons, dit-il, à condition que tu nous promettras cinq choses; savoir, que tu ne nous tueras ni mutileras, que nous tiendras en honnête garde, que tu ne nous sépareras point, que tu nous admettras à rançon convenable, et enfin que tu ne nous bailleras en pouvoir d'autrui. Si tu nous promets fermement toutes ces choses, nous nous rendrons; sinon, non. Nous sommes prêts à mourir, mais aussi nous nous confions dans le Seigneur, espérant que nous ne mourrons seuls, et que vendant chèrement notre vie, par l'aide du Christ, nous tuerons d'abord bon nombre d'entre vous. Nous n'avons encore les mains liées, et sûr ne nous prendrez à votre aise ni à bon marché. » A ces paroles de Lambert, ledit chevalier répondit, en promettant qu'il ferait volontiers tout ce qu'il demandait. « Viens donc, reprit Lambert, et me donne en la main ta foi sur telles conditions. » Ce qu'il n'osa faire, ni ne voulut approcher qu'au préalable les nôtres ne l'eussent garanti contre toute surprise; puis, Lambert et les cinq autres l'ayant fait, il vint à eux, et les emmena prisonniers sous les susdites restrictions. Mais bientôt, gardant mal sa promesse, il les livra au comte de Foix, qui les fit charger de grosses chaînes, et jeter dans un cachot si étroit et si bas qu'ils ne pouvaient se tenir debout ni s'étendre de leur long par terre. Même, ils n'avaient point de jour non plus que de chandelle, et seulement quand ils mangeaient, il y avait dans leur geôle un pertuis très-petit par où on leur tendait leur nourriture. Là pourtant les retint le comte de Foix très-long-temps, et jusqu'à ce qu'ils se fussent rachetés à grand prix. Revenons maintenant à notre histoire.

Le noble comte ayant terminé à Cahors les affaires pour lesquelles il y était venu, il eut dessein d'aller au pays albigeois. Partant donc de Cahors, passant par ses castels et visitant ses marches, il retourna vers Pamiers, et arriva près d'un fort voisin de cette ville qu'il trouva disposé à se défendre, ayant dans ses murs six chevaliers et beaucoup d'autres. Le comte ne le put prendre le même jour; mais au lendemain de bon matin, ayant donné l'assaut, brûlé la porte et sapé le mur, il l'enleva de force, et le détruisit après avoir tué trois des six chevaliers et ceux qui s'y trouvaient, ne réservant selon l'avis des siens que les trois de reste, pour ce qu'ils avaient promis qu'ils feraient rendre Lambert de Turey, et l'anglais Gautier de Langton, que le comte de Foix retenait, ainsi que nous l'avons dit. De là, il gagna Pamiers, où l'on vint lui apprendre que les gens de Puy-Laurens avaient par trahison livré la ville à Sicard, anciennement seigneur du château, et que tant ledit Sicard avec ses chevaliers, que ces traîtres assiégeaient déjà les hommes de Gui de Lucé, qui gardaient le château et étaient retranchés dans le fort. A cette nouvelle le comte se troubla, et marcha en hâte au secours de cette place, qu'il avait donnée audit Gui de Lucé, comme nous l'avons expliqué plus haut ; mais comme il arrivait à Castelnaudary, un exprès vint à lui, qui lui annonça que les gens de Gui avaient rendu aux ennemis la tour de Puy-Laurens, et toutes les fortifications du château. De fait, il en était ainsi, vu qu'un certain chevalier, auquel surtout la garde en avait été commise par le nouveau tenancier, avait livré cette tour aux ennemis à beaux deniers comptant, selon qu'il fut dit alors. Pour quoi, quelques jours après, fut-il accusé de trahison en la cour du comte, et n'ayant voulu se défendre par le moyen du combat singulier, Gui le fit attacher à une potence. Pour ce qui est de Montfort, laissant certains chevaliers à lui pour la garnison de Castelnaudary, il vint de sa personne à Carcassonne, après en avoir envoyé quelques autres avec des arbalêtriers pour défendre Mont-Ferrand. Déjà, en effet, le comte de Toulouse et les autres ennemis de la foi avaient repris force et courage, voyant que notre comte était quasi tout seul, et battaient la campagne pour tâcher de recouvrer par trahison les châteaux qu'ils avaient perdus. Ce fut lorsqu'il était à Carcassonne qu'on lui apprit la marche d'une grande troupe d'ennemis contre Castelnaudary ; cette nouvelle le mit en grand émoi, et soudain il envoya à ses chevaliers en ce château, leur mandant qu'ils n'eussent peur, parce que lui-même allait venir et les secourrait.

CHAPITRE LVI.

Le comte de Toulouse assiége Castelnaudary et le comte Simon qui le défendait.

Un certain jour de dimanche, durant que le comte était à Carcassonne, après qu'il eut entendu la messe et qu'il eut communié, étant sur le point de se rendre à Castelnaudary, un frère convers de l'ordre de Cîteaux, lequel était présent, se prit à le consoler et à l'encourager de son mieux. Sur quoi ce noble personnage présumant tout de Dieu : « Pensez-vous, dit-il, que j'aie peur ? Il s'agit de l'affaire du Christ ; l'Église entière prie pour moi ; je sais que nous ne saurions être vaincus. » Il dit et partit en hâte pour Castelnaudary, s'assurant en route que quelques châteaux aux environs de cette ville s'étaient déjà soustraits à sa domination, et que plusieurs de ceux qu'il y avait mis pour les garder avaient été traîtreusement occis par les ennemis. Tandis donc qu'il était dans Castelnaudary, voilà que le Toulousain, le comte de Foix et Gaston de Béarn, ensemble certains nobles gascons sortis de Toulouse avec une multitude infinie de soldats, se pressaient d'arriver sur le susdit château pour en faire le siége. Voire même, venait avec eux ce très-méchant apostat, ce prévaricateur, fils du diable en iniquité, ministre de l'Antechrist, savoir, Savary de Mauléon, surpassant tous autres hérétiques, pire que pas un infidèle, affronteur de l'Église, ennemi de Jésus-Christ. O homme, ou, pour mieux dire, poison détestable [1] ! ce Savary, disais-je, qui, scélérat et tout perdu, prudent et imprudent, courant contre Dieu la tête haute, a bien osé s'en prendre même à sa sainte Église ! O prince d'apostasie, artisan de cruauté, auteur de perversité ! ô complice des méchans ! ô consort des pervers ! homme, opprobre des hommes, ignare en vertu, homme diabolique, bien plus, diable tout-à-fait ! Quand apprirent les nôtres qu'ils arrivaient sur eux en si grand nombre, quelques-uns conseillèrent au comte que, laissant des siens à la défense du château, il se retirât à Fanjaux ou même à Carcassonne ; mais pensant plus sainement, et Dieu pourvoyant mieux au bien de la cause, il voulut attendre dans Castelnaudary la venue des ennemis. Ni faut-il taire que, durant qu'il s'y trouvait et qu'il était presque en la main des ennemis, voici qu'envoyé par Dieu survint Gui de Lucé avec environ cinquante chevaliers, que le noble comte avait tous envoyés au roi d'Arragon contre le Turc, et dont l'arrivée le réjouit bien fort et réconforta tous ses esprits. Or ce roi, très-mauvais qu'il était et n'ayant jamais aimé le service de la foi non plus que notre comte, s'était montré grandement incivil en-

[1] *O virum, imo virus!*

vers ceux qu'il avait expédiés à son aide ; voire même, ce très-perfide prince avait-il, comme on l'assura, tendu sur la route des embûches à nos chevaliers alors qu'ils retournaient près de notre comte, selon qu'il le leur avait mandé par écrit. Mais ils eurent vent de cette trahison, et s'écartèrent de la voie publique. O cruelle rétribution d'une œuvre pieuse ! ô dur salaire d'un si grand service ! Revenons à notre propos.

Adonc le comte s'étant renfermé dans Castelnaudary et y attendant de pied ferme la venue de ses ennemis, voilà qu'un jour ils se présentèrent soudain en troupes innombrables, et couvrant la terre comme nuées de sauterelles, et se mirent à courir d'un et d'autre côté, serrant de près la place. A leur approche, les gens du faubourg se précipitant aussitôt par dessus la muraille extérieure, passèrent à eux et leur abandonnèrent ce faubourg de prime abord, où sur l'heure ils entrèrent et se mirent à se répandre çà et là, tout joyeux et grandement aises. Or notre comte était pour lors à table ; mais faisant prendre les armes aux siens après qu'ils se furent repus, ils sortirent du château ; et chassant prestement devant eux tout ce qu'ils trouvèrent dans le faubourg, ils jetèrent bravement dehors les fuyards transis de peur. Après quoi le comte de Toulouse et ses compagnons posèrent leur camp sur une montagne vis-à-vis la place, l'entourant à tel point de fossés, de barrières en bois et de retranchemens, qu'ils semblaient plutôt assiégés qu'assiégeans, et leurs positions plus fortes et d'un accès plus difficile que le château même. Toutefois, vers le soir, les ennemis rentrèrent dans le faubourg pour autant qu'il était désert, les nôtres n'ayant pu le garnir vu leur petit nombre. En effet, ils ne comptaient pas plus de cinq cents hommes, tant chevaliers que servans, tandis qu'on estimait à cent mille l'armée des attaquans. Au demeurant, ceux des leurs qui étaient revenus dans ledit faubourg, craignant d'en être expulsés comme la première fois, le fortifièrent de notre côté au moyen de charpentes et de tout ce qu'ils purent imaginer, afin que nos gens ne pussent sortir sur eux, et percèrent en plusieurs endroits le mur extérieur entre le faubourg et leur armée pour pouvoir fuir plus librement s'il en était besoin; ce qui n'empêcha pas qu'au lendemain les assiégés faisant une nouvelle sortie, et ruinant tout ce que les ennemis avaient remparé, ne les en chassassent, ainsi qu'ils avaient déjà fait, et ne les poursuivissent fuyant à toutes jambes jusques à leur camp.

Il ne faut taire d'ailleurs en quelle situation critique se trouvait alors notre comte. La comtesse était dans Lavaur, son fils aîné, Amaury, malade à Fanjaux, la fille qui leur était née en ces quartiers en nourrice à Mont-Réal; et nul d'eux ne pouvait voir l'autre ni lui porter le moindre secours. N'omettons pas non plus de dire que, bien que les nôtres fussent très-peu nombreux, ils faisaient chaque jour des sorties, et attaquaient rudement et bien dru le camp du Toulousain; si bien que, comme nous l'avons déjà dit, ils avaient plutôt l'air d'assiégeans que d'assiégés. Mais ce camp était défendu par tant d'obstacles, ainsi que nous l'avons expliqué, qu'ils ne pouvaient y pénétrer malgré leurs efforts et l'ardent désir qui les poussait sus. Ajoutons encore que nos servans ne faisaient difficulté de mener abreuver, en vue des autres, les chevaux de nos gens aussi loin du château qu'une bonne demi-lieue, et même que nos fantassins vendangeaient chaque jour, car c'était le temps des vendanges, les vignes plantées près de l'armée ennemie, sous ses yeux et à son grand regret. Un jour cependant ce très-méchant traître comte de Foix, et son égal en malice, Roger Bernard, son fils, ensemble une grande partie de leurs troupes, s'avisèrent d'attaquer les nôtres postés en armes devant les portes du château. Ce que voyant nos gens, et se ruant sur eux à leur approche avec une extrême vigueur, ils jetèrent à bas de leurs chevaux le fils même dudit comte, ainsi que plusieurs autres, et les forcèrent de regagner en désordre leurs pavillons. Finalement, vu que nous ne pourrions rapporter en détail tous les engagemens et événemens de ce siége, bornons-nous à certifier en peu de mots que toutes fois et quantes les ennemis étaient si osés que d'aborder les nôtres pour les attaquer de quelque façon que ce fût, les assiégés restaient tout le jour devant les portes du château, appelant le combat, au lieu que les autres retournaient à leurs tentes avec grande honte et confusion.

Durant que ces choses se passaient, les châteaux environnans se séparèrent de notre comte, et se rendirent à celui de Toulouse. Ceux, entre autres, de Cabaret députèrent un jour vers Raimond, lui mandant de venir ou d'envoyer vers eux, et qu'aussitôt ils lui livreraient cette place, laquelle était à cinq lieues de Castelnaudary. Par une belle nuit donc, un bon nombre des siens se mirent en marche par son ordre, et partirent pour occuper Cabaret. Mais tandis qu'ils étaient en route, il arriva que, par une disposition de la divine clémence, ils perdirent le chemin qui y conduisait, et qu'après s'être long-temps égarés par voies non frayées, ils ne purent parvenir jusque-là ; si bien qu'ils en furent pour une bonne course à droite et à gauche, et revinrent au camp d'où ils étaient sortis.

Sur ces entrefaites, le comte de Toulouse fit dresser une machine dite mangonneau, qui commença à battre la place, sans toutefois faire grand mal aux nôtres, ou même du tout. Pour quoi cedit comte fit, quelques jours après, préparer un autre engin de grandeur monstrueuse pour ruiner les murailles du château, lequel lançait des pierres énormes, et renversait tout ce qu'il atteignait. Or, quand nos ennemis l'eurent fait jouer pendant un bon bout de temps, un certain bouffon[1] au comte de Toulouse vint à lui : « Et pourquoi, lui dit-il, dépensez-vous tant pour cette machine ? qu'avez-vous à faire de vous donner tant de mal pour renverser les murs de Castelnaudary ? ne voyez-vous pas chaque jour que les ennemis arrivent jusqu'à nos tentes, et vous que vous n'osez en sortir ? Certes vous devriez plutôt desirer que leurs murailles fussent de fer pour qu'ils ne pussent venir à nous. » En effet, il arrivait en ce siége chose contre l'habitude et fort surprenante, savoir que, tandis que d'ordinaire ce sont les assiégeans qui attaquent les assiégés, ici, du contraire, c'étaient les assiégés qui étaient sur l'offensive et incessamment aggresseurs. Les nôtres même se gaussaient des ennemis en semblables propos, leur disant : « Pourquoi faites-vous tant de frais pour votre machine ? Pour-

---

[1] Le texte porte *jaculator*, la suite indique *joculator*.

quoi prendre tant de peine à détruire nos remparts? croyez-nous sur parole, nous vous épargnerons tous ces coûts, nous vous soulagerons de si grand travail. Donnez-nous seulement vingt marques[1], et nous abattrons jusqu'au pied cent coudées du mur en longueur, nous le mettrons au ras de terre, afin que, si le cœur vous en dit, vous puissiez passer à nous tout à votre aise et sans obstacle. » O vertu d'esprit! ô bien grande force d'ame! Un jour notre comte sortant du château s'avançait pour avarier la susdite machine; et comme les ennemis l'avaient entourée de fossés et de barrières, tellement que nos gens ne pouvaient y arriver, ce preux guerrier, si veux-je dire le comte de Montfort, voulait, tout à cheval, franchir un très-large fossé et très-profond afin d'aborder hardiment cette canaille. Mais voyant quelques-uns des nôtres le péril inévitable où il allait se jeter s'il faisait ainsi, ils saisirent son cheval à la bride et le retinrent pour l'empêcher de s'exposer à une mort imminente; puis tous s'en revinrent au château après avoir tué plusieurs des ennemis et sans avoir perdu un seul homme.

Les choses en étaient là quand le comte envoya son maréchal Gui de Lévis, homme féal et fort en armes, pour qu'il fît avoir des vivres au comte de Fanjaux et de Carcassonne, et ordonnât à ceux de cette ville et de Béziers qu'ils se dépêchassent de lui porter secours; lequel Gui de Lévis n'ayant pu rien faire de bon, pour ce que tout le pays s'était gâté et allait à la male route, revint vers le comte de Montfort. Celui-ci, pour lors,

---

[1] La marque, qu'il ne faut pas confondre avec le marc, valait à cette époque environ trois francs, tandis que le marc valait à peu près cinquante francs cinquante centimes. Vingt marques font donc près de soixante francs.

le renvoya de nouveau, et avec lui le noble homme Matthieu de Marly, frère de Bouchard, qui tous deux arrivant aux gens des terres du comte, les prièrent à maintes fois de se rendre près de lui, ajoutant menaces à prières. Bref, comme ces vassaux pervers et branlant déjà dans le manche ne voulurent les écouter, ils se rendirent vers Amaury, seigneur de Narbonne, et les citoyens de cette cité, les priant et les avisant de donner aide à Montfort; ceux-ci répondirent bien que, si leur seigneur Amaury voulait aller avec eux, ils le suivraient; mais celui-ci, pour cauteleux sans mesure et très-matois qu'il était, ne put être induit à ce faire. Sortant donc de Narbonne, lesdits chevaliers, sans avoir tiré d'une ville aussi populeuse plus de trois cents hommes, vinrent à Carcassonne, et de tout le pays n'en purent avoir plus haut que cinq cents; voire quand ils les voulurent mener au comte, ceux-ci refusèrent absolument, et soudain s'enfuirent et s'enfouirent tous chez eux.

Cependant le très-perfide comte de Foix s'était saisi d'un certain château appartenant à Bouchard de Marly, près Castelnaudary, à l'orient et vers Carcassonne, qu'on nomme Saint-Martin, ainsi que de quelques autres forteresses aux environs, et les avaient munies contre les nôtres. Pour ce qui est du comte, il avait mandé audit Bouchard et à Martin d'Algues, qui était à Lavaur avec la comtesse, de venir à Castelnaudary. Or ce Martin était un chevalier espagnol, d'abord des nôtres, mais qui se conduisit bien mal ensuite, comme on verra ci-après.

CHAPITRE LVII.

Comment les Croisés mirent en déroute le comte de Foix dans un combat très-opiniâtre près la citadelle de Saint-Martin, et de leur éclatante victoire.

Il y avait avec notre comte un certain chevalier Carcassonnais, natif de Mont-Réal, Guillaume, dit le Chat [1], auquel le seigneur comte avait donné des terres, qu'il avait fait chevalier, et gardait en telle familiarité que ce Guillaume avait tenu sa fille sur les fonts baptismaux. Montfort, la comtesse et tous les nôtres se reposaient sur lui du soin de maintenir le pays, et s'y fiaient au point que le seigneur Simon lui avait quelque temps baillé en garde son propre fils aîné; même il l'avait envoyé de Castelnaudary à Fanjaux pour conduire à son secours les hommes des châteaux voisins. Mais lui, pire que tout autre de nos ennemis, le plus méchant des traîtres, ingrat malgré tant de bienfaits, oubliant tant de marques d'affection, s'associa à aucuns des gens de ces quartiers, de même humeur et malice que lui, et ils s'accordèrent si bien en méchanceté que de vouloir prendre le susdit maréchal et ses compagnons à leur retour de Carcassonne pour les livrer au comte de Foix. O façon inique de félonie! ô peste infâme! ô artifice de cruauté! ô invention diabolique! Mais le maréchal le sut, et, se dévoyant du chemin, évita le piége qu'on lui tendait. Ni faut-il passer sous silence que plusieurs hommes du

[1] *Catus.*

pays, voire quelques abbés, qui avaient bon nombre de châteaux, rompirent alors avec notre comte, et jurèrent fidélité au Toulousain. O serment exécrable! ô déloyale fidélité!

Cependant Bouchard de Marly et Martin d'Algues, ensemble quelques autres chevaliers de notre comte, venant de Lavaur, et faisant hâte pour aller à son aide, arrivèrent à Saïssac, château dudit Bouchard, n'osant se rendre à Castelnaudary par le droit chemin. Or, le jour d'avant leur entrée dans Castelnaudary le comte de Foix, qui savait d'avance leur arrivée, était sorti et venu au fort de Saint-Martin, par où devaient passer les nôtres, afin de les attaquer : ce qu'apprenant notre noble comte, il envoya au secours des siens Gui de Lucé, le châtelain de Melfe, le vicomte d'Onges, et autres chevaliers, jusqu'au nombre de quarante, et leur manda qu'au lendemain sans faute ils auraient bataille contre le susdit comte de Foix; pour lui, il ne s'en réserva pas plus de soixante, y compris les écuyers à cheval. Le comte de Foix, instruit du renfort que le nôtre avait envoyé à ses gens, quitta Saint-Martin, et retourna à l'armée pour y prendre des soldats, et revenir sur le maréchal et ceux qui l'accompagnaient. Dans l'intervalle, Montfort parla en ces termes à Guillaume le Chat et aux chevaliers du pays qui étaient avec lui dans Castelnaudary : « Voici, dit-il, très-chers frères, que les comtes de Toulouse et de Foix, gens très-puissans, et suivis d'une grande multitude, sont en quête de ma vie, tandis que je suis quasi seul au milieu de mes ennemis. Je vous prie de par Dieu que si, poussés par crainte ou par amour, vous voulez passer à eux et me laisser là, vous ne me le cachiez ; de mon côté je vous ferai conduire jusqu'à leur armée sains et saufs. » O noblesse d'un grand homme ! ô excellence bien digne d'un prince ! A quoi répondit cet autre Judas, savoir Guillaume : « N'advienne, mon seigneur, n'advienne que nous vous quittions ; oui, quand même tous vous abandonneraient, je resterai avec vous jusqu'à la mort. » Tous dirent la même chose. Peu de temps après pourtant, ledit traître s'éloigna du comte avec certains autres de ses camarades, et, de l'un de ses plus familiers, devint son plus cruel persécuteur. Les choses en étaient là quand le maréchal Bouchard de Marly, et ceux qui le suivaient, ayant de bon matin entendu la messe, après confession faite et le corps du Seigneur dévotement reçu, montèrent à cheval, et reprirent leur route pour aller rejoindre le comte, tandis que, de son côté, le comte de Foix, sachant qu'ils avançaient, et prenant avec lui une grande troupe de cavaliers, l'élite de toute l'armée, et plusieurs milliers de piétons pareillement bien choisis, se porta rapidement au devant des nôtres pour les attaquer, après avoir divisé les siens en trois corps. Cependant le comte Simon, qui, ce jour-là, s'était posté devant les portes de Castelnaudary, et attendait avec grande inquiétude l'arrivée de ses chevaliers, lorsqu'il vit l'autre partir en hâte pour tomber sur eux, consulta ceux qui étaient avec lui sur ce qu'il fallait faire alors ; et, comme plusieurs étaient de divers sentimens, les uns disant qu'il devait rester pour la garde du château, les autres soutenant, au contraire, qu'il fallait courir au secours de nos gens, cet homme d'un courage indomptable, cet homme d'invincible vaillance s'exprima en ces termes, suivant ce qu'on rapporte : « Nous ne sommes restés ici qu'en bien « petit nombre, et la cause du Christ dépend toute « entière de cette rencontre. A Dieu ne plaise que nos « chevaliers meurent en glorieux combat, et que moi « j'échappe en vie, mais couvert de honte ! Je veux « vaincre avec les miens, ou mourir avec eux. Allons « donc nous aussi, et, s'il le faut, périssons avec « eux. » Quel homme aurait pu, durant cette scène, ne pas verser des larmes ! Il parle de cette sorte tout en pleurant, et aussitôt il vole au secours des siens. Pour ce qui est du comte de Foix, au moment où il s'approcha des nôtres, il réunit en un seul les trois corps qu'il avait formés à son départ. Ajoutons avant tout que l'évêque de Cahors et quelques moines de Cîteaux qui, du commandement de leur abbé, géraient les affaires de Jésus-Christ, venaient en compagnie du maréchal, lesquels, voyant les ennemis s'avancer, et la bataille être désormais imminente, commencèrent d'exhorter nos gens à se conduire en hommes de cœur, leur promettant très-fermement que, s'ils succombaient en ce glorieux combat pour la foi chrétienne, ils obtiendraient la rémission de leurs péchés, et que, gagnant sur l'heure la couronne d'honneur et de béatitude, ils recevraient la récompense de leurs efforts et de leurs travaux. Adonc nos Croisés, certains par avance du prix de leur courage, et conservant en même temps l'espoir de gagner la victoire, marchaient gaillards et intrépides à la rencontre des ennemis qui venaient sur eux, ramassés en une seule troupe, et qui pour lors rangèrent aussi leur armée, plaçant au milieu ceux qui montaient les chevaux bardés, à une des ailes le reste de leurs cavaliers, et à l'autre leurs fantassins parfaitement armés. Durant que les nôtres délibéraient entre eux d'attaquer d'abord au centre, ils virent de loin le comte sortant de Castelnaudary, et accourant à leur aide; pourquoi, doublant soudain d'audace, et s'animant d'une nouvelle ardeur, ils se lancèrent au milieu des ennemis, après avoir invoqué le Christ, et les enfoncèrent plus vite même qu'on ne pourrait le dire. Ceux-ci, vaincus en un moment et mis en désordre, cherchèrent leur salut dans la fuite; et nos gens, tournant tout à coup sur les piétons qui étaient de l'autre côté, en tuèrent un grand nombre. Ni faut-il taire, selon ce que le maréchal a certifié dans une véridique relation, que les ennemis étaient plus de trente contre un. Qu'on reconnaisse donc qu'en cette occasion Dieu lui-même fit son œuvre. Toutefois notre comte ne put prendre part au combat, bien qu'il accourût en toute hâte, vu que le Christ victorieux avait déjà donné la victoire à ses soldats. Les nôtres poursuivirent les fuyards, et, tuant tous ceux qui restaient en arrière, ils en firent un grand carnage, tandis que nous ne perdîmes pas plus de trente hommes. N'oublions de dire que Martin d'Algues, dont nous avons parlé plus haut, ayant pris la fuite dès la première charge, le vénérable évêque de Cahors qui était près de là, le voyant se sauver, et lui ayant demandé ce qui le pressait : « Nous sommes tous morts, » répondit-il. Ce que cet homme catholique ne voulant croire, et lui faisant de durs reproches, il le força de retourner au combat. N'omettons pas non plus de rapporter que les fuyards, pour échapper à la mort, criaient de toutes leurs forces

« Montfort! Montfort! » afin que par là on les crût des nôtres, et que cette supercherie retînt le bras de ceux qui les poursuivaient. Mais nos gens déjouaient leur ruse par une autre; et, quand l'un d'eux entendait quelqu'un des ennemis crier Montfort par peur, il lui disait : « Si tu es avec nous, tue celui-là; » et il lui indiquait un des fugitifs. Puis, quand, pressé par la crainte, il avait occis son camarade, il était tué à son tour, recevant de la main des nôtres la récompense de sa fraude et de son crime. O chose merveilleuse et du tout inouïe! ceux qui étaient venus au combat pour nous exterminer se tuaient entre eux, et, par un juste jugement de Dieu, nous servaient, quoi qu'ils en eussent. Après que nous fûmes long-temps restés à la poursuite des ennemis, et que nous en eûmes jeté bas un nombre infini, le comte s'arrêta en plein champ pour rallier les siens dispersés de toutes parts sur leurs traces, et pour les rassembler. Pendant ce temps, ce premier entre tous les apostats, savoir, Savary de Mauléon, et une grande multitude de gens armés étaient sortis du camp des assiégeans, s'étaient approchés des portes de Castelnaudary, et, s'y tenant tout bouffis d'orgueil, leurs bannières hautes, ils attendaient l'issue de la bataille; plusieurs même d'entre eux, pénétrant dans le bourg inférieur, commencèrent à harceler vivement ceux qui étaient restés dans le château, c'est-à-dire, cinq chevaliers seulement et les servans en petit nombre. Malgré ce néanmoins ceux-ci repoussèrent du bourg cette foule d'ennemis bien munis d'armes et d'arbalétes, et se défendirent avec le plus grand courage : pourquoi ledit traître, je veux dire Savary de Mauléon, voyant que les nôtres étaient vainqueurs en rase campagne, et que, dans le château, ils repoussaient sa troupe, la rappela, et retourna dans son camp bien honteux et confus. Quant à notre comte et ceux qui l'accompagnaient, à leur retour du combat d'où ils étaient sortis victorieux, ils voulurent attaquer les ennemis jusque dans leurs tentes. O soldats invincibles ! ô miliciens du Christ ! Or, comme nous l'avons déjà dit, ceux-ci s'étaient retranchés derrière tant de fossés et de barrières que les nôtres ne pouvaient les aborder sans descendre de cheval ; mais, comme le comte s'empressait de le faire, quelques-uns lui conseillèrent de différer jusqu'au lendemain, pour autant, disaient-ils, que les ennemis étaient tout frais, et les nôtres fatigués du combat : à quoi le comte consentit ; car il agissait en tout avec conseil, et s'était fait une loi d'y obtempérer en telles circonstances. Retournant donc au château, et sachant bien que toute vaillance vient de Dieu, que toute victoire vient du ciel, il sauta à bas de sa monture à l'entrée même de Castelnaudary, marcha nu-pieds vers l'église pour y rendre grâce au Tout-Puissant de ses bienfaits immenses ; et là, les nôtres chantèrent avec grande dévotion et enthousiasme : *Te Deum laudamus*, bénissant dans leurs hymnes le Seigneur miséricordieux, et rendant pieux témoignage à celui qui fit de grandes choses pour son peuple, et lui donna le triomphe sur ses ennemis.

Nous ne croyons devoir taire un certain miracle qui advint en ce temps dans une abbaye de l'ordre de Cîteaux, au territoire de Toulouse, ayant nom Grand-Selve. Les moines de cette maison étaient dans une affliction bien vive, vu que, si le noble comte venait à être pris dans Castelnaudary, ou à succomber dans la guerre, ils étaient grandement menacés de périr par le glaive. En effet, le Toulousain et ses complices haïssaient plus que tous les autres les religieux de l'ordre de Cîteaux, et principalement cette abbaye, pour autant que l'abbé Arnauld, légat du siége apostolique, auquel ils imputaient plus qu'à pas un la perte de leurs domaines, était, comme on sait, du même ordre, et avait été abbé de cette maison. Un jour donc qu'un certain frère de Grand-Selve, homme saint et religieux, célébrait les divins mystères, au moment de la consécration de l'Eucharistie, il se mit à prier dévotement et du plus profond de son cœur pour ledit comte de Montfort qui était alors assiégé dans Castelnaudary, et il lui fut répondu par une voix divine : « Que sert de prier pour lui ? Il y en a tant d'autres « qui le font qu'il n'est besoin de tes prières. »

CHAPITRE LVIII.

En quelle manière le siége de Castelnaudary fut levé.

Sur ces entrefaites, le comte de Foix inventa un nouvel artifice de trahison, imitant en cela son père le diable, qui vaincu d'un côté se tourne d'un autre, pour trouver d'autres moyens de faire le mal. Il envoya des courriers au loin et de toutes parts, pour assurer que le comte de Montfort avait été battu ; même quelques-uns dirent qu'il avait été écorché et pendu ; d'où vint que plusieurs châteaux se rendirent vers ce temps à nos ennemis.

Pour ce qui est des assiégés, les chevaliers du comte lui conseillèrent, le lendemain de la glorieuse victoire, qu'il sortît de Castelnaudary, y laissant quelques-uns des siens, et que, parcourant ses domaines, il y recrutât le plus d'hommes qu'il pourrait. Le comte quittant donc cette place vint à Narbonne, au moment même où arrivaient de France plusieurs pélerins, savoir, Alain de Roucy, homme d'un grand courage, et quelques autres, mais en petit nombre. Au demeurant, le comte de Toulouse et ses compagnons, voyant que le siége n'avançait en rien, s'en retournèrent chez eux quelques jours; ensuite, après avoir brûlé leurs machines, ils levèrent leur camp, non sans grande confusion. Ni faut-il taire qu'ils n'osèrent sortir de leurs retranchemens, jusqu'à ce qu'ils sussent que notre comte n'était plus à Castelnaudary. Ainsi, tandis qu'il se trouvait encore à Narbonne, ayant près de lui les susdits pélerins et plusieurs gens du pays, qu'il avait réunis pour attaquer à son retour le Toulousain et ses alliés, on lui annonça qu'ils avaient renoncé à leur entreprise; pour quoi, congédiant ses recrues, et ne menant avec lui que les pélerins de France, il revint à Castelnaudary, et décida qu'on renverserait de fond en comble toutes les forteresses des entours, qui s'étaient soustraites à sa domination. Tandis qu'on exécutait cet ordre, on vint lui dire qu'un certain château, nommé Coustausa, près de Termes, s'était départi de sa juridiction, et s'était rendu aux ennemis de la foi. A cette nouvelle, il partit en toute hâte pour assiéger ce château, et après qu'il l'eut attaqué durant quelques jours, ceux qui le défendaient, voyant qu'ils ne pouvaient résister plus long-temps, lui ouvrirent leurs portes et s'abandonnèrent à lui, pour qu'il fît d'eux selon son bon plaisir ; puis il revint à Castelnaudary où il apprit que les gens d'un autre château, appelé Montagut, au diocèse d'Albi, s'étaient rendus au comte de Toulouse, et assiégeaient la forteresse du lieu, ensemble ceux à qui notre comte en avait confié la garde. Il partit derechef, et marcha rapidement au secours des siens ; mais avant qu'il y pût arriver, ceux qui étaient dans la citadelle l'avaient déjà livrée aux ennemis. Que dirai-je ? Tous les castels des environs, lieux très-nobles et très-forts, à l'exception d'un très-petit nombre, avaient passé aux Toulousains presqu'en un même jour, et voici les noms des nobles châteaux qui furent alors perdus ; au diocèse d'Albi, Rabastens, Montagut, Gaillac, le château de la Grave, Cahusac, Saint-Marcel, la Guépie, Saint-Antonin : dans le diocèse de Toulouse, avant et pendant le siége de Castelnaudary, Puy-Laurens, Casser, Saint-Félix, Montferrand, Avignonnet, Saint-Michel, Cuc et Saverdun ; plus d'autres places moins considérables que nous ne pouvons désigner toutes par le menu, et qu'on fait monter au nombre de plus de cinquante. Nous ne croyons toutefois devoir omettre une bien méchante trahison et sans exemple qui eut lieu au château de la Grave, dans le diocèse d'Albi ; notre comte l'avait donné à un certain chevalier français, lequel se fiait aux habitans plus qu'il n'aurait fallu, puisqu'ils conspiraient sa mort. Un jour, en effet, qu'il faisait réparer ses tonneaux par un charpentier du lieu, et que celui-ci avait fini d'en accommoder un, il pria ledit chevalier de voir si sa besogne était bien faite ; et, comme il eut passé la tête dans le tonneau, le charpentier levant sa hache la lui coupa net. O cruauté inouïe ! Aussitôt les gens du château se révoltèrent et tuèrent le peu de Français qui s'y trouvaient. Quand le noble comte Baudouin, dont nous avons parlé plus haut, ce bon frère du méchant comte de Toulouse, eut appris ce qui venait de se passer à la Grave, il s'y présenta un jour de grand matin, et comme les habitans en furent sortis à sa rencontre, pensant qu'il était Raimond lui-même, parce qu'il portait les mêmes armes, et l'eurent introduit dans la place, lui racontant tout joyeux leur cruauté et leur forfait, il tomba sur eux, suivi d'une grande troupe de soldats, et les tua presque tous, depuis le plus petit jusqu'au plus grand.

Notre comte voyant qu'il avait fait tant et de si grandes pertes, vint à Pamiers pour en munir le château ; et, tandis qu'il y était, le comte de Foix lui manda que, s'il voulait attendre seulement quatre jours, il arriverait lui-même et se battrait contre lui : à quoi Montfort répondit qu'il resterait à Pamiers non seulement quatre jours, mais plus de dix ; toutefois le comte de Foix n'osa se présenter. En outre, nos chevaliers pénétrèrent dans son territoire, même sans leur chef, et détruisirent un fort qui appartenait audit comte. Le nôtre vint ensuite à Fanjaux, d'où il envoya le châtelain de Melfe et Godefroi son frère, tous deux gens intrépides, avec un très-petit nombre d'autres, vers un certain château, pour en faire apporter du blé dans celui de Fanjaux, et l'approvisionner suffisamment. Or, comme ils revenaient de ce lieu, le fils du comte de Foix, égal à son père en malice, se mit en embuscade le long de la route que lesdits chevaliers devaient suivre, ayant avec lui un grand nombre de gens armés; et, quand les nôtres passèrent, les ennemis se levant tout à coup, les attaquèrent et entourèrent ledit Godefroi, le pressant de toutes parts; mais lui, vaillant et sans peur, se défendit bravement, bien qu'il n'eût que très-peu de soldats. Ayant donc perdu son cheval et étant réduit à la dernière extrémité, les ennemis lui criaient de se rendre; sur quoi cet homme de merveilleuse prouesse leur répondit, selon qu'on l'a raconté : « Je me suis « rendu au Christ, et n'advienne que je me rende « à ses ennemis; » et par ainsi, au milieu des coups et des glaives, il tomba mort, pour aller, comme nous le croyons, se reposer dans la gloire éternelle. Avec lui succombèrent un jouvencel non moins courageux, cousin dudit Godefroi, et quelques autres de nos gens : un chevalier, nommé Drogon, se rendit, et fut mis aux fers par le comte de Foix. Quant au châtelain de Melfe, s'échappant la vie sauve, il revint au château d'où ils étaient partis, tout gémissant de la perte de son frère et de son parent. Ensuite les nôtres vinrent sur le lieu du combat, et, enlevant les cadavres de ceux qui avaient été tués, ils les ensevelirent dans une abbaye de l'ordre de Cîteaux, nommée Bolbonne.

En ce temps, le vénérable Guillaume, archidiacre de Paris, et un certain autre maître, Jacques de Vitry, par l'ordre et à la prière de l'évêque d'Uzès, que le seigneur pape avait institué légat pour les affaires de la foi contre les hérétiques, lequel était animé du plus vif amour pour les intérêts du Christ, et s'en occupait efficacement, se chargèrent du saint office de la prédication; et embrasés du zèle de la religion, parcourant la France et même l'Allemagne, durant tout cet hiver, ils donnèrent à une multitude incroyable de fidèles le signe de la croix, et les recrutèrent à la milice du Christ. Ces deux personnages furent, après Dieu, ceux qui avancèrent le plus la cause de la foi dans les pays d'Allemagne et de France.

CHAPITRE LIX.

Comment Robert de Mauvoisin, suivi de cent chevaliers français, vint au secours de Montfort.

Les choses étaient en tel état quand le plus noble des guerriers, ce serviteur du Christ, ce promoteur et principal ami de la cause de Jésus, savoir, Robert de Mauvoisin, lequel, l'été précédent, s'en était allé en France, revint, ayant avec lui plus de cent chevaliers français, tous hommes d'élite, qui l'avaient choisi pour leur chef et maître; et tous, par les exhortations des vénérables personnages, je veux dire l'évêque de Toulouse et l'abbé de Vaulx, s'étaient croisés et avaient pris parti dans la milice de Dieu. Au demeurant, consacrant tout cet hiver [1] au service de Jésus-Christ, ils relevèrent noblement nos affaires de l'abaissement où elles étaient alors. Le comte, apprenant leur arrivée, alla au-devant d'eux jusqu'à Carcassonne, où sa présence fit naître une joie indicible

[1] En 1212.

parmi les nôtres et le plus ardent enthousiasme ; puis, avec lesdits chevaliers, il vint jusqu'à Fanjaux, dans le même temps que le comte de Foix assiégeait un château appartenant à un des chevaliers du pays, nommé Guillaume d'Aure, lequel avait pris parti pour Montfort et l'aidait de tout son pouvoir. Or le comte de Foix avait attaqué pendant quinze jours ce château voisin de ses domaines, et qu'on nommait Quier. Les nôtres donc partant de Fanjaux marchèrent en hâte pour le forcer à lever le siége; mais lui, apprenant la venue des nôtres, s'éloigna brusquement et s'enfuit avec honte, abandonnant ses machines. Après quoi, nos gens dévastant sa terre durant plusieurs jours, détruisirent quatre de ses castels; puis revenant à Fanjaux, ils en sortirent derechef et se portèrent rapidement vers un château du diocèse de Toulouse, nommé la Pommarède, qu'ils assiégèrent quelques jours de suite, et dont enfin ils comblèrent de force le fossé après un vigoureux assaut; mais la nuit qui survint les empêcha de prendre le fort cette même fois. Finalement, ceux qui le défendaient voyant qu'ils étaient presque au pouvoir des nôtres, trouèrent leur mur à l'heure de minuit et décampèrent secrètement. En ce temps, on vint annoncer au comte qu'un autre château, nommé Albedun, au diocèse de Narbonne, s'était soustrait à sa domination. Pourtant, comme il s'y rendait, le seigneur vint au-devant de lui, et s'abandonna lui et son château à sa discrétion.

CHAPITRE LX.

Comment Gui de Montfort arriva d'outre-mer vers son frère, le comte Simon, et de la merveilleuse joie que sentit le comte en le voyant.

CELA fait, le comte vint à ce noble château du diocèse d'Albi, qu'on nomme Castres, où, pendant son séjour et comme on célébrait la fête de la Nativité du Seigneur, arriva vers lui son frère germain, Gui, à son retour d'outre-mer; cedit Gui avait suivi son frère lors de son expédition contre les païens; mais, quand revint le comte, il resta dans ces contrées, parce qu'il y avait pris une très-noble épouse du sang royal, laquelle était dame de Sidon, et l'accompagnait avec les enfans qu'elle avait eus de lui. Justement comme il arrivait, quelques castels au territoire albigeois étaient rentrés sous la domination du comte, dont nul ne pourrait exprimer la joie en voyant son frère, non plus que celle des nôtres. Peu de jours ensuite ils marchèrent rapidement pour assiéger un certain château du diocèse d'Albi, nommé Tudelle, appartenant au père de ce très-méchant hérétique, Gérard de Pépieux, lequel ils prirent après l'avoir attaqué quelques jours, passant tous ceux qu'ils y trouvèrent au fil de l'épée, et n'épargnant que le seigneur, échangé depuis par le comte contre un sien chevalier que le comte de Foix retenait dans les fers, savoir, Drogon de Compans[1], cousin de Robert de Mauvoisin.

[1] Le même sans doute que le Drogon dont il est question dans le chapitre LVIII.

Puis, se portant en hâte sur un autre château nommé Cahusac[1], au territoire albigeois, Montfort ne s'en empara qu'à grand'peine et au prix de mille efforts, vu qu'il l'assiégea, contre la coutume, au milieu de l'hiver, et qu'il n'avait avec lui que très-peu de monde. Or les comtes de Toulouse, de Comminges et de Foix étaient rassemblés avec un nombre infini de soldats près d'un château voisin, appelé Gaillac[2], d'où ils députèrent au nôtre, lui mandant qu'ils viendraient l'attaquer, et disant ainsi pour essayer de lui faire peur et le décider à lever le siége. Ils envoyèrent une et deux fois sans pourtant oser se montrer ; ce que voyant le comte il dit aux siens : « Puisqu'ils ne viennent point, certainement j'irai, moi, et leur rendrai une visite. » Prenant donc quelques-uns de ses chevaliers, il courut vers Gaillac suivi d'un petit nombre des nôtres, ne respirant et ne souhaitant rien tant que bataille. Mais sachant qu'il arrivait, le comte de Toulouse et consorts sortirent de Gaillac et s'enfuirent en un autre château des environs, nommé Montagut, où Montfort les suivit, et qu'ils abandonnèrent encore, se réfugiant vers Toulouse ; pour quoi notre comte voyant qu'ils n'osaient l'attendre, revint au lieu d'où il était parti. Ces choses dûment achevées, il envoya à l'abbé de Cîteaux, lequel était à Albi, pour lui demander ce qu'il fallait faire ; et son avis ayant été qu'on assiégeât Saint-Marcel, château situé à trois lieues d'Albi, et commis par le comte de Toulouse à la garde de ce détestable traître, Gérard de Pépieux, les nôtres s'y rendirent et en firent le siége, mais d'un côté seu-

---

[1] A quatre lieues d'Albi.
[2] A cinq lieues d'Albi.

lement, vu qu'ils étaient très-peu, et le château très-grand et très-fort, se prenant aussitôt à le battre sans relâche au moyen d'une certaine machine qu'ils dressèrent contre la place. Sur ces entrefaites, arrivèrent bientôt en nombre incroyable les comtes de Toulouse et de Comminges, ensemble celui de Foix et leurs gens, lesquels firent leur entrée dans le château pour le défendre contre nous; et comme, malgré son étendue, il ne put contenir une telle multitude, beaucoup d'entre eux assirent leur camp du côté opposé au nôtre : sur quoi les Croisés ne discontinuaient leurs attaques, et les ennemis les repoussaient du mieux qu'ils pouvaient. O chose admirable et bien étonnante ! au lieu que les assiégeans sont d'ordinaire plus nombreux et plus en force que les assiégés, ici les assiégés étaient presque dix fois plus forts ! Les nôtres en effet ne passaient pas cent chevaliers, tandis que les ennemis en avaient plus de cinq cents, sans parler d'une multitude innombrable de piétons qui, chez nous, étaient nuls ou si peu que rien. O bien grand haut fait ! ô nouveauté toute nouvelle ! Ne faut-il taire qu'aussi souvent qu'ils se hasardèrent à sortir de leurs murs, soudain furent-ils par les nôtres vigoureusement repoussés. Un jour enfin que le comte de Foix, se présentant avec un bon nombre des siens, vint pour miner notre machine, nos servans le voyant approcher, et lui faisant rebrousser chemin vaillamment par le seul jet des pierres, le renfermèrent dans le château avant que nos chevaliers eussent pu s'armer. Toutefois une grande disette se fit sentir dans l'armée, pour autant que les vivres n'y pouvaient venir que d'Albi; et encore les batteurs d'estrade des ennemis, sortant en foule de la place, observaient si bien les routes publiques, que ceux d'Albi n'osaient venir au camp, à moins que le comte ne leur envoyât pour escorte la moitié de ses gens. Adonc, après avoir passé un mois à ce siége, le comte sachant bien que s'il divisait sa petite troupe, en gardant la moitié avec lui et envoyant l'autre faire des vivres, les assiégés, profitant de leur supériorité et de sa faiblesse, auraient bon marché des uns ou des autres, rendu tout perplexe par une nécessité si évidente et si impérieuse, il leva le siége après que le pain eut manqué plusieurs jours à l'armée. N'oublions de dire que, tandis qu'il faisait célébrer solennellement dans son pavillon l'office de la passion dominicale, le jour du vendredi saint, homme qu'il était tout catholique et dévoué au service de Dieu, les ennemis oyant les chants de nos clercs, montèrent sur leurs murailles, et pour moquerie et en dérision des nôtres, poussèrent de furieux hurlemens. O perverse infidélité! ô perversité infidèle! Au demeurant, pour qui considérera diligemment les choses, notre comte acquit dans ce siége plus d'honneur et de gloire qu'en aucune prise de château, pour fort qu'il pût être; et dès ce temps et dans la suite, sa grande vaillance éclata davantage et sa constance brilla d'une nouvelle splendeur. Finalement, ayons soin de dire que lorsque notre comte se départit de devant Saint-Marcel, les ennemis, bien qu'en si grand nombre, n'osèrent sortir et l'inquiéter le moins du monde dans sa retraite.

Nous ne voulons non plus passer sous silence un miracle qui advint en même temps dans le diocèse de Rhodez. Un jour de dimanche qu'un certain abbé de

Bonneval[1], de l'ordre de Cîteaux, prêchait en un château dont l'église était si petite qu'elle ne pouvait contenir les assistans, et qu'ils étaient tous sortis écoutant la prédication devant les portes de l'église, vers la fin du sermon, et comme le vénérable abbé voulait exhorter le peuple qui se trouvait présent à prendre la croix contre les Albigeois, voilà qu'à la vue de tous une croix apparut dans l'air, qui semblait se diriger du côté de Toulouse. J'ai recueilli ce miracle de la bouche dudit abbé, homme religieux et d'autorité grande.

Le comte ayant donc levé le siége devant Saint-Marcel, s'en vint à Albi le même jour, savoir la veille de Pâques, pour y passer les fêtes de la résurrection du Seigneur, et y trouver le vénérable abbé de Vaulx, dont nous avons parlé plus haut, lequel revenait de France, ayant été élu à l'évêché de Carcassonne, et dont la rencontre réjouit grandement le comte et nos chevaliers qui l'avaient tous en principale affection. En effet, il était depuis longues années très-familier au comte qui, quasi dès son enfance, s'était soumis à ses conseils et s'était conduit d'après ses volontés. Dans le même temps, Arnauld, abbé de Cîteaux, dont nous avons souvent fait mention, avait été élu à l'archevêché de Narbonne. Le jour même de Pâques, le comte de Toulouse et ceux qui étaient avec lui, sortant du château de Saint-Marcel, vinrent à Gaillac, lequel est à trois lieues d'Albi; pour quoi notre comte, pensant que peut-être les ennemis se glorifieraient d'avoir vaincu les nôtres, et voulant montrer clairement qu'il ne les craignait guère, quittant Albi le len-

---

[1] A trois lieues d'Aubrac.

demain de Pâques avec ses gens, il marcha sur Gaillac, les défiant au combat; puis, comme ils n'osèrent en sortir contre lui, il retourna à Albi où se trouvait encore l'élu de Carcassonne, et moi-même avec lui, car il m'avait amené de France pour l'allégement de son pélerinage en la terre étrangère, étant, comme j'étais, moine de son abbaye et son propre neveu.

CHAPITRE LXI.

Du siége d'Hautpoul, de sa vigoureuse conduite et glorieuse issue.

Après avoir passé quelque temps à Albi, le comte vint avec les siens au château qu'on nomme Castres, où, après que nous eûmes pareillement demeuré peu de jours, il se décida, après conseil tenu, à assiéger une certaine place entre Castres et Cabaret, appelée Hautpoul, laquelle, vers le temps du siége de Castelnaudary, s'était rendue au Toulousain. Partant donc de Castres un dimanche, savoir dans la quinzaine de Pâques, nous arrivâmes devant ledit château, dont les faubourgs étaient très-étendus, et d'où les ennemis, qui y étaient entrés pour le défendre, sortirent à notre rencontre, et se mirent à nous harceler vivement; mais les nôtres les forcèrent bientôt à se renfermer dans le château, et fixèrent leurs tentes d'un seul côté, pour ce qu'ils étaient en petit nombre. Or était le fort d'Hautpoul situé sur le point le plus ardu d'une très-haute montagne et très-escarpée, entre d'énormes roches et presque inaccessibles, sa force étant telle, ainsi que je l'ai vu de mes yeux et connu par expérience, que si les portes du château eussent été ouvertes, et qu'on n'eût fait aucune résistance, nul n'aurait pu le parcourir sans difficulté extrême, et atteindre jusqu'à la tour. Les nôtres donc, préparant une perrière, l'établirent au troisième jour de leur arrivée, et la firent jouer contre la citadelle. Le même jour, nos chevaliers s'armèrent, et, descendant dans la vallée au pied du château, voulurent gravir la position pour voir s'ils ne pourraient l'enlever d'assaut. Or il advint, tandis qu'ils pénétraient dans le premier faubourg, que les assiégés, montant sur les murs et sur les toits, commencèrent à lancer sur les nôtres de grosses pierres, et dru comme grêle, pendant que d'autres mirent partout le feu à l'endroit par où les nôtres étaient entrés. Sur quoi, voyant les nôtres qu'ils ne faisaient rien de bon, pour autant que ce lieu était inaccessible même aux hommes, et qu'ils ne pouvaient supporter le jet des pierres qui les accablaient, ils sortirent, non sans grande perte, au milieu des flammes. Nous ne pensons d'ailleurs devoir taire une bien méchante et cruelle trahison qu'un jour avaient brassée ceux du château. Il y avait avec notre comte un chevalier du pays, lequel était parent d'un certain traître enfermé dans la place, lequel même, en partie, avait été seigneur de Cabaret. Les gens d'Hautpoul mandèrent donc à notre comte qu'il leur envoyât cedit chevalier pour parlementer avec eux, touchant composition, et faire par lui savoir au comte ce qu'ils voulaient; puis, comme celui-ci y fut allé avec la permission de Montfort, et était en pourparler avec eux à la porte du château, un des ennemis, l'ajustant avec son arbalète, le blessa trèsgrièvement d'un coup de flèche. O très-cruelle trahison ! Mais bientôt après, savoir le même jour ou le lendemain, il arriva, par un juste jugement de Dieu, que le traître qui avait invité à la susdite conférence notre chevalier son parent, dans l'endroit même où celui-ci avait été touché, c'est-à-dire à la jambe, reçut à son tour de l'un des nôtres une très-profonde blessure. O juste mesure de la vengeance divine !

Cependant la perrière battait incessamment la tour, et, le quatrième jour après le commencement du siége, un brouillard très-épais s'étant élevé après le coucher du soleil, les gens d'Hautpoul, saisis d'une terreur envoyée par Dieu, et prenant occasion d'un temps favorable à la fuite, délogèrent du château, et commencèrent à jouer des jambes : ce que les nôtres apercevant, soudain fut donnée l'alarme, et, se ruant dans la place, ils tuèrent tout ce qu'ils trouvèrent, tandis que d'autres, poursuivant les fuyards malgré la grande obscurité de la nuit, firent quelques prisonniers. Au lendemain, le comte fit ruiner le château et y mettre le feu ; après quoi les chevaliers qui étaient venus de France avec Robert de Mauvoisin, comme nous l'avons dit plus haut, et étaient restés avec le comte tout l'hiver précédent, s'en allèrent, et retournèrent presque tous en leurs quartiers.

CHAPITRE LXII.

Les habitans de Narbonne se livrent à leur mal vouloir contre Amaury, fils du comte Simon.

Nous ne croyons devoir omettre un crime que les citoyens de Narbonne commirent en ce même temps, car étaient-ils très-méchans, et n'avaient jamais aimé les intérêts de Jésus-Christ, bien que, par les affaires de la foi, leur eussent profité des biens infinis. Un jour Gui, frère de Montfort, et Amaury, fils aîné du comte, vinrent à Narbonne, et, durant qu'ils y étaient, l'enfant entra pour aller s'ébattre au palais d'Amaury, seigneur de Narbonne, lequel tombait de vétusté, et était presque abandonné et désert. Comme donc il eut porté la main à une des fenêtres de ce palais, et qu'il voulait l'ouvrir, elle s'écroula soudain, minée qu'elle était par le temps, et tombant en ruines; après quoi notre Amaury s'en revint au lieu où il logeait alors, savoir en la maison des Templiers, pendant qu'à la même heure Gui, frère du comte, était chez l'archevêque de Narbonne; et soudain les gens de Narbonne, cherchant prétexte à mal faire, accusèrent cet enfant, je veux dire le fils de Montfort, d'avoir voulu entrer de force dans le palais d'Amaury. O bien mince occasion pour commettre un crime, ou bien mieux du tout nulle! Et soudain, courant aux armes, ils se précipitèrent vers le lieu où il était renfermé, faisant tous leurs efforts pour forcer la maison des

Templiers : ce que voyant l'enfant, et qu'ils en voulaient à sa vie, il s'arma, et, se retirant dans une tour du temple, il s'y cacha loin des ennemis. Cependant ceux-ci attaquaient à grands efforts la susdite maison, tandis que d'autres, se saisissant des Français qu'ils trouvaient par la ville, en tuèrent plusieurs. O rage de ces mauvais garnemens! Même ils occirent deux écuyers attachés à la personne du comte. Quant à Gui son frère, lequel était pour lors dans le logis de l'archevêque, il n'osait en sortir, jusqu'à ce qu'enfin les citoyens de Narbonne, après avoir long-temps attaqué la maison où se trouvait le petit Amaury, s'en désistèrent par le conseil d'un des leurs ; et ainsi l'enfant, délivré d'un grand péril, échappa sain et sauf par la grâce de Dieu. Revenons maintenant à notre propos.

Le noble comte, partant d'Hautpoul, escorté d'un très-petit nombre de chevaliers, entra sur les terres du comte de Toulouse, où, peu de jours après, il fut joint par plusieurs pélerins d'Allemagne qui, de jour en jour, furent suivis par d'autres, lesquels, comme nous l'avons dit plus haut, s'étaient croisés par les exhortations du vénérable Guillaume, archevêque de Paris, et de maître Jacques de Vitry. Et pour autant que nous ne pourrions expliquer en détail toutes choses, savoir comment, à partir de ce temps, Dieu, dans sa miséricorde, se prit à avancer merveilleusement ses affaires, disons en peu de mots que notre comte, en un très-court espace, prit de force plusieurs châteaux, et en trouva un grand nombre déserts. Du reste, les noms de ceux qu'il recouvra en trois semaines sont ceux-ci : Cuc [1],

---

[1] A six lieues de Castres.

Montmaur [1], Saint-Félix [2], Casser, Montferrand, Avignonnet [3], Saint-Michel, et beaucoup d'autres. Or, durant que l'armée était au château qu'on nomme Saint-Michel, situé à une lieue de Castelnaudary, survint Gui, évêque de Carcassonne, qui avait été abbé de Vaulx, et moi en sa compagnie, lequel, n'étant encore qu'élu, avait quitté l'armée après la prise d'Hautpoul, et avait gagné Narbonne, afin de recevoir le bénéfice de la consécration avec le seigneur abbé de Cîteaux qui était aussi élu de l'archevêché de Narbonne.

Le château dit Saint-Michel ayant donc été détruit de fond en comble, le comte se décida d'assiéger ce noble château qu'on nomme Puy-Laurens, lequel, ainsi que nous l'avons rapporté plus haut, s'était soustrait à sa domination. A quelle fin nous prîmes route et marchâmes sur ladite place, établissant nos tentes en un lieu proche Puy-Laurens, à la distance de deux lieues environ, où le même jour arrivèrent pèlerins, savoir le prévôt de l'église de Cologne, noble et puissant personnage, et avec lui plusieurs nobles hommes d'Allemagne. Cependant le comte de Toulouse était à Puy-Laurens avec un nombre infini de routiers; mais, apprenant qu'approchaient les nôtres, il n'osa les attendre, et, sortant en toute hâte du château, emmenant avec lui tous les habitans, il s'enfuit vers Toulouse, et laissa la place vide. O poltronnerie de cet homme ! ô méprisable stupeur de son esprit ! Le lendemain, à l'aube du jour, nous vînmes à Puy-Laurens, et, le trouvant désert, passâmes outre pour

---

[1] A deux lieues de Castelnaudary.
[2] A cinq lieues de Saint-Papoul.
[3] A trois lieues de Saint-Papoul.

aller camper dans une vallée voisine, durant que Gui de Lucé, à qui depuis long-temps le comte avait donné ce château, y entrât et y mît garnison de ses gens. L'armée étant restée deux jours dans le voisinage, en l'endroit susdit, là fut annoncé au comte que nombreux pélerins et très-considérables, savoir Robert, archevêque de Rouen, et Robert, l'élu de Laon, le vénérable Guillaume, archidiacre de Paris, ensemble plusieurs autres nobles et ignobles, venaient de France vers Carcassonne. Sur quoi le comte, voyant qu'il avait avec lui forces suffisantes, envoya, après avoir tenu conseil, Gui son frère et Gui le maréchal en cette ville au devant desdits pélerins, afin que, formant une autre armée de leur part, ils se tournassent vers d'autres quartiers, et y soutinssent les affaires du Christ. Quant à lui, il se remit en marche, et se dirigea sur Rabastens. Au demeurant, afin qu'évitant les superfluités, nous arrivions à choses plus utiles, disons en peu de mots que ces trois nobles châteaux, à savoir Rabastens, Montagut et Gaillac, dont nous avons fait fréquente mention, se rendirent à lui quasi en un jour, sans siége ni difficulté aucune. De plus, les bourgeois du château qu'on nomme Saint-Marcel, apprenant que notre comte, après avoir recouvré plusieurs places, arrivait vitement sur eux pour les assiéger, eurent grand'peur, et députèrent vers lui, le suppliant qu'il daignât les recevoir à vivre en paix avec lui, qu'ils lui livreraient leur château à discrétion. Mais lui, repassant leurs scélératesses et perversités inouïes, ne voulut en aucune façon composer avec eux, et, leur renvoyant leurs émissaires, leur manda qu'ils ne pourraient oncques rentrer en paix auprès de lui, ni en bonne intelligence, à quelque prix ou condition que ce pût être. Ce qu'entendant lesdits hommes de Saint-Marcel, ils déguerpirent au plus vite, et désertèrent leur château, qu'à notre arrivée le comte fit brûler, et dont la tour et les murs furent rasés. Partant de là, nous marchâmes sur un autre château voisin qu'on nomme la Guépie, et, l'ayant trouvé vide pareillement, il en ordonna la destruction, le brûla et passa outre, allant au siége de Saint-Antonin.

Le comte de Toulouse avait donné ce lieu à un certain chevalier, homme pervers et des plus méchans, lequel enflé d'orgueil et d'insolence, osa bien répondre avec grande fureur à l'évêque d'Albi qui, pendant que nous venions sur lui, nous avait précédés à Saint-Antonin, pour y porter des paroles de paix, et l'engager à se rendre aux nôtres : « Sache le comte de Montfort que ses *bourdonniers* ne pourront jamais prendre mon château. » Or il appelait ainsi les pélerins, pour ce qu'ils avaient coutume de porter des bâtons appelés *bourdons* en langue vulgaire. A cette nouvelle, le comte s'empressa davantage à aller assiéger Saint-Antonin, où nous arrivâmes un jour de dimanche, savoir, dans l'octave de la Pentecôte, et où nous assîmes notre camp d'un seul côté, devant les portes. Or était ce très-noble château situé dans une vallée, au pied d'une montagne, dans une très-agréable position ; entre la montagne et la ville coulait un ruisseau limpide ; et, de l'autre part, il y avait une plaine fort belle, où campèrent nos gens. Les ennemis firent tout d'abord une sortie, et passèrent tout le jour à nous incommoder de loin à coups de flèches ;

puis, sur le vêpre, sortant encore, et s'avançant quelque peu, ils nous attaquèrent, mais toujours de loin, et lançaient leurs flèches jusqu'en nos tentes. Ce que voyant les servans d'armée, et ne pouvant de bonne honte l'endurer plus long-temps, ils les abordèrent et commencèrent à les repousser dans leur fort. Quoi plus ? Le bruit gagne tout le camp, nos pauvres pélerins sans armes accourent, et à l'insu du comte et des chevaliers de l'armée, sans les aviser aucunement, ils attaquent le château de si grande prouesse, si incroyable et du tout inouïe, qu'envoyant la crainte aux ennemis par une continuelle batterie de pierres et les stupéfiant, ils leur enlevèrent en une heure de temps trois barbacanes. O combat quasi sans usage du fer ! O victoire bien glorieuse ! Oui, je prends Dieu à témoin qu'étant entré dans la place après qu'elle se fut rendue, j'ai vu les murs des maisons comme rongés de l'atteinte des pierres que nos pélerins avaient lancées. Par ainsi les assiégés, voyant qu'ils avaient perdu leurs barbacanes, sortirent du château par l'autre bout, et se prirent à fuir à travers le susdit ruisseau, ce dont nos pélerins s'aperçurent, et le franchissant, ils passèrent au fil de l'épée tous ceux qu'ils purent happer ; puis, après la prise des barbacanes, ils cessèrent l'assaut, pour ce que le jour tombait et que la nuit était voisine. Mais, vers minuit, le seigneur de Saint-Antonin, sentant qu'après cette perte la place était comme en notre pouvoir, envoya vers le comte, prêt à rendre le château, pourvu qu'il pût échapper lui-même ; et, comme Montfort se refusa à cette sorte de composition, il députa derechef vers lui, se livrant en tout à sa discrétion. De grand matin donc, le comte ordonna qu'on fît sortir tous les habitans; et considérant avec les siens que, s'il faisait tuer tous ces hommes, qui étaient gens rustiques et endurcis au travail des champs, leur destruction réduirait ce château en une véritable solitude, usant à telle cause d'un meilleur avis, il les renvoya libres ; puis, pour ce qui est du seigneur, lequel avait été l'occasion de tout le mal, il donna ordre de l'enfermer au fin fond de la prison de Carcassonne, où il fut détenu sous bonne garde, et dans les fers durant grand nombre de jours, ainsi que le peu de chevaliers qui étaient avec lui.

CHAPITRE LXIII.

Comment le comte, appelé par l'évêque d'Agen, se rendit dans cette ville et la reçut en sa possession.

Se trouvaient en ce temps avec les Croisés les évêques d'Uzès et de Toulouse, plus, l'évêque de Carcassonne, lequel oncques ne s'éloignait de l'armée. Ayant tenu conseil avec eux, le comte et ses chevaliers tombèrent d'accord de conduire ses troupes vers le territoire d'Agen, pour autant que l'évêque de cette ville avait depuis long-temps mandé au comte, que, s'il se dirigeait de ce côté, lui et ses parens, lesquels étaient puissans en ce pays, l'aideraient de tout leur pouvoir. Or était Agen une noble cité, entre Toulouse et Bordeaux, dans une situation très-agréable, et d'ancienne date elle avait fait partie des domaines du roi d'Angleterre; mais quand le roi Richard donna sa sœur Jeanne en mariage à Raimond, comte de Toulouse, elle lui avait porté en dot cette ville avec son territoire. En outre, le seigneur pape ayant donné ordre à notre comte d'attaquer, avec l'aide des Croisés, aussi bien tous les hérétiques que leurs fauteurs, nous partîmes du château de Saint-Antonin, et allâmes droit à un autre, appartenant au Toulousain, et qu'on nommait Moncuq[1]. Ni faut-il omettre, en passant, que les forteresses que nous trouvions sur notre route, et qui étaient désertées par les habitans pour la crainte qu'ils avaient de nous, étaient rasées et brûlées du commandement de Montfort, parce qu'elles pouvaient nuire d'une ou d'autre manière à la chrétienté. De plus, un certain noble château, proche Saint-Antonin, ayant nom Caylus, et soumis à la domination de Raimond, fut en ce temps livré au comte Simon, par l'industrie du loyal et fidèle comte Baudouin. Cette place avait déjà été au pouvoir de Montfort, mais elle s'y était soustraite l'année précédente, et s'était rendue au Toulousain. Pour ce qui est des gens de Moncuq, quand ils surent que les nôtres s'avançaient, poussés par la crainte, ils prirent tous la fuite et abandonnèrent leur château, lequel était noble, situé dans une excellente position et bien forte, et que notre comte donna au susdit Baudouin, frère du comte de Toulouse. Partant de là, nous arrivâmes à deux lieues d'un certain château, appelé Penne[2], au territoire d'Agen, que Raimond avait commis à la garde d'un chevalier, son sénéchal, nommé Hugues d'Alvar, Navarrois, auquel même il avait fait épouser une sienne fille bâtarde, et qui apprenant la

---

[1] A cinq lieues de Cahors.
[2] A six lieues d'Agen.

venue du comte Simon, rassembla ses routiers les plus forts et les mieux en point, au nombre d'environ quatre cents ; puis, chassant du château tous ceux qui s'y trouvaient depuis le plus petit jusqu'au plus grand, se retira avec eux dans la citadelle, et se prépara à la défendre, après l'avoir abondamment garnie de vivres et de toutes les choses qui paraissaient nécessaires à une longue résistance. Ce qu'ayant su notre comte, il voulut d'abord l'assiéger ; mais, ayant tenu conseil avec les siens, il se décida à se rendre auparavant à Agen, pour recevoir cette cité en sa possession ; et, prenant ceux des chevaliers de l'armée qu'il voulut emmener, il marcha de ce côté, laissant le reste de ses troupes à attendre son retour dans le lieu même où elles étaient campées. A son arrivée à Agen, il y fut accueilli honorablement, et les habitans le constituant leur seigneur, lui livrèrent la ville avec serment de lui être fidèles : après quoi, ces choses dûment faites, il revint à son armée pour aller au siége de Penne.

L'an du Seigneur 1212, le 3 juin, jour de dimanche, nous arrivâmes pour détruire ce château et l'assiéger avec l'aide de Dieu. A notre approche, Hugues d'Alvar qui en était gardien, et dont nous avons parlé plus haut, se retrancha lui et ses routiers dans le fort, après avoir mis le feu aux quatre coins du bourg inférieur. Or, était Penne un très-noble château du territoire d'Agen, assis sur une colline, dans le site le plus agréable, de toutes parts environné de très-fertiles plaines et très-étendues, embelli d'un côté par la richesse du sol, de l'autre par le gracieux développement de beaux prés unis, ici par l'aménité délectable des bois, là, par la joyeuse fertilité des vignes; enfin, tout à l'entour, lui souriaient cette salubrité d'air qui plaît tant, et l'opulente gaîté des eaux qui coulaient en se jouant dans les fraîches campagnes. Quant à la citadelle, elle était bâtie sur une roche naturelle et très-élevée, et munie de remparts si puissans qu'elle semblait quasi inexpugnable : en effet, Richard, roi d'Angleterre, auquel avait appartenu Penne, ainsi que nous l'avons dit ci-dessus, l'avait fortifié avec le plus grand soin, et y avait fait creuser un puits, pour ce que le château était comme le chef et la clef de tout l'Agenois. En outre, le susdit comte, savoir, Hugues d'Alvar, à qui le Toulousain l'avait donné, l'avait tellement garni de soldats d'élite, des moindres vivres, de machines nommées perrières, de bois, de fer, et de tout ce qui pouvait servir à la défense, qu'il n'était personne qui dût croire que la forteresse pût être prise même après une siége de plusieurs années. Finalement, il avait construit dans l'intérieur de la place deux ateliers de forgeron, un four et un moulin : pour quoi, tout fourni qu'il était en ressources si multipliées, il attendait presque sans crainte qu'on vînt l'assiéger. Les nôtres, à leur arrivée, établirent leurs pavillons tout autour de Penne, tandis que les gens du château, faisant de prime abord une sortie, les harcelaient vivement à coups de flèches, et quelques jours ensuite, ils dressèrent des perrières dans le bourg incendié pour battre la citadelle : ce que voyant les autres, ils en élevèrent aussi de leur côté, pour empêcher et ruiner celles des assiégeans, desquelles ils lançaient une grêle de gros cailloux qui gênaient fort ceux-ci.

Lors, les Croisés dressèrent encore plusieurs de ces machines; mais bien que nos engins en continuelle action missent en morceaux les maisons en dedans du fort, ils ne faisaient que peu de mal ou point du tout à ses murailles mêmes. Or, était-on en été, et au plus vif de la chaleur, à savoir, aux environs de la fête du bienheureux Jean-Baptiste. Ni pensons-nous devoir taire que notre comte n'avait qu'un petit nombre de chevaliers, quoiqu'il fût suivi de beaucoup de pélerins à pied ; d'où venait que toutes fois et quantes les nôtres approchaient de la forteresse pour l'attaquer, les ennemis bien remparés qu'ils étaient et accorts en guerre, voire se défendant vaillamment, ne leur laissaient faire que peu de chose ou rien. Un jour même que nos gens donnaient l'assaut, et qu'ils avaient emporté un ouvrage en bois voisin du mur, les assiégés jetant une pluie de pierres du haut des murailles, les chassèrent aussitôt du poste où ils s'étaient logés, et sortant, comme nous faisions retraite dans l'intérieur du camp, ils vinrent dans la plus grande chaleur du jour pour brûler nos machines, portant bois, chaume, et autres appareils de combustion : néanmoins, les Croisés les reçurent bravement, et les empêchèrent non seulement de mettre le feu à nos perrières, mais même d'en approcher. Ni fut-ce la seule fois que les ennemis sortirent sur nous; ils nous attaquèrent à mainte et mainte reprise, nous incommodant du plus qu'ils pouvaient. Devant Penne se trouvait le vénérable évêque de Carcassonne, dont nous avons fait souvent mention, et moi avec lui ; lequel remplissant à l'armée les fonctions de légat par ordre de l'archevêque de Narbonne (anciennement abbé de Cîteaux, et légat lui-même, comme nous l'avons déjà expliqué), dans une infatigable ferveur d'esprit, avec un incroyable travail de corps, s'acquittait du devoir de la prédication et des autres soins relatifs au siége avec tant de persévérance, et pour tout dire en peu de mots, était accablé, ainsi que moi, du poids si lourd et tellement insoutenable d'affaires qui se succédaient tour à tour, que nous avions à peine relâche pour manger et reposer un peu. N'oublions pas de rapporter que, pendant le siége de Penne, tous les nobles du pays vinrent au comte, lui firent hommage et reçurent leurs terres.

Les choses en étaient là quand Gui de Montfort, frère de notre comte, Robert, archevêque de Rouen, Robert, élu de Laon, Guillaume, archidiacre de Paris, et Enguerrand de Boves, à qui Montfort avait depuis long-temps cédé en partie les domaines du comte de Foix, ensemble plusieurs autres pèlerins, sortirent de Carcassonne, marchant vers ces mêmes domaines, et arrivèrent à un certain château nommé Ananclet, qu'ils prirent du premier assaut, et où ils tuèrent ceux des ennemis qui s'y trouvaient. A cette nouvelle, les gens des châteaux voisins s'enfuirent devant nous, après avoir brûlé leurs castels, et les nôtres, allant par tous les forts, les renversèrent de fond en comble. De là, tournant vers Toulouse, ils détruisirent aussi complétement plusieurs places très-fortes qui avaient été laissées vides; car, depuis la prise d'Ananclet, ils ne rencontrèrent personne qui osât les attendre en quelque château, si bien muni qu'il fût, tant était grande la terreur qui avait saisi tous les habitans de ces quartiers. Tandis qu'ils faisaient telles prouesses, notre comte envoya vers eux, leur mandant qu'ils vinssent le rejoindre devant Penne, vu qu'il y avait dans son armée des pèlerins qui, ayant achevé leur quarantaine, voulaient s'en retourner chez eux. Sur quoi les susdits personnages se dirigèrent vers lui en toute hâte, et arrivant en route devant un très-fort château [1], dit Penne en Albigeois, lequel résistait encore à la chrétienté et au comte, et était toujours rempli de routiers ; ceux-ci, à leur approche, en sortirent, et tuèrent un de nos chevaliers ; mais les nôtres, ne voulant perdre temps à prendre ce château, pour autant que le comte leur recommandait de faire diligence, continuèrent de marcher vitement pour le joindre, après avoir détruit les moissons et les vignobles des entours. Quant aux gens dudit Penne, ils vinrent, après le départ des nôtres qui s'étaient arrêtés quelques jours devant leurs forteresses, au lieu où ceux-ci avaient enterré le chevalier occis par les routiers, l'exhumèrent, le traînèrent par les carrefours, puis l'exposèrent aux bêtes et aux oiseaux de proie. O rage scélérate! ô cruauté inouïe!

A l'arrivée du renfort qu'il avait demandé, le comte, qui était devant Penne, reçut ces pèlerins avec une grande joie, et leurs troupes ayant été divisées aussitôt d'un et d'autre côté, ils campèrent près de la place, de façon que le comte, avec ses chevaliers, l'assiégeait à l'occident, où étaient établis nos engins, et Gui, son frère, de l'autre sens, c'est-à-dire à l'orient, y faisant aussi dresser une machine, et poussant vigoureusement son attaque. Quoi plus? On en élève en-

---

[1] A trois lieues de Saint-Antonin.

core un grand nombre, si bien qu'il y en avait neuf autour du château, et les nôtres pressent vivement les ennemis. Au demeurant, comme nous ne pourrions parvenir à rapporter en détail tous les événemens du siége, arrivons de suite à la conclusion. Voyant donc que nos machines ne pouvaient renverser le mur du château, le comte en fit construire une beaucoup plus grande que les autres; et voilà que, durant qu'on y travaillait, l'archevêque de Rouen et l'élu de Laon, plus les autres en leur compagnie, ayant accompli leur quarantaine, voulaient quitter l'armée, de même que le reste des pélerins qui, après avoir fait leur temps, s'en retournaient chez eux; du contraire, il n'en venait plus ou qu'en très-petit nombre : pour quoi notre comte, sachant qu'il demeurerait quasi seul, en vive angoisse et inquiétude d'esprit, vint trouver les principaux de l'armée, les suppliant de ne point abandonner les affaires du Christ en si pressante nécessité, et de rester avec lui encore quelque peu de temps. Or, disait-on qu'une grande multitude de Croisés, venant de France, était à Carcassonne; ce qui était vrai. Et ni est-il à omettre que le prévôt de Cologne et tous les nobles allemands qui étaient arrivés en foule avec lui ou après lui, s'étaient déjà retirés. Pourtant l'élu de Laon ne voulut se rendre aux prières du comte, et, prétextant cause de maladie, ne put en aucune sorte être davantage arrêté. Pareillement en usèrent presque tous les autres : seulement l'archevêque de Rouen, lequel s'était louablement porté au service de Dieu, retenant avec lui et à ses propres frais bon nombre de chevaliers et une suite très-considérable, acquiesça bénignement à la demande du comte, et demeura près de lui jusqu'à ce que de nouveaux pélerins étant survenus, il partit avec honneur, du gré et par la volonté de Montfort. Comme donc s'en furent retournés l'évêque de Laon et la plus grande partie de l'armée, le vénérable archidiacre Guillaume, homme de grande constance et merveilleuse probité, se prit à travailler de grande ardeur aux choses qui concernaient le siége. Quant à l'évêque de Carcassonne, il s'était rendu en cette ville pour vaquer à certaines affaires. Cependant la grande machine dont nous avons parlé plus haut était en train d'être achevée, et, quand elle le fut, ledit archidiacre la fit établir d'un côté près du château, dont elle commença à ébranler un peu la muraille, à cause des grosses pierres que sa force la mettait en état de lancer. Quelques jours après, survinrent les pélerins dont nous avons fait mention ci-dessus, savoir, l'abbé de Saint-Remi de Rheims et un certain abbé de Soissons, plus le doyen d'Auxerre qui mourut peu après, et son archidiacre de Châlons, tous grands personnages et lettrés, outre plusieurs chevaliers et gens de pied. Ce fut après leur arrivée que le vénérable archevêque de Rouen, du gré et par la volonté du comte, quitta l'armée, et retourna dans sa patrie. Pour lors les nouveaux venus se mirent de toutes leurs forces à attaquer la place.

Un jour les ennemis jetèrent hors du château les pauvres et les femmes qu'ils avaient avec eux, et les exposèrent à la mort, afin d'épargner leurs vivres : toutefois notre comte ne voulut les tuer, et se contenta de les rembarrer dans Penne. O noblesse digne d'un prince! Il dédaigna de faire mourir ceux qu'il avait pris, et ne crut pas qu'il pût acquérir de la gloire par la mort de gens dont il ne devait la prise à la victoire. Finalement, lorsque nos machines eurent long-temps battu la forteresse, et détruit toutes les maisons et refuges qui s'y trouvaient, comme aussi la grande machine qu'on avait récemment élevée eut affaibli la muraille elle-même, les assiégés, voyant qu'ils ne pouvaient tenir long-temps, et que, si le château était emporté de force, ils seraient tous passés au fil de l'épée; considérant, de plus, qu'ils ne devaient attendre nul secours du comte de Toulouse, traitèrent avec les nôtres, et proposèrent de rendre le château à notre comte, pourvu qu'ils pussent sortir avec leurs armes. A cette offre, le comte tint conseil avec les siens pour savoir s'il l'accepterait ou non; et les nôtres, considérant que ceux de Penne pouvaient encore résister nombre de jours, que le comte avait encore à faire beaucoup d'autres et importantes choses nécessaires au bien de l'entreprise, enfin que l'hiver approchait, et qu'en cette saison on ne pourrait continuer le siége; par toutes ces raisons, dis-je, ils lui conseillèrent d'accepter la composition que les ennemis lui proposaient. Adonc, l'an du Verbe incarné 1212, dans le mois de juillet, le jour de la Saint-Jacques, les ennemis furent mis dehors, et le noble château de Penne fut rendu à Montfort. Le lendemain, survint le vénérable Aubry, archevêque de Rheims, homme de bonté parfaite, qui embrassait de la plus dévote affection les affaires de Jésus-Christ, et avec lui le chantre de Rheims et quelques autres pélerins. Nous ne croyons devoir taire que, durant que le comte était au siége de Penne, il pria Robert de Mauvoisin de se rendre à une certaine ville très-noble, ayant nom Marmande [1], laquelle avait appartenu au comte de Toulouse, d'en prendre possession de sa part, et de la garder. A quoi ce généreux personnage, bien qu'il fût tourmenté d'une infirmité très-grave, consentit volontiers, loin de se refuser à cette fatigue, et, comme tel autre, de s'en défendre sur la maladie qui l'accablait. C'était en effet celui à la prévoyance, à la circonspection et aux très-salutaires avis duquel était attaché le sort du comte, ou plutôt tout le saint négoce de Jésus-Christ. Venant donc à la susdite ville, Robert fut reçu honorablement par les bourgeois; mais quelques servans du Toulousain qui défendaient la citadelle ne voulurent se rendre, et commencèrent à la défendre : ce que voyant cet homme intrépide, je veux dire Robert de Mauvoisin, il fit aussitôt dresser contre elle un mangonneau qui n'eut pas plutôt lancé quelques pierres que les servans la remirent en son pouvoir. Il y passa quelques jours, et revint ensuite à Penne auprès du comte. Penne étant pris, et ayant reçu garnison des nôtres, Montfort se décida à assiéger un château voisin, nommé Biron [2], que le comte de Toulouse avait donné à ce traître, je veux dire à Martin d'Algues, qui, comme nous l'avons dit plus haut, avait été des nôtres, et s'en était ensuite traîtreusement séparé. Cet homme, s'étant arrêté dans le susdit château de Biron, voulut y attendre notre arrivée ; ce que l'issue prouva être l'effet d'un juste jugement de Dieu. Nos gens donc arrivèrent devant cette place, et, l'ayant attaquée, ils enlevèrent

[1] A six lieues d'Agen.
[2] A huit lieues d'Agen.

de force et par escalade le faubourg, après avoir usé d'une merveilleuse bravoure, et enduré mille travaux. Aussitôt les ennemis se retranchèrent dans la forteresse, et, voyant qu'ils ne pouvaient résister plus long-temps, ils demandèrent la paix, prêts à rendre le château, pourvu qu'ils en pussent sortir la vie sauve; ce que le comte ne voulait en aucune façon leur accorder. Toutefois, craignant que ledit traître, savoir Martin d'Algues, dont la prise avait été son principal motif pour assiéger Biron, n'échappât furtivement, il leur offrit de les tenir quittes des angoisses d'une mort imminente, moyennant qu'ils lui livreraient le perfide. Sur ce, ils coururent en hâte le saisir, et le remirent en ses mains; et, lorsqu'il l'eut en son pouvoir, il lui offrit de se confesser, ainsi que cet homme catholique avait coutume de le faire à l'égard des autres condamnés; puis il le fit traîner dans les rangs de l'armée, attaché à la queue d'un cheval, et, démembré qu'il fut, il le fit pendre à un gibet, suivant ses mérites. En ce même lieu, vint à lui un certain noble, prince de Gascogne, Gaston de Béarn, très-méchant homme, qui avait toujours été du parti de Raimond, pour entrer avec lui en pourparler; et, comme ils ne purent s'accorder le même jour, Montfort lui assigna une autre conférence auprès d'Agen; mais cet ennemi de la paix, rompant le traité, ne voulut s'y rendre. Sur ces entrefaites, la noble comtesse de Montfort et le vénérable évêque de Carcassonne, et moi avec lui, nous revenions en hâte des environs de cette ville vers le comte, menant avec nous quelques pauvres et pélerins. Ni faut-il taire que, durant la route, beaucoup d'entre ceux-ci venant à défaillir à cause de l'extrême chaleur et des difficultés du chemin, le vénérable évêque de Carcassonne et la noble comtesse compatissant à leurs souffrances, les portaient tout le long du jour en croupe derrière eux ; quelquefois même l'un et l'autre, je veux dire l'évêque et la comtesse, faisaient mettre deux pélerins sur leur cheval, et marchaient à pied. O pieuse compassion du prélat! ô noble humilité de cette dame! Or, quand nous arrivâmes à Cahors dans notre marche vers le comte, on nous dit qu'aux entours il y avait des castels où séjournaient des routiers et des ennemis de la foi; mais, comme nous en approchâmes, bien que nous fussions en petit nombre, il arriva que, par la merveilleuse opération de la divine clémence, ces méchans, effrayés à notre vue, et fuyant devant nous, décampèrent, et laissèrent vides plusieurs châteaux très-forts que nous détruisîmes avant que de nous joindre au comte; ce que nous fîmes à Penne.

Ces choses dûment achevées, le noble comte ayant tenu conseil avec les siens, arrêta d'assiéger un château nommé Moissac [1], qui était au pouvoir du Toulousain : ce qui fut fait la veille de l'Assomption de la bienheureuse Marie. Or, était Moissac bâti au pied d'une montagne, dans une plaine près du Tarn, en lieu très-fertile et fort agréable, et on l'appelait ainsi du mot *moys*, qui veut dire *eau*, parce que cette ville abonde en fontaines très-douces qui sont au dedans de ses murs. Les gens du fort apprenant notre arrivée avaient appelé à eux des routiers et plusieurs hommes de Toulouse, afin d'être mieux en état de nous résister ; lesquels routiers étaient des pères et

---

[1] A sept lieues de Montauban.

des plus pervers. En effet, Moissac ayant été longtemps avant frappée d'interdit par le légat du seigneur pape, pour la faveur qu'elle accordait aux hérétiques, et les attaques qu'elle dirigeait contre l'Église de concert avec le comte Raimond, ces routiers, en mépris de Dieu et de nous, faisaient tous les jours et à toute heure, sonner comme en jour de fête les cloches de l'église qui se trouvait dans le château, et qui était très-belle et très-grande, le roi de France, Pepin, ayant fondé à Moissac un monastère de mille moines. Peu de jours après, le comte fit préparer et dresser près du fort des machines qui affaiblirent quelque peu la muraille; mais les ennemis en firent autant et lancèrent des pierres sur nos engins. Cependant, les vénérables hommes, directeurs et maîtres de l'entreprise, savoir, l'évêque de Carcassonne et Guillaume, archidiacre de Paris, ne cessaient de s'occuper de tout ce qui intéressait le succès du siége; de même l'archevêque de Rheims présent à l'armée, dispensant très-souvent et bien volontiers la parole de la prédication aux pélerins, et des exhortations saintes, se livrant humblement aux soins nécessaires à l'issue de l'expédition, et dépensant libéralement de ses propres deniers, se rendait grandement utile à la cause de Jésus-Christ. Un jour, les ennemis sortirent du château et se dirigèrent sur nos machines pour les ruiner; mais le comte accourant suivi de quelques-uns des nôtres, les força de rentrer dans leur fort. Or, ce fut dans ce combat que l'un des assiégés, lançant une flèche à notre comte, le blessa au pied, et qu'ayant pris un jeune chevalier croisé, neveu de l'archevêque de Rheims, les routiers l'entraînèrent après eux, le tuèrent, et nous jetèrent son cadavre honteusement dépecé. Toutefois, le vénérable archevêque, son oncle, bien qu'il aimât ce jeune homme de la plus tendre affection, supportant magnanimement sa mort pour le service du Christ, et dissimulant sa douleur par grande force d'ame, donna à tous ceux qui se trouvaient autour de lui l'exemple d'une merveilleuse patience et bien admirable. Ajoutons qu'au commencement du siége, les Croisés n'ayant pu serrer le château de toutes parts à cause de leur petit nombre, les ennemis en sortaient chaque jour, et gravissant la montagne qui dominait Moissac, ils harcelaient insolemment notre armée : pour lors, nos pélerins montaient contre eux, et se battaient tout le long du jour. Au demeurant, toutes fois que les assiégés tuaient quelqu'un de nos gens, entourant son corps en signe de leur mépris pour nous, chacun d'eux le perçait de sa lance, montrant une telle cruauté qu'il ne leur suffisait de voir à leurs pieds l'un de nos pélerins mort, si en lui faisant de nouvelles blessures, tous tant qu'ils étaient, ils ne poignaient son cadavre à coups d'épée. O méprisable combat ! ô rage scélérate !

Nous en étions là quand des pélerins de France commencèrent à nous arriver de jour en jour ; même l'évêque de Toul, Renauld, survint avec d'autres. Comme donc notre nombre s'accroissait ainsi, nous occupâmes la susdite montagne, et les Croisés continuant de venir peu à peu, comme ils usaient de le faire auparavant, le château fut enfermé presque de toutes parts. N'oublions pas de dire que, quand le siége n'était encore qu'à moitié formé, les ennemis sortant de leurs murailles et montant sur la hauteur, toutes fois qu'ils voyaient l'évêque de Carcassonne prêchant et exhortant le peuple, lançaient à coups d'arbalète des flèches au milieu de la foule qui l'écoutait ; mais, par la grâce de Dieu, ils ne purent jamais blesser aucun des assistans. Enfin, vu que nous ne pourrions raconter au long tout ce qui fut fait en ce siége, arrivons à la conclusion. Après que nos machines eurent long-temps battu la place et l'eurent affaiblie, le comte en fit construire une qu'en langue vulgaire on appelle *chat;* et, lorsqu'elle fut achevée, il ordonna de la traîner proche le fossé du château, lequel était très-large et rempli d'eau. Or, les ennemis avaient élevé des barrières de bois en dehors de ce fossé, et derrière ces barrières ils en avaient creusé un autre, se postant toujours entre les deux, et en sortant fréquemment pour incommoder nos gens. Cependant ladite machine était en mouvement, laquelle était couverte de peaux de bœuf fraîches, pour que les assiégés n'y pussent mettre le feu. D'ailleurs, ils faisaient jouer incessamment contre elle une perrière et cherchaient à la ruiner : voire, quand elle fut établie au premier fossé, au moment où il ne restait plus rien à faire aux nôtres, que de le combler sous la protection du *chat,* un beau jour, après le coucher du soleil, ils sortirent du château, portant du feu, du bois sec, du chaume, de l'étoupe, des viandes salées, de la graisse, de l'huile et autres instrumens d'incendie, qu'ils lançaient sans discontinuer pour brûler notre engin. Ils avaient en outre des arbalétriers qui faisaient beaucoup de mal à ceux qui le défendaient. Que dirai-je ? La flamme s'élança dans les airs, et nous fûmes tous grandement troublés. Or, le comte et Gui, son frère, étaient au nombre de ceux qui cherchaient à sauver la machine. Les ennemis donc faisaient, sans se lasser, tout ce qui pouvait alimenter l'incendie; de leur côté, les nôtres versaient sans relâche, et à grand'peine, de l'eau, du vin, de la terre pour l'éteindre, tandis que d'autres retiraient avec des instrumens de fer les morceaux de viande et les vases pleins d'huile que les assiégés y lançaient. Ce fut de cette manière que nos gens, après d'incroyables souffrances, pour la chaleur et le travail qu'ils avaient à endurer, et qu'on ne pouvait guère voir sans verser des larmes, arrachèrent la machine aux flammes. Le lendemain, les pélerins s'armèrent, abordèrent le château de toutes parts, et pénétrant audacieusement dans le premier fossé, ils brisèrent les barrières de bois élevées derrière, après de grandes fatigues et prouesses soutenues : quant aux ennemis postés entre les barrières et dans les barbacanes, ils les défendaient du mieux qu'ils pouvaient. Cependant, au milieu de l'assaut, l'évêque de Carcassonne et moi, nous parcourions les rangs de l'armée, exhortant les nôtres, tandis que l'archevêque de Rheims, les évêques de Toul et d'Albi, Guillaume, archidiacre de Paris, et l'abbé de Moissac avec quelques moines, et le reste du clergé, se tenaient devant le château sur le penchant de la montagne, revêtus de robes blanches, les pieds nus, ayant devant eux la croix avec les reliques des Saints, et implorant le divin secours, chantaient à très-haute voix et bien dévotement *Veni Creator spiritus*. Le consolateur ne fut sourd à leurs prières, et dès qu'ils recommencèrent pour la troisième fois le verset de l'hymne où il est dit, *Hostem repellas lon-*

gius, les ennemis épouvantés par la volonté divine, et repoussés dans la place, abandonnèrent les barbacanes, s'enfuirent vers le château, et s'enfermèrent dans l'enceinte des murailles. Ce fut alors que les bourgeois d'un certain château appartenant au Toulousain, voisin de Moissac, et qu'on appelait Castel-Sarrasin, vinrent à notre comte et le lui rendirent. Vers le même temps, il envoya Gui, son frère, et le comte Baudouin, frère de Raimond, avec d'autres gens d'armes, vers une noble forteresse au pouvoir du comte de Toulouse, à cinq lieues de cette ville, située sur la Garonne et nommée Verdun, dont les habitans se rendirent sans nulle condition. Pareillement, tous les châteaux placés aux alentours se rendirent à notre comte, à l'exception d'un seul qu'on appelle Montauban. De plus, les bourgeois de Moissac, apprenant que les castels des environs s'étaient livrés à lui, et voyant qu'ils ne pouvaient résister davantage, lui envoyèrent demander la paix. Sur quoi, le comte considérant que Moissac était encore assez fort pour ne pouvoir être pris sans grande perte des nôtres, et que si elle était enlevée d'assaut, cette ville très-riche et la propriété des moines serait saccagée et détruite ; enfin, que tous ceux qui s'y trouvaient périraient indifféremment, il répondit qu'il les recevrait à composition s'ils lui abandonnaient les routiers, plus ceux, sans exception, qui étaient venus de Toulouse pour renforcer la garnison du château, et s'ils lui juraient en outre sur les saints Évangiles qu'à l'avenir ils n'attaqueraient plus les chrétiens. Ce qui ayant été dûment accompli, le comte fut mis en possession de la place, après que les routiers et gens de Toulouse lui eurent été livrés ;

et la restitua à l'abbé de Moissac, sous la réserve de ce qui appartenait de droit dans ce château aux comtes toulousains. Pour en finir, nous dirons que nos pèlerins s'étant saisis des routiers, les tuèrent très-avidement. Ni croyons-nous devoir taire que le château de Moissac, dont le siége avait commencé la veille de l'Assomption de la bienheureuse vierge Marie, fut pris le jour de la Nativité de cette sainte Mère. On reconnaît donc que ce fut par son opération.

Le comte partant de là arrêta d'assiéger un château voisin de Foix, nommé Saverdun, au diocèse de Toulouse, qui s'était soustrait à sa domination, et au moyen duquel le comte de Foix, qui le retenait en sa possession, incommodait beaucoup Pamiers. Dans ces entrefaites, quelques nobles pèlerins vinrent d'Allemagne à Carcassonne, et furent conduits à Pamiers par Enguerrand de Boves, à qui, comme nous l'avons dit plus haut, Montfort avait cédé en grande partie les domaines du comte de Foix, et par d'autres chevaliers à nous qui gardaient le pays de Carcassonne. Or ce comte et celui de Toulouse étaient à Saverdun, d'où ils s'enfuirent en apprenant que nos chevaliers avec les Allemands s'avançaient en hâte sur eux; si bien que, sans combat ni condition, Enguerrand recouvra Saverdun. De son côté, notre comte venait de Moissac avec ses troupes; et, comme il fut arrivé près de Saverdun, il alla à Pamiers où se trouvaient les Allemands, tandis que l'armée marcha pour rejoindre Enguerrand. Quant à lui, suivi desdits pèlerins, il alla caracoler devant Foix, et revint de là à l'armée, qui s'était acheminée de Saverdun vers Hauterive, dont les habitans avaient pris la fuite à notre approche, et qu'ils avaient laissé désert. Le comte y mit garnison, parce que de cette position il pouvait inquiéter les ennemis, Hauterive étant située entre Foix et Toulouse. Après quoi, il forma le dessein d'envahir les terres du comte de Comminges, et marcha sur un château voisin de Toulouse, nommé Muret, dans une situation très-agréable, sur les bords de la Garonne. A notre arrivée, les habitans eurent peur et s'enfuirent à Toulouse. Mais auparavant, quelques-uns d'entre eux mirent le feu au pont du château, lequel était de bois et fort long, joignant les deux rives de la Garonne, et par où il nous fallait passer. Comme donc nous fûmes parvenus devant la place, et que trouvant ce pont brûlé, nous ne pouvions y entrer, le comte et plusieurs des nôtres se jetant dans le fleuve, qui était profond et rapide, le traversèrent non sans grand danger : pour ce qui est de l'armée, elle campa de l'autre côté de l'eau. Soudain Montfort, avec quelques-uns des siens, courut au pont, éteignit le feu avec beaucoup de peine, et soudain une pluie si abondante vint à tomber du ciel, et la crue du fleuve fut telle que personne ne pouvait le passer sans courir grand risque de perdre la vie. Sur le soir, le noble comte, voyant que presque tous les chevaliers et les plus forts de l'armée avaient traversé l'eau à la nage, et étaient entrés dans le château, mais que les piétons et les invalides n'ayant pu en faire autant étaient restés sur l'autre bord, il appela son maréchal, et il lui dit : « Je veux retourner à l'armée. » A quoi celui-ci répondit : « Que dites-vous ? Toute la force de l'armée est dans la place, il n'y a au-delà du fleuve que les pèlerins à pied : de plus, l'eau est si haute et si violente que personne ne pourrait la passer, sans compter que les Toulousains viendraient peut-être et vous tueraient, vous et tous les autres. » Mais le comte : « Loin de moi, dit-il, que je fasse ce que vous me conseillez ! Les pauvres du Christ sont exposés au couteau de ses ennemis, et moi, je resterais dans le fort ! Advienne de moi selon la volonté du Seigneur ! J'irai certainement et resterai avec eux. » Aussitôt, sortant du château, il traversa le fleuve, revint à l'armée des gens de pied, et y demeura avec un très-petit nombre de chevaliers, savoir quatre ou cinq, durant plusieurs jours, jusqu'à ce que le pont fût rétabli et qu'elle pût passer toute entière. O grande prouesse de ce prince ! ô courage invincible ! Ainsi, il ne voulut rester dans le château avec ses chevaliers, durant que les pauvres pélerins étaient en danger au milieu des champs.

CHAPITRE LXIV.

Le comte de Montfort occupe Saint-Gaudens et inquiète Toulouse. Le comte Raimond sollicite le secours du roi d'Arragon.

Durant que notre comte séjournait au château de Muret, il vit venir à lui les évêques de Comminges et de Conserans, hommes vénérables et remplis de Dieu, qui portaient à la cause de Jésus-Christ une affection unique, l'avançaient par leurs œuvres, et dont le conseil et l'industrie avaient conduit Montfort en ses opérations. Ils l'avertirent donc de pousser en avant, et qu'il s'emparerait sans coup férir de la plus grande partie de la Gascogne : ce qu'il fit promptement, marchant d'abord contre un château nommé Saint-Gaudens [1], et appartenant au comte de Comminges, dont les habitans l'accueillirent avec joie. Là vinrent à lui les nobles du pays qui lui firent hommage, et reçurent de lui leurs terres. En outre, pénétrant dans les montagnes auprès de Foix, il dévasta en majeure partie les domaines de Roger de Comminges, tandis que l'évêque de Carcassonne, qui était resté avec quelques pélerins dans le château de Muret, travaillait assidûment à le fortifier. Puis ayant terminé les affaires qui l'avaient appelé en Gascogne, le comte revint audit château, n'ayant avec lui de pélerins armés que le comte de Toul et quelques autres chevaliers en très-petit nombre. Bien néanmoins qu'il ne fût suivi que de si peu de monde, il allait souvent faire cavalcade jusqu'aux portes de Toulouse, d'où n'osaient sortir les ennemis, tout innombrables et bien pourvus qu'ils étaient. Lui, cependant, ravageait tout dans les environs et saccageait leurs forteresses sous leurs yeux. Or était cette cité pleine de gens outre mesure, vu que les hérétiques de Béziers, de Carcassonne et de Toulouse, ensemble leurs fauteurs et les routiers, ayant perdu leurs terres par la volonté de Dieu, s'y étaient réfugiés et l'avaient remplie à tel point qu'ils avaient changé les cloîtres de la ville en étables et en écuries, après en avoir chassé moines et chanoines. O Toulouse, vrai nid d'hérétiques ! ô tabernacle de voleurs ! Ni faut-il taire combien elle était alors obsédée et vexée de toutes parts, le comte étant d'un côté à Muret, de l'autre certains chevaliers des nôtres à Verdun, ici le comte Baudouin, et là Gui, frère de

[1] A huit lieues de Pamiers.

Montfort, lesquels ensemble l'entourant de tous sens, et courant chaque jour jusque près de ses portes, ne l'incommodaient pas médiocrement. Pour quoi Raimond qui, déshérité en juste châtiment de ses péchés, avait perdu toutes ses possessions, fors Toulouse et Montauban, s'était enfui près du roi d'Arragon pour lui demander conseil et secours, afin de les recouvrer par son aide. O juste jugement du très-juste Seigneur! ô véridique sentence du très-miséricordieux frère Pierre de Castelnau! En effet, cet homme de bien affirmait, comme je l'ai ouï de la bouche de ceux qui le lui avaient souvent entendu dire, que les affaires de Jésus-Christ ne parviendraient jamais à une heureuse issue jusqu'à ce qu'un des prédicateurs catholiques mourût pour la défense de la foi ; et plût à Dieu, ajoutait-il, que je fusse le premier frappé par son persécuteur !

Voilà donc que ce misérable comte toulousain, après avoir fait tuer ce très-saint personnage, parce qu'il lui reprochait en face et publiquement ses énormes méfaits, crut avoir échappé au sort qu'il méritait, et s'imagina rentrer dans ses domaines ; mais Dieu venant à lui rétribuer sa vengeance et à revancher le sang de son martyr, le traître ne remporta que perte totale et dommage irréparable de ce dont il avait compté retirer grand profit. Et si faut-il noter soigneusement que ce malheureux avait reçu en amitié sans pareille et bien étroite familiarité l'assassin de l'homme de Dieu, tellement que, le menant comme en spectacle avec lui par les villes et châteaux, il disait à chacun : « Celui-ci seul m'aime et seul s'accorde en tout avec mes vœux ; c'est lui qui m'a enlevé à la rage de mon ennemi. » Au demeurant, si ledit comte rehaussait de la sorte ce très-cruel homicide, celui-ci était au contraire abhorré même par les animaux muets; et, comme nous l'avons recueilli de la véridique relation de nombre de saints personnages, chanoines de l'église de Toulouse, du jour où le susdit bourreau tua le serviteur de Dieu, jamais chien ne daigna recevoir un morceau de sa main en exécration d'un si grand crime. O chose admirable, chose inouïe! Ce que j'en ai dit était pour montrer combien justement le comte de Toulouse fut enfin dépossédé de ses terres.

Les choses en étaient là quand Roger Bernard, fils du comte de Foix, passant avec ses routiers près Carcassonne, un jour qu'il chevauchait sur la route de Narbonne pour surprendre de nos pèlerins et les conduire enchaînés à Foix ou les condamner à la mort la plus cruelle, en rencontra quelques-uns qui venaient de France vers notre comte, lesquels, à la vue des ennemis, pensant qu'ils étaient nôtres, marchèrent sans crainte au-devant d'eux. De fait, lesdits traîtres n'oubliaient rien pour assurer le succès de leur méchanceté, allant au petit pas et suivant le grand chemin, si bien qu'il n'était aisé de voir qu'ils n'étaient pas de nos gens. Bref, quand ils se furent mutuellement approchés, soudain les barbares se ruèrent sur les pèlerins en faible nombre et sans armes, ne soupçonnant d'ailleurs aucune trahison; puis en tuant plusieurs et les déchirant membre à membre, ils emmenèrent le reste à Foix, où les retenant aux fers et dépeçant leurs corps chétifs en d'horribles tourmens, ils imaginaient chaque jour, et avec diligente étude, nouveaux supplices et non connus pour endolorir leurs captifs. En effet, ils les rouaient par tant de tortures et si affreuses, ainsi que me l'a conté un de nos chevaliers prisonnier comme eux et témoin de leurs souffrances, que leur férocité pourrait se comparer à celle de Dioclétien et de Maximien, ou même être placée au-dessus. Et, pour ne rien dire de leurs moindres cruautés, disons qu'ils se divertissaient à pendre fréquemment les prêtres même et ministres des divins mystères; voire parfois (chose horrible à rapporter) les scélérats les traînaient avec des cordes liées aux parties génitales. O monstrueuse barbarie! ô rage sans exemple!

CHAPITRE LXV.

Comment le comte Simon réunit à Pamiers les prélats et barons; décrets et lois qui y furent portés et qu'il promit d'accomplir.

L'an de l'incarnation du Seigneur 1212, au mois de novembre, le comte de Montfort convoqua les évêques et nobles de ses domaines pour tenir un colloque général à Pamiers. L'objet de cette conférence solennelle était que le comte fît rétablir les bonnes mœurs dans le pays qu'il avait acquis et soumis à la sainte Église romaine, qu'il en repoussât bien loin l'ordure d'hérésie qui l'avait infecté tout entier, et y implantât les saines habitudes, tant celles du culte chrétien que celles mêmes de la paix temporelle et de la concorde civile. Aussi bien ces contrées avaient été d'ancienne date ouvertes aux déprédations et rapines de toute espèce; le fort y opprimait le faible, les grands y vexaient les petits. Le noble comte voulut donc instituer coutumes et fixer aux seigneurs limites certaines que nul ne pût transgresser, déterminer comment les chevaliers vivraient à juste titre de revenus légitimes et assurés, et faire en sorte que le menu peuple lui-même pût subsister sous l'aile des seigneurs sans être grevé d'exactions outre mesure. A telle fin furent élues douze personnes qui jurèrent sur les saints Évangiles qu'elles disposeraient, selon leur pouvoir, telles coutumes que l'Église pût jouir de sa liberté, et que tout le pays fût mis bien fermement en meilleur état. De ces douze, quatre appartenaient au clergé, savoir les évêques de Toulouse et de Conserans, un frère templier et un frère hospitalier; quatre étaient des chevaliers de France, et les quatre autres, natifs du pays, comptaient deux chevaliers et deux bourgeois, par lesquels ensemble furent lesdites coutumes tracées et arrêtées en suffisante manière. Au demeurant, pour qu'elles fussent inviolablement observées, le noble comte et tous ses chevaliers firent serment, sur les quatre Évangiles, avant même qu'elles fussent produites, de ne les violer oncques, et enfin, pour majeure garantie, elles furent rédigées par écrit et munies du sceau du comte et de tous les évêques qui étaient là en bon nombre.

Durant que ces choses se passaient à Pamiers, les ennemis de la foi sortirent de Toulouse et commencèrent à courir la Gascogne, faisant tout le mal qu'ils pouvaient. Sur quoi, le vénérable évêque de Comminges, ayant pris avec lui quelques-uns de nos chevaliers, marcha en ces quartiers et les défendit bravement contre les hérétiques. Quant au noble comte, il vint à Carcassonne et de là à Béziers pour y conférer avec l'archevêque de Narbonne sur les divers points qui intéressaient les affaires de Jésus-Christ. Or pendant que nous étions à Béziers, le siége épiscopal de cette ville étant vacant, les chanoines de cette église choisirent d'une commune voix le vénérable archidiacre de Paris, Guillaume, pour leur évêque et pasteur ; mais il ne put, par aucune raison, être induit à accepter cette élection.

CHAPITRE LXVI.

Comment le roi d'Arragon vint à Toulouse, et eut une entrevue avec le comte Simon et le légat du siége apostolique.

Aux environs de la fête des rois [1], le roi d'Arragon, Pierre, lequel voulait grandement mal à la cause de l'Eglise, vint à Toulouse et y recruta chevaliers parmi les excommuniés et les hérétiques. Il manda toutefois à l'archevêque de Narbonne, légat du siége apostolique, et au comte de Montfort, qu'il voulait conférer avec eux et traiter de paix et composition entre ledit comte et les ennemis de la foi. Il fut donc assigné pour cette entrevue, et de mutuel consentement, un jour et un endroit entre Toulouse et Lavaur, où, arrivés que nous fûmes au lieu du concile, le roi se prit à prier l'archevêque de Narbonne et les prélats de restituer leurs domaines aux comtes de Toulouse, de Comminges, de Foix et à Gaston de Béarn. Mais ledit

[1] En 1213.

archevêque lui répondit qu'il eût à rédiger par écrit toutes ses demandes, et à les envoyer écrites et scellées aux évêques dans la ville de Lavaur. En outre le roi, après avoir grandement amadoué notre comte, son frère et ses fils, le pria que, pendant huit jours, il se désistât de mal faire à ses ennemis. A quoi ce très-noble personnage et tout plein de courtoisie : « Je ne me désisterai, dit-il, de mal faire ; mais, par révérence envers vous, je cesserai de faire bien durant ces huit jours. » Pareillement, le roi promit, au nom des ennemis, que, pendant le temps de la conférence, ils n'attaqueraient les nôtres ; ce qui n'empêcha pas que ces hommes sans foi, quand ils surent que nous étions assemblés, commencèrent à courir sur nos terres du côté de Carcassonne (bien qu'ils nous eussent assurés du contraire par l'entremise du roi d'Arragon), y portant le ravage et tuant beaucoup des nôtres. O fraude scélérate !

Trois jours après que le roi fut parti du lieu de la conférence pour se rendre à Toulouse, il écrivit ses demandes aux archevêques et évêques dans la teneur qui suit :

« Demandes du roi des Arragonais aux prélats réunis en concile dans la ville de Lavaur. »

« Pour autant qu'on enseigne que notre très-sainte mère l'Église a non seulement des paroles, mais aussi des châtimens, son dévot fils, Pierre, par la miséricorde de Dieu, roi d'Arragon, pour Raimond, comte de Toulouse, lequel desire retourner au giron de notredite mère l'Église, requiert humblement de votre sainteté et la prie instamment, pour qu'en donnant satisfaction personnelle de tous excès quelconques, selon qu'il aura paru convenir à l'Église elle-même, ainsi que des dommages et torts apportés aux diverses églises et aux prélats, suivant ce que la clémence de cette sainte mère jugera devoir enjoindre audit comte, il soit, par grâce et miséricordieusement rétabli dans ses possessions et autres choses qu'il a perdues ; que si, par cas, l'Église, en punition des fautes du comte, ne voulait entendre à la demande du roi, il requiert et prie pour le fils comme pour le père, en telle sorte cependant que celui-ci n'en rende pas moins personnelle satisfaction pour tout excès commis, soit en marchant aux frontières des Sarrasins avec chevaliers pour secourir les Chrétiens, soit en allant outre-mer, selon ce que l'Église décidera être le mieux expédient ; quant à l'enfant, qu'il soit tenu en sa terre sous garde bien diligente et surveillance très-fidèle, en l'honneur de la sainte Église romaine, jusqu'à tant que signes manifestes se fassent voir chez lui de bonne nature et généreuse. »

« Et parce que le comte de Comminges ne fut oncques hérétique ni défenseur d'iceux, ains plutôt qu'il les a combattus ; et d'autant qu'il est dit avoir perdu des domaines pour avoir assisté son seigneur et cousin le comte de Toulouse, demande encore ledit roi, et prie pour lui comme pour un sien vassal, que restitution lui soit octroyée de ses domaines, sauf, pareillement, telle satisfaction que lui commandera l'Église, s'il semble qu'il ait manqué en quelque point. »

« *Item*, le comte de Foix, vu qu'il n'est ni ne fut hérétique, ledit roi demande pour lui, et prie comme pour son parent bien aimé, auquel sans honte il ne peut faillir, ni justement en tel besoin, qu'en sa faveur et par révérence pour lui il soit réintégré dans ses choses ; moyennant toutefois qu'il satisfera à l'Église en tout et pour tout ce en quoi la clémence de cette bonne mère jugera qu'il s'est rendu coupable.

« *Item,* pour Gaston de Béarn, son vassal, demande le susdit roi et prie affectueusement qu'il soit rétabli dans ses terres et féauté des siens vassaux, d'autant plus qu'il est prêt à obéir et se soumettre aux ordres de l'Église devant juges non suspects, si d'aventure ne nous est loisible ouïr sa cause et l'expédier.

« Au demeurant, pour tout ce qui précède, ledit roi a cru qu'il fallait invoquer miséricorde plutôt que jugement, adressant à votre clémence ses clercs et ses barons, et tenant pour ratifié sur les points ci-contenus quoi que ce soit qu'ordonnerez avec eux ; suppliant qu'en ce fait daigniez user d'une telle circonspection et diligence que le secours des susdits barons et du comte de Montfort puisse être bientôt donné aux affaires de la chrétienté dans le pays d'Espagne, pour l'honneur de Dieu et l'agrandissement de notre sainte mère l'Église.

« Donné à Toulouse, le 17e jour avant les calendes de février. »

Réponse du Concile.

« A l'illustre et très-cher en Jésus-Christ, Pierre, par la grâce de Dieu, roi des Arragonais et comte des Barcelonnais, le concile réuni à Lavaur, salut et sincère affection dans le Seigneur. Nous avons vu les pétitions et pièces que votre royale sérénité nous a adressées pour le comte de Toulouse et son fils, les comtes de Foix, de Comminges, et le noble homme

Gaston de Béarn, dans lesquelles lettres, entre autres choses, vous vous dites un dévot fils de l'Église : pour quoi nous rendons actions de grâces au Seigneur Jésus-Christ et à votre grandeur royale, et en tout ce que nous pourrons faire selon Dieu nous admettrons affectueusement vos prières, à cause de ce mutuel amour que notre sainte mère l'Église romaine vous porte, à ce que nous voyons, et vous à elle, non moins que par révérence pour votre Excellence royale. Quant à ce que vous demandez et priez à l'égard du comte de Toulouse, nous avons cru devoir répondre à votre royale sérénité que ce qui touche la cause du comte et de son fils, laquelle dépend du fait de son père, n'a, par autorité supérieure, été du tout laissé à notre décision, vu que ledit comte de Toulouse a fait, sous forme certaine, commettre son affaire par le seigneur pape à l'évêque de Riez et à maître Théodise; à quel sujet, comme nous croyons, vous gardez en fraîche mémoire combien de grâces et pour grandes le seigneur pape accorda audit comte après ses nombreux excès; pareillement quelle faveur le vénérable archevêque de Narbonne, légat du siége apostolique, et pour lors abbé de Cîteaux, fit il y a déjà deux ans, si nous nous en souvenons bien, au même comte, sur votre intercession et en considération de vos prières. En effet, le légat consentait à ce qu'il conservât intactes et tout entières ses seigneuries et propriétés, et que lui demeurassent aussi dans leur intégrité les droits qu'il avait sur les châteaux des autres hérétiques qui faisaient partie de son fief, sans alberge, quête ni chevauchée; en outre, pour ce qui est des châteaux qui appartenaient aux autres hérétiques et n'étaient de son fief, lesquels ce comte disait monter à cinquante, le légat voulait bien encore que la quatrième partie, voire la troisième, tombât en sa possession[1]. Toutefois, méprisant cette grande grâce du seigneur pape, du susdit légat et de l'Église de Dieu, le comte allant droit contre tous les sermens qu'il avait anciennement prêtés aux mains des légats, ajoutant iniquité sur iniquité, crime sur crime, mal sur mal, a attaqué l'Église de Dieu et a porté grandement dommage à la chrétienté, traitant et s'alliant avec les hérétiques et routiers, si bien qu'il s'est rendu indigne de toutes faveurs et de tous bienfaits. Quant à ce que vous demandez pour le comte de Comminges, nous avons jugé devoir en cette façon vous répondre sur ce point, savoir, qu'il nous a été donné à tenir pour certain que, comme il eut, après nombre d'excès et violations de serment, contracté alliance avec les hérétiques et leurs fauteurs, et, d'accord avec ces pestiférés, combattu l'Église, bien qu'il n'eût jamais été lésé en rien, bien qu'ensuite il ait été soigneusement admonesté de se déporter de tels actes, et, revenant au cœur de l'Église, de se réconcilier à l'unité catholique, néanmoins cedit comte a persévéré dans sa méchanceté; en sorte qu'il est retenu dans les liens de l'excommunication et de l'anathème. Même, dit-on, le comte de Toulouse a certifié maintes et maintes fois que ce fut le comte de Comminges qui le poussa à la guerre; d'où il suit que cedit comte fut en cela l'auteur des maux qu'elle a causés en si grand nombre à l'Église. Cependant s'il se montrait tel qu'il méritât

[1] Ceci ne s'accorde point avec ce que l'auteur a dit sur le même objet, chapitre XLIII.

le bienfait de l'absolution, après qu'elle lui serait accordée et qu'il aurait le droit d'ester en jugement, l'Église ne lui déniera justice au cas où il aurait quelque plainte à former.

« En outre, votre Grandeur royale demande pour le comte de Foix. A quoi nous répondrons qu'il est constant à son sujet que, depuis long-temps, il a été receleur des hérétiques, d'autant qu'il n'est douteux qu'il faille nommer ainsi ceux qui s'appellent *croyans*. Le même comte, après ses excès multipliés, après tous ses sermens, le rapt des personnes et des biens, la capture des clercs et leur détention dans les cachots (pour quoi et beaucoup d'autres causes il a été frappé du couteau d'anathême), voire après la grâce que le susdit légat lui avait octroyée en faveur de votre intercession, a fait un sanglant carnage des Croisés qui, dans leur pauvreté et simplicité pieuses, marchaient au service de Dieu contre les hérétiques de Lavaur. Pourtant quelle était cette grâce et combien grande, c'est ce dont votre royale Grandeur se souvient bien, à ce que nous pouvons croire, puisque c'était à sa prière que le légat offrit composition à ce comte ; et si cette composition ne fut faite, c'est qu'il ne l'a voulu. Il existe en effet des lettres adressées au comte de Montfort et scellées de votre sceau royal, lesquelles contiennent la clause suivante : « Nous vous disons de plus que si le comte de Foix ne veut se tenir à cette décision, et que par suite vous n'écoutiez point les prières que nous ferions pour lui, nous ne cesserons pour cela d'être en paix avec vous. » Toutefois si cedit comte fait en sorte d'obtenir le bénéfice de l'absolution, et qu'après en avoir mérité la grâce, il se plaigne en quelque point, l'Église ne lui déniera justice.

« Vous demandez encore et priez pour Gaston de Béarn qu'il soit rétabli dans ses domaines et féauté des siens vassaux. Sur quoi nous vous répondrons, pour ne rien dire actuellement d'autres nombreux griefs, ou plutôt innombrables, portés contre lui, qu'allié du moins aux hérétiques et à leurs fauteurs ou défenseurs contre l'Église et les Croisés, il est persécuteur très-notoire des églises et des membres du clergé. Il a été au secours des Toulousains au siége de Castelnaudary; il a près de lui l'assassin de frère Pierre de Castelnau, légat du siége apostolique; il a long-temps retenu en sa compagnie des routiers, et les y tient encore. L'an passé, il les a introduits dans l'église cathédrale d'Oléron, où, ayant coupé la corde qui soutenait la custode du saint Sacrement, ils firent tomber à terre le corps de Notre-Seigneur Jésus-Christ, lequel, chose horrible même à dire seulement, fut répandu sur le pavé. De plus, en infraction de ses sermens, il a usé de violence envers les clercs : pour quoi et plusieurs autres raisons que nous taisons présentement, il a été enchaîné dans les liens de l'excommunication et de l'anathême. Néanmoins, s'il donnait satisfaction à l'Église autant qu'il le doit, et s'il obtenait le bénéfice de l'absolution, on ferait droit à ses plaintes, au cas qu'il en eût quelqu'une à présenter. En effet, sans cette condition, il ne serait convenable à votre royale majesté, très-illustre prince, d'intercéder pour les susdits, tous excommuniés; et pour nous, n'oserions répondre d'autre sorte sur tels faits et telles personnes. A cette cause, admonestons et exhortons en Dieu votre sérénité royale qu'elle daigne avoir en mémoire l'honneur que vous fit le siége apostolique [1] et celui qu'elle fait actuellement à votre illustre beau-frère le roi de Sicile, de même que ce qu'avez promis au seigneur pape lors de votre sacre, et les commandemens qu'en avez reçus. Nous prions le ciel qu'il vous conserve long-temps pour l'honneur de Dieu et de la sainte Église romaine. Que si, par cette réponse de nous, n'était votre royale Majesté bien satisfaite, nous aurons soin de communiquer le tout au seigneur pape pour la révérence et grâce que nous vous portons.

« Donné à Lavaur, le quinzième jour avant les calendes de février. »

Le roi d'Arragon, oyant les réponses de nos prélats, voyant du tout refusées les demandes qu'il avait faites, et qu'il ne pouvait conduire ses vœux à bonne issue, inventa une autre manière de tromperie. Il envoya donc des exprès aux évêques, leur mandant et les priant qu'ils engageassent le comte de Montfort à donner trêve au Toulousain et autres ennemis de la foi chrétienne jusqu'à la Pentecôte prochaine ou du moins jusqu'à Pâques : ce dont nos prélats ayant connaissance, ils prirent garde que le roi ne demandait cela pour autre chose sinon pour que la nouvelle de la suspension d'armes vînt jusqu'en France, et que par là se refroidît la dévotion des Croisés. Par ainsi, ils rejetèrent cette pétition comme ils avaient fait les premières. Au demeurant, comme il serait trop long de rapporter par ordre tout ce que ledit roi

---

[1] Pierre avait été couronné roi par le pape le 11 novembre 1204.

écrivit, et crurent les nôtres devoir lui répondre, disons en peu de mots que son intention était uniquement de travailler à ce que le comte de Toulouse et autres ennemis de la religion chrétienne fussent réintégrés dans leurs possessions, ou du moins qu'ils obtinssent une trêve de nous, pour le motif ci-dessus expliqué. Mais les nôtres, gens bien avisés et persévérans, ne voulurent rendre les terres, ni donner relâche aux traîtres. Sur quoi le roi, voyant qu'il n'avait pu rien gagner, au grand détriment de son renom et honneur, déclara qu'il prenait sous sa protection les excommuniés et les domaines qu'ils tenaient encore; voire, pour pallier un peu sa malice, il appela comme d'abus au siége apostolique. Nos prélats toutefois ne déférèrent nullement à cet appel, pour autant qu'il était, pour causes sans nombre, frivole et sans vertu. Seulement l'archevêque de Narbonne, légat du saint-siége, adressa au roi la lettre suivante :

« Au très-illustre seigneur Pierre, par la grâce de Dieu roi d'Arragon, frère Arnauld, par la miséricorde divine, archevêque de Narbonne, légat du siége apostolique, salut en charité de cœur et par les entrailles de Jésus-Christ. Nous avons appris, non sans grande émotion et amertume d'esprit, que vous vous disposez à prendre sous votre protection et garde, et à défendre contre l'armée du Christ la cité de Toulouse et le château de Montauban, ensemble les terres abandonnées à Satan, à cause du crime d'hérésie et moult autres forfaits bien horribles, séparées de toute communion avec notre mère l'Église, et livrées aux Croisés par l'autorité de Dieu, dont le saint nom y est blasphémé en façon si grave : comme donc ces choses, si elles sont vraies, ce que Dieu ne permette, ne pourraient que nuire non seulement à votre salut, mais à la dignité royale qui est en vous, à votre honneur et gloire; jaloux que nous sommes de votre salut, gloire et renom, nous prions du fond de nos entrailles votre grandeur royale, et charitablement lui conseillons, l'avertissons et exhortons dans le Seigneur et par la puissance de la vertu divine, de la part de notre Dieu rédempteur Jésus-Christ, et de son très-saint vicaire notre seigneur le souverain pontife, dont l'autorité nous est déléguée, vous faisons inhibition, et vous conjurons par tous les moyens en notre pouvoir, afin que, par vous ni par autres, ne receviez ou défendiez les susdites terres, desirant que vous daigniez pourvoir à votre intérêt et au leur, si bien que, ne communiquant avec les excommuniés, les maudits hérétiques et fauteurs d'iceux, il ne vous arrive d'encourir la tache d'anathême. Nous ne voulons, du reste, cacher à votre Sérénité que, si vous croyez devoir laisser aucuns des vôtres pour la défense desdits lieux, comme ils seront pour semblable cas excommuniés de droit, nous vous ferons publiquement déclarer tel, comme défenseur des hérétiques. »

Néanmoins le roi d'Arragon, ne venant en rien à résipiscence, finit en pis ce qu'il avait mal commencé, et prit sous sa protection tous les hérétiques et les comtes excommuniés, savoir ceux de Toulouse, de Comminges et de Foix, Gaston de Béarn, et les chevaliers Toulousains et du Carcassez, qui, dépossédés pour fait d'hérésie, s'étaient réfugiés à Toulouse, plus les habitans de cette cité, recevant le serment de tous, et présumant bien de prendre en garde la ville de

Toulouse, qui relève directement du roi de France, comme tout ce qu'ils avaient encore de possessions. Nous ne pensons devoir taire que, tandis que les nôtres étaient au susdit colloque de Lavaur, et bien que le comte de Montfort, par égard pour le roi, eût donné trève aux ennemis pour le temps qu'il durerait, laquelle trève le roi avait pareillement confirmée en leur nom, les traîtres n'en vinrent pas moins, pendant la tenue du concile, courir maintes fois sur nos terres, profitant de ce que nous n'étions sur nos gardes, où, ramassant un ample butin, tuant plusieurs de nos gens, et faisant grand nombre de prisonniers, ils portèrent de tous côtés bien graves dommages. A ce sujet, les nôtres se plaignirent très-souvent au roi, qui ne fit pourtant donner aucune réparation : sur quoi, voyant qu'il s'amusait à prolonger le concile par envoi d'émissaires et de lettres, voire par appels superflus, tout en souffrant que, pendant la trève et la durée de la conférence, les excommuniés, dont il favorisait la cause, nous attaquassent à découvert et à chaque instant, ils quittèrent Lavaur, après avoir écrit ce qui suit au seigneur pape, touchant les affaires générales de l'Église et le susdit concile en particulier :

Lettre du concile de Lavaur au seigneur pape Innocent.

« A leur très-saint père en Jésus-Christ et très-bienheureux seigneur Innocent, par la grâce de Dieu souverain pontife, ses humbles et dévoués serviteurs les archevêques, évêques et autres prélats des églises, réunis à Lavaur pour les affaires de la sainte foi, souhaitent de toute affection longueur de vie et de santé. Pour autant que la langue ni la plume ne nous suffisent pour rendre dignes actions de grâces à la sollicitude de votre paternité, nous prions le distributeur de tout bien qu'il supplée en cet endroit à notre défaut, et vous octroie abondamment toutes les faveurs qu'avez accordées à nous, aux nôtres et autres églises de ces contrées. Comme en effet la peste d'hérésie semée sur elles des anciens jours se fut, de notre temps, accrue à tel point que le culte divin y était tombé en opprobre et dérision, que les hérétiques d'un côté et les routiers de l'autre y violentaient le clergé, et saccageaient les biens ecclésiastiques, et que le prince comme le peuple, donnant en mal sens, y a dévié de la droite ligne de la foi, vous avez employé très-sagement vos armées de Croisés à nettoyer les souillures de cette peste infâme, de même que leur très-chrétien général, le comte de Montfort, athlète de toutes pièces intrépide et champion invincible des combats de Dieu ; si bien que l'Église, qui, en ces quartiers, était si misérablement déchue en ruines, commence à relever la tête, et que toute opposition et erreur étant détruites pour majeure partie, ce pays, long-temps rempli des sectateurs du dogme pervers, s'habitue enfin au culte de la divine religion. Toutefois subsistent encore quelques restes de ce fléau empesté, savoir la ville de Toulouse avec quelques châteaux, où, comme les ordures qui tombent dans un égout, vient s'amasser le résidu de la corruption hérétique, et desquels le maître et seigneur, c'est pour dire le comte de Toulouse, qui, depuis longue date, comme il vous a été bien souvent rapporté, s'est montré fauteur et défenseur de l'hérésie, attaque l'Église de toutes les forces qui lui sont demeurées, et s'oppose du plus qu'il peut aux adorateurs de la foi en faveur de ses ennemis : car, depuis le jour où il est revenu d'auprès votre Sainteté, muni d'ordres dans lesquels vous usiez pour lui de miséricorde plus même qu'il n'en avait besoin, l'ange de Satan est entré dans son cœur, comme il appert très-clairement; et, payant d'ingratitude les bienfaits de votre grâce, il n'a rien accompli des choses qu'il avait promises en votre sainte présence : ains a-t-il augmenté outre mesure les péages auxquels il avait souvent renoncé, et s'est tourné du côté de quiconque il a su notre ennemi et celui de l'Église. Espérant sans doute de trouver forces contre elle dans l'assistance d'Othon, ce rebelle à l'Église et à Dieu, il menaçait ouvertement, ainsi qu'on l'assure, et comptant sur son secours, d'extirper de ses possessions l'Église comme le clergé à jamais et radicalement, s'étudiant dès lors à soutenir et caresser plus chaudement encore que par le passé les hérétiques et routiers dont il avait si souvent abjuré le parti. En effet, lorsque l'armée des catholiques assiégeait Lavaur, où était le siége de Satan, et comme la province de la méchante erreur, ledit comte a envoyé au secours des pervers des chevaliers et de ses cliens, outre qu'en un sien château appelé Casser, ont été trouvés et brûlés par les Croisés plus de cinquante hérétiques, plus une immense multitude de leurs croyans. D'abondant, il a appelé contre l'armée de Dieu Savary, ennemi de l'Église, sénéchal du roi d'Angleterre, avec lequel il a osé assiéger dans

Castelnaudary le susdit lutteur pour le Christ, le noble comte de Montfort ; mais la dextre du Christ le frappant, sa présomption a tourné bien vite à sa honte, tellement qu'une poignée de catholiques a mis en fuite une foule infinie d'ariens. Au demeurant, frustré de son espoir dans Othon et le roi d'Angleterre, comme celui qui s'appuie sur un roseau, il a imaginé une abominable iniquité, et député vers le roi de Maroc, implorant son assistance non seulement pour la ruine de nos contrées, mais pour celle de la chrétienté toute entière : ce qu'a empêché la divine miséricorde. Ayant chassé l'évêque d'Agen de son siége, il l'a dépouillé de tous ses biens, a pris l'abbé de Moissac, et tenu en captivité l'abbé de Montauban presque durant une année. Ses routiers et complices ont soumis à toute espèce de tortures des pélerins clercs et laïques en quantité innombrable ; ils les ont retenus long-temps en prison, où quelques-uns sont encore. Et par tous ces faits et gestes ne s'est apaisée sa fureur ; sa main est toujours étendue contre nous ; en sorte que chaque jour il devient pire que soi-même, et fait à l'Église de Dieu tout le mal qu'il peut par lui, son fils et consorts, les comtes de Foix, de Comminges et Gaston de Béarn, les plus scélérats des hommes et pervers comme lui. Finalement, aujourd'hui que, par suite de la vengeance divine et de la censure ecclésiastique, l'athlète de la foi, le comte très-chrétien s'est emparé par justes et pieux combats de presque toutes leurs terres, en tant qu'ils sont ennemis de Dieu et de l'Église, eux, persistant dans leur malice, et dédaignant de s'humilier sous la puissante main de Dieu, ont eu dernièrement recours au roi d'Arragon, à l'aide duquel ils entendent peut-être circonvenir votre clémence, et faire pièce à l'Église. En effet, ils l'ont amené à Toulouse pour avoir une conférence avec nous qui, du mandat du légat et de vos délégués, nous étions réunis à Lavaur; et ce qu'il a proposé et comment, plus, ce que nous avons cru lui devoir répondre, c'est ce que vous connaîtrez plus à plein par les copies que nous vous envoyons scellées, communiquant le tout à votre sainteté d'un commun avis et d'accord unanime, et par là mettant nos ames à l'abri du cas où, faute de signification, quelque chose serait omise de ce qui touche aux affaires de la foi. Sachez aussi pour certain que, si le pays enlevé aux susdits tyrans, si justement et avec si grande effusion du sang des Chrétiens, leur était restitué ou à leurs héritiers, non seulement une nouvelle erreur dominerait pire que la première, mais une ruine incalculable deviendrait imminente pour le clergé et pour l'Église. Enfin, ne croyant devoir noter une à une sur la présente page les énormités abominables et les autres crimes des susdits, pour ne paraître composer un volume, nous avons placé dans la bouche des nonces certaines choses qu'ils pourront de vive voix porter jusqu'à vos saintes oreilles. »

Les nonces qui portèrent cette missive au seigneur pape, furent le vénérable évêque de Conserans, l'abbé de Clarac, Guillaume, archidiacre de Paris, maître Théodise, et un certain clerc qui avait été long-temps correcteur des lettres apostoliques, et se nommait Pierre de Marc. Mais avant que lesdits personnages circonspects et discrets fussent arrivés en cour de Rome, le roi d'Arragon avait cherché par envoyés à circonvenir la simplicité apostolique, et substituant le mensonge à la vérité, il avait obtenu des lettres par lesquelles le seigneur pape ordonnait au comte de Montfort de rendre les terres des comtes de Comminges, de Foix, et de Gaston de Béarn, à chacun d'eux, écrivant de plus à l'archevêque de Narbonne en termes qui semblaient révoquer l'indulgence accordée à ceux qui marchaient contre les hérétiques albigeois. Aussi nos nonces trouvèrent-ils d'abord le seigneur pape dur un petit, parce qu'il avait été trop crédule aux fausses suggestions des envoyés du roi d'Arragon ; mais ayant ensuite reconnu la vérité par les soins et le rapport des nôtres, il annula tout ce qu'il avait fait à la sollicitation des ambassadeurs du roi, et lui adressa la lettre dont la teneur suit.

Lettre du seigneur pape au roi des Arragonais, pour qu'il ne mette opposition aux affaires de la foi.

« Innocent, évêque, serviteur des serviteurs de Dieu, à l'illustre Pierre, roi des Arragonais. Que celui dans les mains de qui sont les cœurs de tous les rois t'inspire, sur notre humble prière, de telle sorte qu'écoutant avec prudence ce qu'il nous faut, suivant le mandat apostolique, t'adresser de réprimandes, d'instances et de reproches, tu reçoives ceux-ci avec une piété filiale, comme nous te les faisons avec une paternelle affection ; qu'ainsi tu obtempères à nos salutaires avis et conseils, et qu'acceptant la correction apostolique, tu prouves avoir eu une dévotion sincère aux choses contre lesquelles l'effet montre sans aucun doute que tu as failli. Assurément, il est au su de tout le monde, et nous ne pensons pas que ta sérénité puisse ignorer, ou même désavouer, que nous nous sommes étudiés à t'honorer spécialement entre les autres princes chrétiens; par quoi se sont accrus ta puissance et bonne renommée; et plût à Dieu qu'en même temps eussent augmenté pareillement ta prudence et dévotion! ce qui ne te serait moins utile qu'à nous-même agréable. Mais en cela, on te connaît pour n'avoir agi dans ton intérêt, non plus que sous la déférence qu'il te convenait d'avoir envers nous; ains, lorsque les citoyens de Toulouse ont été retranchés du corps de l'Église par le couteau de l'excommunication, comme des membres pourris, et que cette même ville a été frappée d'interdiction pour autant que certains d'entre eux sont notoirement hérétiques, d'autres croyans, fauteurs, receleurs et défenseurs d'iceux (outre que d'autres encore que l'armée du Christ, ou pour mieux dire le Christ lui-même, dont ils avaient sur eux attiré la colère par leurs égaremens, a forcés de quitter leur repaire, se sont refugiés dans ladite cité, comme dans un cloaque pour l'erreur); toi, tu n'as pas craint au grand scandale du peuple chrétien, et au détriment de ta propre gloire, de les recevoir sous ta protection, commettant impiété sous ombre de pitié, et t'écartant de la crainte de Dieu, comme si tu pouvais prévaloir contre le Seigneur, ou détourner sa main étendue sur ceux dont les fautes ont contraint sa colère. C'est pourquoi, ayant tout récemment entendu les propositions faites en notre présence par notre vénérable frère, l'évêque de Ségovie, et notre cher fils Colomb, envoyés de nos légats et du comte de Montfort; ayant pris de plus entière connaissance des lettres à nous adressées d'une et d'autre part, et ayant tenu avec nos frères un conseil, où les affaires de la religion en vos pays ont été soigneusement traitées ; voulant d'ailleurs par une paternelle sollicitude pourvoir, en faveur de ta Sérénité, à ton honneur, quant à la gloire du monde, à ton salut, quant au bien de ton ame, à tes intérêts, quant aux choses de la terre, nous t'enjoignons par la vertu du Saint-Esprit, et au nom de la divine grâce et apostolique, que tu abandonnes les susdits Toulousains, nonobstant promesse ou obligation quelconque faite en supercherie de la discipline ecclésiastique, et qu'aussi long-temps qu'ils resteront ce qu'ils sont, tu ne leur donnes conseil, assistance, ni faveur aucune. Que s'ils desirent retourner à l'unité de l'Église, ainsi que l'ont assuré tes envoyés en notre présence, nous donnons ordre dans nos lettres à notre vénérable frère Foulques, évêque de Toulouse, homme de pensers sincères et de vie intègre, lequel obtient bon témoignage, non seulement de ses compatriotes, mais encore des étrangers, nous donnons donc ordre que s'adjoignant deux autres, il réconcilie à l'unité de l'Église ceux qui le voudront de pureté de cœur, de conscience droite et de foi loyale, après avoir reçu d'eux suffisante caution et digne garantie ; quant à ceux qui persisteraient dans les ténèbres de leurs erreurs, que le même évêque, pour cause de leur hérétique corruption, les fasse exiler et chasser de la susdite ville, et fasse confisquer tous leurs biens, de sorte qu'ils n'y rentrent en aucun temps, à moins qu'inspirés par le ciel, ils ne prouvent par l'exhibition de bonnes œuvres qu'ils sont vraiment chrétiens selon la foi orthodoxe ; et qu'ainsi cette même cité étant réconciliée à l'Église et purifiée, demeure sous la protection du siége apostolique, pour n'être à l'avenir molestée par le comte de Montfort ou autre catholique, mais plutôt défendue et protégée. Mais sommes émerveillé, fâché même, que tu aies fait surprendre un mandement apostolique par tes envoyés, menteurs et fourbes à notre égard, pour la réintégration dans leurs domaines de vos nobles, les comtes de Foix, de Comminges et Gaston de Béarn, tandis que, pour nombreux et grands méfaits nés de leur prédilection envers les hérétiques qu'ils défendent ouvertement, ils sont enlacés dans les liens de l'excommunication : lequel mandement obtenu en cette façon pour semblables gens ne doit tenir, et le révoquons entièrement comme subreptice. Au demeurant, si les susdits desirent, comme ils l'assurent, être réconciliés à l'unité de l'Église, nous donnons par nos lettres ordre à notre vénérable frère, l'archevêque de Narbonne, légat du siége apostolique, que d'eux recevant non seulement la caution du serment, puisqu'ils ont déjà violé les leurs, mais telle autre qu'il jugera convenable, il leur accorde le bénéfice de l'absolution ; après quoi, les préliminaires dûment remplis, comme preuves d'une vénérable dévotion, nous aurons soin d'envoyer en ces quartiers un légat à *latere*, homme honnête, circonspect et ferme, lequel ne déviant à droite ni à gauche, et marchant toujours dans le droit chemin, ait à approuver et confirmer ce qu'il trouvera fait justement, à corriger et réformer les erreurs ; qui, enfin, fasse rendre justice entière, tant aux susdits nobles qu'à tout autre plaignant. En attendant, nous voulons et ordonnons qu'une trève solide soit établie et gardée entre toi, tes possessions et le comte de Montfort, mandant mêmement à ce comte qu'il te rende révérencieusement ce qu'il te doit pour les terres qu'il tient de toi. D'ailleurs, nous voulons qu'il soit bien entendu de ton Excellence que, si les Toulousains et susdits nobles croyaient devoir persister encore dans leur erreur, nous exciterons le zèle d'autres Croisés et fidèles serviteurs de l'Église par un renouvellement d'indulgences, pour qu'appuyés de l'assistance divine, s'élevant contre ceux-ci de même que contre tous autres, leurs receleurs et défenseurs plus nuisibles que les hérétiques mêmes, ils marchent au nom du Dieu des batailles, afin d'extirper la peste de l'hérétique perversité. Nous avertissons donc ta Sérénité, la prions instamment, et l'adjurons au nom du Seigneur, pour que tu exécutes promptement ce qui précède, dans les points qui te touchent ; ayant à tenir pour certain que, si tu venais à faire autrement, ce que nous ne pouvons croire, tu pourrais encourir un grave et irréparable dommage, plus l'indignation de Dieu que tu attirerais indubitablement sur toi par semblable conduite, outre encore que nous ne pourrions, bien que nous chérissions ta personne, t'épargner ni user de déférence envers toi contre les affaires de la foi chrétienne ; et quel danger te menacerait si tu t'opposais à Dieu et à l'Église, surtout en ce qui concerne la religion, pour vouloir empêcher que le saint œuvre soit consommé, c'est ce que peuvent t'apprendre non seulement d'anciens exemples, mais bien aussi des exemples récens. Donné à Latran, le dou-

zième jour avant les calendes de juin, et de notre pon
tificat l'an dix-neuvième. »

Le concile des prélats réunis à Lavaur étant terminé, le roi d'Arragon étant sorti de Toulouse et y ayant laissé plusieurs de ses chevaliers pour la garde de la ville et le secours des ennemis du Christ, manda peu de jours après à notre comte qu'il voulait avoir une conférence avec lui près de Narbonne ; sur quoi le comte voulant montrer sa déférence envers le roi, et lui obéir comme à son seigneur, autant qu'il le pourrait selon Dieu, répondit qu'il se rendrait volontiers à l'entrevue indiquée. Mais le roi n'y vint pas et n'avait jamais eu dessein d'y venir ; seulement un grand nombre de routiers et d'hérétiques, tant Arragonais que Toulousains, s'y présentèrent : ce qui faisait craindre qu'ils ne se saisissent par trahison du comte qui devait arriver avec peu de monde. Toutefois, il eut connaissance de ce qui se passait, et se détourna du lieu de la conférence.

CHAPITRE LXVII.

Le roi d'Arragon défie le comte de Montfort par féciaux.

QUELQUES jours ensuite, ledit roi envoya au comte, par ses hérauts, des lettres dans lesquelles il était dit qu'il le défiait, et qui contenaient toute espèce de menaces. Néanmoins, notre comte, bien que le roi lui fit défi avec tant de superbe, ne voulut endommager en rien les terres du roi, d'où lui venait pourtant chaque jour beaucoup de mal à lui-même et très-notable préjudice, puisque les Catalans pénétraient dans nos possessions et les dévastaient autant qu'il leur était possible. Peu de jours après, il députa vers le roi Lambert de Turey, vaillant chevalier et discret, qu'il chargea de lui demander ce qu'il devait croire touchant le défi que ses gens lui avaient apporté, lui mandant en outre qu'il n'avait jamais commis forfaiture envers lui, et qu'il était prêt à lui rendre tout légitime office de bon vassal. Il lui offrait de plus, au cas où il se plaindrait relativement aux domaines des hérétiques qu'il avait acquis par le secours des Croisés, et au commandement du souverain pontife, de s'en rapporter au jugement du seigneur pape, ou à celui du seigneur archevêque de Narbonne, légat du siége apostolique ; même il remit au susdit chevalier des lettres qu'il lui ordonna de présenter au roi, si celui-ci jugeait devoir persévérer dans son obstination, et dont voici le contenu. Le comte écrivait au roi, sans salutation aucune, lui signifiant que puisqu'il persistait dans son obstination et ses défis, après tant d'offres à lui faites de paix et de juste satisfaction, il le défiait à son tour, disant que dorénavant il ne lui serait tenu par nul droit de service, et qu'avec l'aide de Dieu, il se défendrait tant contre lui que contre les autres ennemis de l'Église. Lambert venant donc vers le roi, expliqua par ordre, avec soin et attention, en sa présence et celle d'un grand nombre de barons de ses terres, tout ce que le comte lui avait mis à la bouche ; et comme le roi, toujours obstiné, rejetait toute espèce de composition, et ne voulait revenir sur le défi qu'il avait envoyé au comte, soudain notre envoyé présenta les lettres de Montfort à ce sujet, lesquelles furent lues en assemblée générale, tant du roi que de ses barons, et dont la teneur bien comprise mit en grande fureur le roi et les siens. Puis, ayant fait sortir l'envoyé du comte, et le mettant sous bonne garde, l'Arragonais demanda conseil aux autres sur ce qu'il devait faire de cedit messager : sur quoi, quelques-uns de ses barons furent d'avis qu'il envoyât au comte, lui mandant et ordonnant qu'il vînt lui-même en sa cour pour lui rendre ce qu'il lui devait comme à son seigneur, ajoutant que, s'il s'y refusait, ils jugeaient Lambert digne de mort. Le lendemain, celui-ci se présenta de nouveau devant le roi, et répéta soigneusement ce qu'il avait dit la veille au nom du comte, s'offrant même avec audace à défendre en combat singulier, et dans la cour même du roi, la loyauté de son seigneur, au cas où quelques-uns des chevaliers d'Arragon voudraient soutenir que notre comte eût injustement offensé le roi, ou lui eût jamais manqué en la foi promise. Mais nul n'osant l'attaquer, et tous pourtant s'écriant avec emportement contre lui, il fut enfin renvoyé par le roi à la prière de quelques-uns de ses chevaliers, dont il était un peu connu, et retourna vers le comte, après avoir couru maintes fois péril de sa vie. Dès lors, ledit roi, qui par le passé avait déjà persécuté le comte du Christ, mais en secret seulement, commença de le gêner en tout et de le poursuivre ouvertement.

CHAPITRE LXVIII.

Comment Louis, fils du roi de France, prit la croix et amena beaucoup d'autres à la prendre avec lui.

L'an de l'incarnation du Seigneur 1212[1], au mois de février, Louis, fils du roi de France, jeune homme d'une grande douceur et d'un excellent caractère, prit la croix contre les hérétiques. Sur quoi un nombre infini de chevaliers, animés par son exemple et par leur amour pour lui, revêtirent ce signe de la foi vivifiante. Et fut le roi de France grandement marri en apprenant que son fils s'était croisé. Mais il n'entre pas dans notre propos d'exposer la cause d'une telle douleur. Quoi qu'il en puisse être, le roi tint, le 1er jour de carême, une assemblée générale dans la ville de Paris, pour ordonner du dessein de son fils, et pour savoir ceux qui iraient avec lui, combien et quels ils seraient. Or se trouvaient alors à Paris les évêques de Toulouse et de Carcassonne, personnages d'entière sainteté, lesquels étaient pour lors venus en France afin d'avancer les affaires de la foi contre les pestiférés hérétiques. De son côté, le roi d'Arragon, qui portait à ces mêmes affaires tout l'empêchement qu'il pouvait, députa au roi Philippe l'évêque de

---

[1] En 1213. C'est, selon notre auteur même, à l'époque du concile de Lavaur que le roi d'Arragon envoya ses ambassadeurs à Rome, puisque les députés de ce concile vers le pape le trouvèrent déjà *circonvenu* par les siens. Or, ceux qu'il envoya à la cour de Philippe y notifièrent, dit-il, les lettres qu'il avait *surprises* à Innocent III. Ce fut donc en 1213.

Barcelone et quelques chevaliers avec lui, à deux causes, savoir, la première, pour que ledit roi lui donnât sa fille en mariage, attendu qu'il voulait répudier sa légitime épouse, fille de Guillaume de Montpellier, qu'il avait même déjà répudiée autant qu'il était en lui; pourquoi celle-ci s'était approchée du seigneur pape, se plaignant que son mari la repoussait injustement, et, par suite, le souverain pontife ayant pris pleine connaissance de la vérité, rendit sentence contre le roi, confirmant son mariage avec cette même reine. L'intention de Pierre, en demandant la fille du roi de France, était de se l'attacher par cette alliance, et d'éloigner son cœur de l'amour de la foi catholique et de l'assistance du comte de Montfort; mais ses envoyés, voyant qu'il était déjà manifeste et public à la cour de Philippe que le seigneur pape avait confirmé le mariage du roi et de la reine d'Arragon, n'osèrent faire mention de celui qu'ils venaient solliciter. Quant au second motif de leur mission, le voici : leur maître communiquant tout-à-fait et ouvertement avec les hérétiques excommuniés, avait pris en sa garde et sous sa protection la ville de Toulouse, qui fut de longue date et était encore un réceptacle et la lanterne des hérétiques, de même que ces méchans et leurs fauteurs; et commettant impiété sous apparence de pitié, il travaillait de tout son pouvoir à ce que la dévotion des pélerins prît un terme, et à ce que le zèle des Croisés se refroidît, voulant que ladite ville et quelques châteaux circonvoisins qui combattaient encore la chrétienté restassent intacts, pour être ensuite à même de détruire et anéantir entièrement tout le saint négoce de la foi. A cette fin, il avait envoyé au roi de France, à la comtesse de Champagne et à beaucoup d'autres personnages, des lettres scellées du sceau d'un grand nombre d'évêques de son royaume, dans lesquelles le seigneur pape montrait l'intention de révoquer l'indulgence qu'il avait accordée contre les Albigeois, et que Pierre faisait publier en France pour éloigner tous les esprits du pèlerinage au pays de Provence. Ayant dit ce peu de mots de sa malice, retournons à notre propos.

L'évêque de Barcelone et autres envoyés du roi d'Arragon, lesquels étaient venus pour tâcher d'empêcher qu'on ne se croisât contre les hérétiques, voyant que Louis, fils du roi de France, et un grand nombre de nobles, avaient pris la croix, n'osèrent même sonner mot du motif de l'ambassade relativement au pèlerinage contre les Albigeois. Si bien donc que ne faisant rien des choses qui les avaient amenés, ils revinrent vers leur maître, tandis que le roi de France qui, comme nous l'avons dit, avait convoqué ses barons à Paris, disposait tout pour le départ de son fils et des autres qui s'étaient croisés avec lui, et en fixait le jour à l'octave de la résurrection du Seigneur. Que dirai-je? la joie et l'enthousiasme furent extrêmes parmi les Chrétiens ; la douleur des hérétiques et leurs craintes furent d'autant bien grandes. Mais, hélas! bientôt après nos chants d'allégresse se changèrent en deuil ; le deuil des ennemis devint joie, car l'antique ennemi du genre humain, le diable, sentant que les affaires du Christ étaient quasi à leur terme par les efforts et l'industrie des Croisés, inventa un nouvel artifice pour nuire à l'Église, et voulut empêcher que ce qui le fâchait n'arrivât à une heureuse issue. Il suscita donc au roi de France tant de guerres et de si grandes occupations, qu'il lui fallut retarder l'exécution du religieux projet de son fils et des Croisés.

CHAPITRE LXIX.

Comment Manassès, évêque d'Orléans, et Guillaume son frère, évêque d'Auxerre, prirent la croix.

En ce temps-là, Manassès, évêque d'Orléans, et Guillaume, évêque d'Auxerre, hommes louables en toutes choses et bien fermes, deux grandes lumières de l'Église gallicane en ce siècle, autant dire les plus grandes, et de plus frères germains selon la chair, avaient pris la croix contre les hérétiques; lesquels prélats, voyant la foule des Croisés s'arrêter en France, et sachant que les affaires de la foi étaient d'autant plus en péril que ses ennemis, enhardis par l'inaction des pélerins, montraient les cornes plus fièrement encore que par le passé, rassemblèrent le plus de chevaliers qu'ils purent, et se mirent en route d'une ferveur d'esprit et vertu admirables, prêts à employer non seulement leurs biens, mais encore à s'exposer, s'il le fallait, eux-mêmes aux dangers et à la mort pour le service de Jésus-Christ. Faisant donc diligence, ces hommes remplis de Dieu vinrent droit à Carcassonne, et, par leur arrivée, réjouirent bien fort le noble comte de Montfort et le petit nombre de ceux qui étaient avec lui. Or lesdits évêques trouvèrent les nôtres en un château près de Carcassonne, nommé

Fanjaux, où ils séjournèrent peu de jours; après quoi ils se rendirent, avec le comte, au château de Muret près de Toulouse, dont nous avons fait mention ci-dessus. De là ils coururent jusque devant Toulouse pour harceler plus vivement leurs ennemis et ceux du Christ; mais un certain homme d'armes, nommé Alard d'Estrepi, et quelques autres qui ne s'étaient pas assez bien portés aux affaires de la foi, ne voulurent aller avec eux. Sur quoi le comte, qui n'avait assez de monde pour pouvoir faire le siége de Toulouse ou de toute autre place de même force, se décida de faire souvent des courses devant cette ville avec les troupes qu'il avait pour détruire les forteresses des environs, lesquelles étaient nombreuses et fortes, pour déraciner les arbres, extirper les vignes et ruiner les moissons dont le temps approchait; ce qu'il fit comme il se l'était proposé, ayant toujours en sa compagnie les susdits évêques qui s'exposaient chaque jour aux pénibles travaux de la guerre pour le service de Dieu, faisaient en outre à leurs frais d'amples largesses aux chevaliers qui combattaient avec eux pour la cause, rachetaient les captifs, et remplissaient avec sollicitude, comme très-saints personnages qu'ils étaient, les autres offices d'une libérale et pieuse vertu. Au demeurant, comme nous ne pourrions rapporter en détail tout ce qui fut fait alors, disons en peu de mots que les nôtres renversèrent en peu de jours dix-sept citadelles et détruisirent la plus grande partie des arbres, des vignes et des moissons autour de Toulouse. Ni faut-il taire que, durant que les nôtres caracolaient ainsi devant cette ville, les habitans et les routiers qui s'y étaient renfermés, en nombre double de nos gens, faisaient fréquentes sorties et les attaquaient de loin, mais prenaient la fuite chaque fois que les Croisés voulaient les charger. Il y avait près de Toulouse une certaine citadelle, assez faible du reste et mal fortifiée, que quelques-uns de nos chevaliers, savoir Pierre de Sissy, Simon de Lisesnes et Robert de Sartes, lesquels, dès le commencement de la guerre, en avaient supporté les fatigues, prièrent le comte de leur abandonner, pour que, s'y postant à demeure, ils courussent le pays et infestassent sans relâche la cité toulousaine ; ce que le comte, bien que malgré lui, leur accorda, vaincu par leurs instances.

Aux environs de la fête de la nativité du bienheureux Jean-Baptiste, Montfort voulut que son aîné, Amaury, fût fait chevalier, et il ordonna, sur l'avis des siens, que la cérémonie fût célébrée le jour de cette fête, à Castelnaudary, entre Toulouse et Carcassonne. Tandis qu'il disposait ces choses, Gui, son frère germain, était occupé au siége d'un certain château, dit Puycelsi [1], au diocèse albigeois, d'où il partit et vint rejoindre le comte son frère, lequel se rendait vitement à Castelnaudary par la route susdite, attendu que la Saint-Jean approchait, avec ses barons et chevaliers. Et nous a semblé bon de rapporter en quelle manière le jeune Amaury fut fait soldat du Christ, comme étant chose nouvelle et du tout inouïe.

[1] A six lieues de Montauban.

CHAPITRE LXX.

Amaury, fils du comte Simon, est fait chevalier.

L'an du Verbe incarné 1213, le noble comte de Montfort, ensemble plusieurs barons et siens chevaliers, se réunirent à Castelnaudary en la fête de la nativité du bienheureux Jean, ayant avec eux les deux prélats susdits et quelques chevaliers étrangers. Or voulut le comte très-chrétien, et il pria l'évêque d'Orléans qu'il fît son aîné chevalier du Christ, et lui baillât la ceinture militaire, ce que le vénérable évêque refusa très-long-temps de faire; mais cédant enfin aux suppliques du comte et des nôtres, il acquiesça à leurs vives demandes. Or, pource que Castelnaudary ne pouvait commodément contenir la multitude des assistans, ayant déjà été détruit une ou deux fois, et d'autant que la chaleur était grande, le comte fit dresser plusieurs pavillons dans un belle plaine proche le château. Puis, le jour même de la Saint-Jean, le vénérable évêque d'Orléans revêtit les habits pontificaux pour célébrer la solennité de la messe dans une de ces tentes, en présence des clercs et chevaliers qui devaient s'y réunir; et, comme il était devant l'autel récitant le saint office, le comte prenant son fils aîné Amaury par la main droite, et la comtesse le tenant par la main gauche, ils approchèrent de l'autel et l'offrirent au Seigneur, suppliant le prélat de le faire chevalier au service de Jésus-Christ. Que dirai-je? aussitôt les évêques d'Orléans et d'Auxerre, s'agenouillant devant l'autel, ceignirent l'enfant de la ceinture militaire et entonnèrent en toute dévotion *Veni creator spiritus*. O nouvelle manière de réception et non expérimentée jusqu'à ce jour ! Qui aurait pu, à ce spectacle, s'empêcher de pleurer ? En cette façon et suivant cet ordre le susdit enfant fut fait chevalier avec grande solennité ; après quoi le comte partant de Castelnaudary peu de jours ensuite, suivi de son fils et des évêques, vint courir devant Toulouse, prit quelques-uns des ennemis, et alla à Muret, où, près de lui, se rendirent plusieurs nobles de Gascogne qu'il avait appelés, voulant qu'ils fissent hommage à son jeune fils, comme ils firent. Quelques jours après il quitta Muret et marcha en Gascogne avec Amaury, pour lui en livrer la partie déjà conquise, et, qu'à l'aide de Dieu, il s'emparât du reste. Pour ce qui est des évêques, ils restèrent à Muret, se préparant à en partir le troisième jour et à s'en retourner chez eux, vu qu'avec immense labeur et fortes dépenses, ils avaient louablement accompli leur quarantaine en pélerinage, bien dignes en tous points d'éloges et d'honneur. Sortant donc le troisième jour de Muret, ils tendaient vers Carcassonne lorsque les Toulousains et autres ennemis de la foi, voyant que notre comte gagnait, avec son fils, le pays de Gascogne, et que les évêques, suivis des pélerins en leur compagnie, revenaient en leurs quartiers, saisirent l'occasion d'agir à coup sûr, et sortant en grande troupe de Toulouse, vinrent assiéger certains de nos chevaliers. Or étaient-ce Pierre de Sissy, Simon de Lisesnes et Robert de Sartes, plus quelques autres en petit nombre, lesquels, comme nous l'avons dit plus haut, occupaient, près de Toulouse, une citadelle assez faible et mal fortifiée, dont les ennemis poussèrent vivement le siége, et où nos gens se défendirent de leur mieux. Toutefois, sentant bientôt qu'ils n'étaient à même d'être secourus à temps, puisque le comte avait tourné vers la Gascogne, et que les évêques et les pélerins s'en revenaient en France, après dures extrémités et violentes angoisses ils se rendirent, y mettant néanmoins la condition et garantie que les Toulousains leur laisseraient la vie et les membres. N'oublions pas de dire que les prélats, déjà rendus à Carcassonne, en apprenant la position des nôtres, conseillèrent, avertirent et supplièrent les pélerins de rebrousser chemin avec eux pour leur donner assistance. O hommes en tout recommandables! ô gens de pleine vertu! Tous y consentirent, et, sortant de Carcassonne, marchaient en hâte pour secourir les assiégés; mais, en arrivant près de Castelnaudary, on leur dit qu'ils étaient au pouvoir des ennemis, comme cela était réellement. Ce qu'ayant ouï, ils revinrent en grande douleur vers Carcassonne, tandis que les gens de Toulouse y conduisaient leurs prisonniers, où, sur l'heure, ils les firent traîner par les places attelés à leurs chevaux; et, pires que tous les infidèles ensemble, ne déférant à leurs promesses ni à leurs sermens, ils les firent pendre tout dépecés à une potence, bien qu'ils leur eussent donné caution de leurs vies et membres. O façon horrible de trahison et de cruauté! Quant au noble comte de Montfort, lequel, ainsi que nous l'avons rapporté, avait conduit son fils en Gascogne, et, par l'aide de Dieu, y avait déjà acquis beaucoup de châteaux et très-forts, à la nouvelle que les Toulousains assiégeaient ses châvaliers, il laissa son fils en ces parties et revint promptement à leur secours ; mais avant d'arriver à eux, ils étaient déjà pris et conduits à Toulouse.

Le roi, Pierre d'Arragon, avait, l'hiver passé, députè à Rome, insinuant par très-fausse suggestion au seigneur pape que le comte de Montfort avait injustement ravi les terres du comte de Comminges, de Foix et de Gaston de Béarn ; il allait jusqu'à dire que ces trois hommes n'avaient jamais été hérétiques, bien qu'il fût très-manifeste qu'ils avaient été fauteurs de l'hérésie et combattu la sainte Église de tous leurs efforts. Il enjôla le seigneur pape au point de lui persuader que les affaires de la foi étaient consommées contre les hérétiques, eux étant au loin mis en fuite et entièrement chassés du pays albigeois, et qu'ainsi il était nécessaire qu'il révoquât pleinement l'indulgence qu'il avait octroyée aux pélerins, et la transportât aux guerres contre les païens d'Espagne ou au secours de la Terre-Sainte. O impiété inouïe commise sous ombre même de piété ! Or disait ainsi ce très-méchant prince, non qu'il fût en souci des embarras et besoins de la sainte Église, mais, ainsi qu'il l'a démontré par indices bien évidens, pour étouffer et détruire en un moment la cause du Christ qui, après nombre d'années, grands travaux et large effusion du sang chrétien, avait été miraculeusement avancée en ces contrées. Néanmoins, le souverain pontife, trop crédule aux perfides suggestions dudit roi, consentit facilement à ses demandes, et écrivit au comte de Montfort, lui mandant et ordonnant de rendre sans délai, aux comtes de Comminges, de Foix et à Gaston de Béarn, gens très-scélérats et perdus, les terres que, par juste jugement de Dieu, il avait enfin conquises, et par le secours des Croisés. En outre, il révoqua l'indulgence accordée à ceux qui marchaient contre les hérétiques, et, par suite, envoya en France son légat, maître Robert de Corçon, Anglais de nation, muni de plusieurs lettres et indulgences, pour prêcher activement et faire prêcher en assistance du pays de Jérusalem ; lequel légat, à son arrivée, exécutant sa mission avec diligente sollicitude, commença à parcourir la France, à tenir des conciles d'archevêques et d'évêques, à instituer des prêcheurs, bref, par tous moyens, à travailler pour la Terre-Sainte. De leur côté, les prédicateurs qui avaient jusque-là poussé les affaires de la foi contre les Albigeois, reçurent de lui l'ordre d'y renoncer et de la tourner à la croisade d'outre-mer ; si bien qu'au jugement humain, le saint négoce de la religion contre les pestiférés hérétiques fut presque aboli. En effet, dans toute la France il n'y avait qu'un seul homme, savoir, le vénérable évêque de Carcassonne, personnage d'exquise sainteté, qui s'occupât de cette pieuse entreprise, courant de toutes parts, et faisant tous ses efforts pour qu'elle ne tombât en oubli. Ces choses étant dites par avance sur l'état des choses en France, revenons à la suite de notre narration.

Des lettres apostoliques étant donc émanées de Rome, par lesquelles le seigneur pape ordonnait au comte de Montfort de rendre les domaines des trois nobles susdits, notre comte très-chrétien et les évêques du pays albigeois lui envoyèrent l'évêque de Comminges, Guillaume, archidiacre de Paris, un certain abbé de Clarac, homme non moins prudent que ferme, deux clercs que le seigneur pape avait députés au comte de Montfort, savoir, maître Théodise qui embrassait d'une merveilleuse affection les affaires de la foi, et Pierre de Marc, anciennement notaire apostolique et originaire du diocèse de Nîmes, lesquels tous arrivèrent en cour de Rome. Ils la trouvèrent dure et très-mal disposée en leur endroit, vu que les ambassadeurs du roi d'Arragon, dont quelques-uns y faisaient séjour, avaient fait pencher de leur côté, par fausse suggestion, les esprits de presque tous ceux qui la composaient. Enfin, après beaucoup de peines, le seigneur pape, venant à mieux connaître la vérité, écrivit au roi d'Arragon, et par l'entremise des envoyés du comte, des lettres où il lui reprochait très-âprement d'avoir pris en sa garde et sous sa protection les gens de Toulouse, aussi bien que les autres hérétiques, lui enjoignant très-étroitement, en vertu du Saint-Esprit, de rompre avec eux sans délai, et de ne leur accorder à l'avenir ni secours ni faveur. De plus Sa Sainteté se plaignait par ses lettres de ce que le roi d'Arragon, par diverses suppositions fausses, eût obtenu un mandat apostolique pour la restitution des terres des comtes de Comminges, de Foix et de Gaston de Béarn; à quelles causes il le révoquait comme subreptice. Enfin il commandait, dans la même missive, aux susdits nobles et aux citoyens de Toulouse, de donner satisfaction à Dieu et de revenir à l'unité de l'Église, suivant le conseil et la volonté de l'archevêque de Narbonne, légat du siége apostolique, et de l'évêque Foulques; ordonnant que, s'ils s'y refusaient, les peuples fussent excités contre eux et leurs fauteurs par de nouvelles indulgences. Tel était sommairement le contenu de ces lettres que nos envoyés rapportèrent de Rome.

Cependant le noble comte de Montfort et ses compagnons étaient alors en grande perplexité, presque seuls et quasi du tout désolés, vu qu'un petit nombre seulement de pélerins venait de France à leur secours, si même il en venait. En effet, comme nous l'avons déjà dit, les affaires de la foi étaient presque entièrement oubliées par l'effet des nouvelles prédications du légat que le seigneur pape avait envoyé en France pour une croisade en la Terre-Sainte; de sorte que nuls à peu près ne se croisaient plus contre les pestiférés hérétiques. En outre, le roi Philippe, occupé aux guerres intestines qu'il avait alors à soutenir, ne permettait point que les chevaliers qui s'étaient depuis long-temps disposés à les combattre accomplissent leur vœu. Enfin, on disait dans le pays albigeois, et le bruit commun courait déjà que le roi d'Arragon rassemblait ses armées pour entrer fièrement sur nos terres et en extirper entièrement les soldats du Christ. Le danger se représentant de la sorte, notre comte envoya vers son fils, lequel était en Gascogne au siége d'un château nommé Rochefort[1], lui mandant que, levant ce siége, il vînt en diligence se joindre à lui; car il craignait que, si le roi pénétrait en Gascogne avec ses troupes, il ne lui fût possible de se saisir d'Amaury qui n'avait avec lui que très-peu de Français. Or le miséricordieux Seigneur Jésus qui, dans les occasions, vient toujours au secours des tribulations de ses serviteurs, fit en sorte que le fils obéît à l'ordre de son père sans avoir à rou-

---

[1] A dix lieues d'Auch.

gir d'un siége abandonné, puisque la nuit même où il reçut les lettres du comte les ennemis demandèrent à capituler et offrirent de rendre le château, plus environ soixante prisonniers qu'ils y tenaient dans les fers, pourvu qu'on leur permît de se retirer la vie sauve; ce qu'Amaury, fils du comte, ayant accordé, vu l'urgente nécessité, il se porta en toute hâte vers son père, après avoir laissé dans la place un petit nombre de chevaliers. En ce temps, tout le peuple albigeois était en grand trouble et incertitude, parce que les ennemis de la foi et les chevaliers du roi d'Arragon sortirent de Toulouse où ils avaient long-temps séjourné, parcoururent le pays et rôdèrent autour de nos châteaux, invitant les indigènes à l'apostasie et à la révolte; à quoi passaient plusieurs d'entre eux, sous la garantie du roi d'Arragon dont ils attendaient impatiemment la venue : si bien que nous perdîmes plusieurs places considérables et très-fortes. Vers le même temps, le noble comte de Montfort et les évêques de l'Albigeois envoyèrent deux abbés vers le roi d'Arragon pour lui remettre les lettres du seigneur pape, le suppliant que, suivant le mandat apostolique, il se désistât du secours qu'il accordait à l'hérésie et de ses attaques contre la chrétienté. Sur quoi, plein de ruses et trompeur, il répondit frauduleusement qu'il accomplirait volontiers tous les ordres du souverain pontife; mais, bien qu'il promît toujours de s'y conformer de grand cœur, il ne voulut pourtant rappeler les chevaliers qu'il avait laissés l'hiver précédent à Toulouse pour faire la guerre aux Chrétiens, d'accord avec les gens de cette ville et les autres hérétiques. Au rebours, il en fit passer de nouveaux, rassemblant en outre dans ses possessions tous ceux qu'il pouvait, et engageant même, comme nous l'avons entendu dire, une notable partie de ses terres pour avoir de quoi tenir à gages gens qu'il enverrait à l'appui des hérétiques contre les Croisés. O perfide cruauté! ô cruelle perfidie! Car, bien qu'il levât des troupes autant qu'il lui était possible dans le dessein de nous attaquer, il promettait cependant d'obéir au mandat du seigneur pape touchant l'abandon des hérétiques et des excommuniés, et l'injonction de nous laisser tranquilles. Toutefois l'issue a démontré qu'il n'y a prudence ni calcul qui vaillent contre le Seigneur.

Dans le même temps donc, le roi d'Arragon, accouchant enfin des projets d'iniquité qu'il avait conçus contre Jésus-Christ et les siens, dépassa les frontières suivi d'innombrables chevaliers et entra en Gascogne, voulant, s'il se pouvait, rendre aux hérétiques et soumettre à sa domination tout le pays que nous avions conquis par la grâce de Dieu et les efforts des Croisés; puis il marcha vers Toulouse, s'emparant, chemin faisant, de plusieurs châteaux de Gascogne qui se rendirent à lui par la peur qu'inspiraient ses armes. Que dirai-je? Il n'était bruit dans toute la contrée que de l'arrivée du roi. La plus grande partie des gens du pays s'en réjouissaient; un bon nombre apostasiaient et le reste se disposait à en faire autant. L'impie, après avoir, à droite et à gauche, passé par plusieurs castels, arriva devant Muret[1], château noble, mais d'ailleurs assez faible, situé à trois lieues de Toulouse,

---

[1] A quatre lieues de Toulouse.

et qui, malgré ses minces fortifications, était pourtant défendu par trente chevaliers et quelques gens de pied que le comte de Montfort y avait laissés pour le garder, et qui, plus que tous autres, faisaient du mal aux Toulousains. De là, étant venu à Toulouse, le roi rassembla les habitans et autres hérétiques pour aller assiéger Muret.

CHAPITRE LXXI.

Du siége de Muret.

L'an de Notre-Seigneur 1213, le mardi 10 septembre, le roi d'Arragon, Pierre, ayant réuni les comtes de Toulouse, de Comminges et de Foix, ensemble une nombreuse armée d'Arragonais et de Toulousains, assiégea Muret, château situé sur la Garonne, près de Toulouse, à trois lieues de cette ville, du côté de la Gascogne. A leur arrivée, les ennemis entrèrent aussitôt dans le premier faubourg que les assiégés n'avaient pu garnir, vu leur petit nombre, s'étant retranchés tant bien que mal dans l'autre faubourg. Toutefois les ennemis abandonnèrent bientôt le premier. Sans perdre temps, les nôtres envoyèrent vers le noble comte de Montfort, lui faisant savoir qu'ils étaient assiégés, et le priant de leur porter secours, parce qu'ils n'avaient que peu de vivres ou presque point, et qu'ils n'osaient sortir de la place pour en faire. Or, était le comte dans un château nommé Fanjaux, à huit lieues de Muret, se proposant déjà de s'y rendre pour le munir tant d'hommes que de provisions, parce qu'il se doutait de la venue du roi d'Arragon et du siége de Muret. La nuit même où Montfort comptait sortir de Fanjaux, notre comtesse qui s'y trouvait avec lui, eut un songe dont elle fut bien fort effrayée; car il lui semblait que le sang lui coulait de chaque bras en grande abondance; et, comme elle en eut parlé le matin au comte, et lui eut dit qu'elle en était en violent émoi, le comte lui répondit : « Vous parlez bien comme une femme; pensez-vous qu'à la mode des Espagnols nous nous amusions aux songes ou aux augures? Certes, j'aurais beau eu rêver cette même nuit que je serais tué dans l'entreprise que je vais suivre à l'instant, je n'en irais que plus sûrement et plus volontiers, pour contredire d'autant mieux la sottise des Espagnols et des gens de ce pays qui prennent garde aux présages et aux rêves. » Après quoi le comte quitta Fanjaux, et marcha promptement avec les siens vers Saverdun. Il vit, chemin faisant, venir à lui un exprès envoyé par les chevaliers assiégés dans Muret, lequel lui apportait des lettres annonçant que le roi d'Arragon serrait de près ce château. A cette nouvelle, grande fut la joie des nôtres, comptant déjà sur une future victoire, et soudain le comte envoya vers sa femme, qui, se retirant de Fanjaux, se rendit à Carcassonne, et réunit le plus de chevaliers qu'elle put. En outre, il pria un certain chevalier français, savoir le vicomte de Corbeil, lequel, ayant achevé le temps de son pélerinage, s'en retournait chez lui, de revenir en hâte à son secours : ce à quoi il consentit volontiers, et promit de bon cœur de rebrousser chemin. Puis, se mettant en route avec les siens, ledit vicomte vint à Fanjaux, où il trouva quelques chevaliers que la comtesse envoyait à son mari. Quant à Montfort et à sa troupe, se portant en hâte vers Saverdun, ils arrivèrent aux environs d'une abbaye de l'ordre de Cîteaux, nommée Bolbonne, où, se détournant de son chemin, il entra dans l'église pour y faire sa prière, et se recommander lui et les siens à celles des moines; et, après avoir long-temps et longuement prié, il saisit l'épée qui le ceignait, et la posa sur l'autel, disant : « O bon Seigneur! ô benin Jésus! tu m'as choisi, bien qu'indigne, pour conduire ta guerre. En ce jour, je prends mes armes sur ton autel, afin que, combattant pour toi, j'en reçoive justice en cette cause. » Cela dit, il sortit avec les siens, et vint à Saverdun. Or, il avait avec lui sept évêques et trois abbés que l'archevêque de Narbonne, légat du siége apostolique, avait réunis pour traiter de la paix avec le roi d'Arragon; plus, environ trente chevaliers arrivés tout récemment de France pour accomplir leur vœu de pélerinage, entre lesquels était un jeune homme, frère utérin du comte, nommé Guillaume des Barres; et c'est le Seigneur qui l'avait ainsi voulu. Étant à Saverdun, le comte assembla les chevaliers en sa compagnie, et leur demanda conseil sur ce qu'il fallait faire, n'aspirant, pour sa part et bien vivement, comme nous l'avons ensuite entendu de sa propre bouche, qu'à se rendre cette nuit même à Muret, et à y entrer, pour autant que ce loyal prince était grandement inquiet sur le sort des assiégés. Quant aux autres, ils voulurent passer la nuit à Saverdun; parce qu'ils étaient à jeûn et très-fatigués, disant qu'il leur faudrait peut-être se battre chemin faisant. A ce, le comte, qui agissait toujours avec conseil, consentit, bien que malgré lui; puis, le lendemain, à l'aube du jour, appelant son chapelain, et se confessant, il fit son testament qu'il envoya écrit et scellé au seigneur abbé de Bolbonne, mandant et ordonnant que, s'il lui arrivait de périr dans cette guerre, on l'envoyât à Rome pour être confirmé par le seigneur pape. Lorsqu'il fut jour, les évêques qui étaient à Saverdun, le comte et tous les siens se réunirent dans l'église, où l'un des prélats, revêtu aussitôt des sacrés habits, célébra la messe en l'honneur de la bienheureuse Vierge Marie, en laquelle messe tous les évêques excommunièrent le comte de Toulouse et son fils le comte de Comminges, tous leurs fauteurs, auxiliaires et défenseurs; et en cette sentence fut le roi d'Arragon compris indubitablement, bien que les prélats eussent de fait exprès supprimé son nom, puisqu'il était non seulement auxiliaire et défenseur desdits comtes, ains le chef et principal auteur du siége de Muret; en sorte que l'excommunication fut bien aussi lâchée pour lui. Après la messe, le comte et les siens, prenant les armes et sortant de Saverdun, rangèrent l'armée dans une plaine proche le château, au nom de la sainte et indivisible Trinité, et, passant outre, ils vinrent à un certain château dit Hauterive, à moitié route de Saverdun et de Muret. Partant de là, ils arrivèrent en un lieu de difficile passage, entre Hauterive et Muret, où ils pensaient devoir rencontrer les ennemis, vu que le chemin était étroit, inondé et fangeux. Or là tout près se trouvait une église où le comte entra, selon son habitude, pour faire sa prière, dans le temps même que la pluie tombait en abondance, et n'incommodait pas peu nos gens. Mais, durant que le soldat du Christ, je veux dire notre comte, priait de grande ferveur, la pluie cessa, et la nuée fit place à la clarté des cieux. O bonté immense du Créateur! Montfort ayant fini son oraison, et étant remonté à cheval avec les siens, ils sortirent du susdit défilé sans trouver d'ennemis, et, avançant toujours, ils arrivèrent jusqu'auprès de Muret, deçà la Garonne, ayant en face, de l'autre côté du fleuve, le roi d'Arragon qui assiégeait Muret avec une armée plus nombreuse que les sables de la mer. A cette vue, nos chevaliers, tous remplis d'ardeur, conseillèrent au comte qu'entrant aussitôt dans la place, il livrât bataille le jour même : ce qu'il ne voulut du tout faire, pour autant qu'il était heure du soir, et qu'hommes et bêtes étaient harassés, tandis que les ennemis étaient frais, voulant d'ailleurs user d'entière humilité, offrir au roi d'Arragon des paroles de paix, et le supplier de ne pas se joindre contre l'Église aux ennemis du Christ. Par toutes ces raisons donc, le comte ne voulut attaquer le même jour, et, traversant le pont, entra dans Muret avec ses troupes, d'où, sur l'heure, nos évêques députèrent vers le roi maints et maints envoyés, le priant et conjurant qu'il daignât prendre en pitié la sainte Église de Dieu ; mais le roi, toujours plus obstiné, ne voulut acquiescer à aucune de leurs demandes, ni leur répondre rien qui donnât espoir de paix, comme on le verra plus bas. Finalement survinrent dans la nuit le vicomte de Corbeil et quelques chevaliers français, lesquels, comme nous l'avons dit ci-dessus, arrivaient de Carcassonne, et entrèrent dans Muret. Ni faut-il omettre qu'il ne s'y trouvait assez de vivres pour nourrir les nôtres un seul jour, ainsi qu'il fut vérifié cette même nuit.

CHAPITRE LXXII.

De la savante bataille et très-glorieuse victoire du comte de Montfort et des siens remportée aux champs de Muret sur le roi d'Arragon et les ennemis de la foi.

Le lendemain, au point du jour, le comte se rendit à sa chapelle, située dans la citadelle, pour y entendre la messe, tandis que pour même fin nos évêques et chevaliers allèrent à l'église du bourg ; et, après la messe, le comte passa dans le bourg suivi des siens, pour tenir conseil avec eux ; lesquels, durant qu'ils parlaient, se tenaient désarmés, d'autant qu'il se traitait en quelque façon de la paix par l'entremise des évêques. Soudain, les prélats, du commun avis de nos gens, voulurent aller pieds déchaux vers le roi, pour le supplier de ne point s'en prendre à l'Église; mais, comme ils eurent envoyé un exprès pour annoncer leur arrivée en telle manière, voilà que plusieurs chevaliers ennemis entrèrent en armes dans le bourg où se tenaient les nôtres, et dont les portes étaient ouvertes, le comte ne permettant point qu'on les fermât. Sur-le-champ, il s'adressa aux évêques, disant: « Vous voyez que vous ne gagnez rien, et qu'il se fait un plus grand tumulte; assez, ou, pour mieux dire, trop d'affronts avons-nous endurés. Il est temps que vous nous donniez licence de combattre. » Les évêques voyant si pressante nécessité, et si urgente, la leur accordèrent donc, et les nôtres sortant du lieu de la conférence, gagnèrent chacun son logis pour s'armer, tandis que le comte se rendait pour même cause à la citadelle. Or, comme il y entrait, et qu'il passait devant sa chapelle, il y jeta un coup-d'œil et vit l'évêque d'Uzès célébrant la messe, et qui, à l'offrande après l'Évangile, disait *Dominus vobiscum*. Sur quoi, le très-chrétien comte courut aussitôt mettre les genoux en terre, et joignant les mains devant l'évêque, il lui dit : « Je vous donne et vous offre mon ame et mon corps. » O dévotion de ce grand prince ! Puis entrant dans le fort, il s'arma, et venant derechef vers l'évêque en la susdite chapelle, il s'offrit de nouveau à lui, soi et ses armes. Mais au moment qu'il s'agenouillait devant l'autel, le bracelet d'où pendaient ses bas-cuissarts de fer se rompit par le milieu ; sur quoi, cet homme catholique ne sentant nulle peur ni trouble, s'en fit seulement apporter un autre, et sortit du saint lieu, à l'issue duquel on lui conduisit son cheval ; et, comme il le montait, se trouvant sur un lieu élevé, d'où il pouvait être vu par les Toulousains en dehors du château, l'animal dressant la tête le frappa et le fit un petit peu chanceler. A cette vue, les Toulousains, pour se moquer de lui, de pousser un grand hurlement, et le comte catholique de dire : « Vous criez et vous gaussez de moi maintenant ; allez, je me fie au Seigneur pour compter que, vainqueur, je crierai sur vous jusqu'aux portes de Toulouse. « A ces mots, il monta à cheval, et allant joindre les chevaliers qui étaient dans le bourg, il les trouva armés et prêts au combat. En cet instant, un d'eux lui conseilla de les faire compter pour en savoir le nombre. Auquel le noble Simon : « Il n'en est besoin, dit-il, nous sommes assez pour vaincre nos ennemis par l'aide de Dieu. » Or, tous les nôtres, tant chevaliers que servans à cheval, n'étaient plus de huit cents, tandis qu'on croyait les ennemis monter à cent mille, outre que nous n'avions que très-peu de gens de pied et presque nuls, auxquels même le comte avait défendu de sortir pendant la bataille.

Tandis donc qu'il causait avec ses gens et parlait du combat, voici que survint l'évêque de Toulouse, ayant mître en tête et aux mains le bois de la croix vivifiante, que les nôtres, descendant aussitôt de cheval, commencèrent chacun à adorer. Mais, voyant qu'en tel hommage on perdait trop de temps, l'évêque de Comminges, homme de merveilleuse sainteté, saisissant la croix dans la main de Foulques, et montant en lieu haut, leur donna la bénédiction, disant : « Allez au nom de Jésus-Christ, et je vous suis témoin, et je reste votre caution au jour du jugement que quiconque succombera en cette glorieuse lutte obtiendra, sans nulle peine de purgatoire, les récompenses éternelles et la béatitude des martyrs, pourvu qu'il soit confessé et contrit, ou du moins ait le ferme dessein de se présenter, sitôt après la bataille, à un prêtre, pour les péchés dont il n'aurait fait encore confession. » Laquelle promesse, sur l'instance de nos chevaliers, ayant été souvent répétée, et à maintes reprises confirmée par les évêques, soudain purifiés de leurs péchés par contrition de cœur et confession de bouche, se pardonnant les uns aux autres tout ce qu'ils pouvaient avoir de mutuels sujets de plainte, ils sortirent du château, et rangés en trois troupes, au nom de la Trinité, intrépides ils s'avancèrent contre les ennemis. Cependant, les évêques et les clercs entrèrent dans l'église, pour prier le Seigneur en faveur de ceux qui s'exposaient en son nom à une mort imminente, et, dans leurs clameurs vers le ciel, ils poussaient avec angoisse de si grands mugissemens qu'ils semblaient hurler plutôt que faire des prières. Les soldats du Christ marchaient donc joyeux vers le lieu du combat, prêts à souffrir pour la gloire non seulement la honte d'une défaite, mais la mort la plus affreuse ; et, à leur sortie du château, ils virent les ennemis rangés en bataille, tels qu'un monde tout entier, dans une plaine voisine de Muret. Soudain, le premier escadron se lança audacieusement sur eux, et les enfonça jusqu'au centre. Il fut aussitôt suivi du second, qui pénétra pareillement au milieu des Toulousains, et ce fut dans cette rencontre que périrent le roi d'Arragon[1] et beaucoup des siens avec lui, cet homme orgueilleux s'étant placé dans la seconde ligne, tandis que les rois se mettent ordinairement dans la dernière. En outre, il avait changé ses armes, et avait pris celles d'un autre. Quant à notre comte, voyant que les deux premières troupes des siens s'étaient plongées au milieu des ennemis, et y avaient presque disparu, il chargea sur la gauche le corps innombrable qui lui était opposé, lequel était rangé en bataille le long d'un fossé qui le séparait du comte ; et, comme il se ruait sur eux, bien que n'apercevant aucun chemin pour les atteindre, il trouva enfin dans le fossé

[1] Il fut tué par Alain de Roucy et Florent de Ville, nobles français qui s'étaient acharnés sur lui.

un sentier très-petit, préparé alors, comme nous le croyons, par la volonté divine, et passant par-là il s'abandonna sur les ennemis, et les enfonça comme un très-vaillant guerrier du Christ. N'oublions de dire qu'au moment où il se jetait contre eux, ils le frappèrent à droite de leurs épées avec tant de force que la violence du coup brisa son étrier gauche, et, comme il voulait percer de l'éperon du pied gauche la couverte de son cheval, l'éperon se rompit aussi et tomba par terre. Pourtant ce vigoureux guerrier ne fut ébranlé, et continua de frapper les ennemis à tour de bras, portant entre autres un coup de poing à l'un d'eux, lequel l'avait touché violemment à la tête, et le faisant cheoir à bas de son cheval. A cette vue, les compagnons dudit chevalier, quoiqu'en grand nombre, et tous les autres bientôt vaincus et mis en désordre, cherchèrent leur salut dans la fuite : sur quoi ceux des nôtres, qui composaient le premier et le second escadron, les poursuivirent sans relâche en leur tuant beaucoup de monde, et sabrant tous ceux qui restaient en arrière, ils en occirent plusieurs milliers. Pour ce qui est du comte et des chevaliers qui étaient avec lui, ils suivaient exprès au petit pas ceux des nôtres qui poussaient ces fuyards, afin que, si les ennemis venaient à se rallier et à reprendre courage, nos gens qui marchaient sur leurs talons, séparés les uns des autres, pussent avoir recours à lui. Ni devons-nous taire que le très-noble Montfort ne daigna frapper un seul des vaincus, du moment qu'il les vit en fuite et tournant le dos au vainqueur. Tandis que ceci se passait, les habitans de Toulouse qui étaient restés à l'armée en nombre infini et prêts à combattre, travaillaient de toutes leurs forces à emporter le château : ce que voyant leur évêque Foulques qui se trouvait dans Muret, cet homme bon et plein de douceur, compatissant à leurs misères, leur envoya un de ses religieux, leur conseillant de se convertir enfin à Dieu leur seigneur, et de déposer les armes sur la promesse qu'il les arracherait à une mort certaine; en foi de quoi, il leur envoya son capuchon, car il était aussi moine. Mais eux, obstinés et aveuglés par l'ordre du ciel, répondirent que le roi d'Arragon nous avait tous battus, et que l'évêque voulait non les sauver, mais les faire périr; puis, enlevant le capuchon à son envoyé, ils le blessèrent grièvement de leurs lances. Au même instant, nos chevaliers revenant du carnage, après une glorieuse victoire, et arrivant sur lesdits Toulousains, en tuèrent plusieurs mille. Après ce, le comte ordonna à quelqu'un des siens de le conduire à l'endroit où le roi d'Arragon avait été tué, ignorant entièrement le lieu et le moment où il était tombé, et y arrivant, il trouva le corps de ce prince gisant tout nu en plein champ, parce que nos gens de pied qui étaient sortis du château, en voyant nos chevaliers victorieux, avaient égorgé tous ceux qu'ils avaient trouvés par terre. Vivant encore, ils l'avaient déjà dépouillé. A la vue du cadavre, le très-piteux comte descendit de cheval, comme un autre David auprès d'un autre Saül. Après quoi, et pour ce que les ennemis de la foi, tant noyés[1] que tués par le glaive, avaient péri au nombre d'environ vingt mille, notre général très-chrétien com-

---

[1] En cherchant à regagner les bateaux qui les avaient amenés par la Garonne.

prenant qu'un tel miracle venait de la vertu divine et non des forces humaines, marcha nu-pieds vers l'église, de l'endroit même où il était descendu, pour rendre grâces au Tout-Puissant de la victoire qu'il lui avait accordée, donnant même en aumône aux pauvres ses armes et son cheval. Au demeurant, pour que le récit véritable de cette merveilleuse bataille et de notre triomphe glorieux s'imprime davantage au cœur des lecteurs, nous avons cru devoir insérer dans notre livre les lettres que les évêques et abbés qui étaient présens adressèrent à tous les fidèles.

CHAPITRE LXXIII.

Lettres des prélats qui se trouvaient dans l'armée du comte Simon lorsqu'il triompha des ennemis de la foi.

« GLOIRE à Dieu dans le ciel, et paix sur la terre aux hommes qui aiment la sainte Église de bonne volonté! Le Dieu fort et puissant, le Dieu puissant dans les batailles a octroyé à la sainte Église, le cinquième jour de l'octave de la Nativité de la bienheureuse Vierge Marie, la merveilleuse défaite des ennemis de la foi chrétienne, une glorieuse victoire, un triomphe éclatant; et voici comme. »

« Après la correction charitable que le souverain pontife, dans sa paternelle pitié, avait soigneusement adressée au roi d'Arragon, avec l'expresse défense de ne prêter secours, conseil ni faveur, aux ennemis de la foi, et l'ordre de s'en éloigner sans délai, et de laisser en paix à toujours le comte de Montfort; après la révocation de certaines lettres que les envoyés du roi avaient obtenues par fausse suggestion contre ledit comte pour la restitution des terres des comtes de Foix, de Comminges et de Gaston de Béarn, lesquelles le seigneur pape cassa dès qu'il sut la vérité, comme étant de nulle valeur. Ce même roi, loin de recevoir avec une piété filiale les réprimandes du très-saint père, se révoltant avec superbe contre le mandat apostolique, comme si son cœur se fût davantage endurci, voulut accoucher des fléaux qu'il avait depuis long-temps conçus, bien que les vénérables pères, l'archevêque de Narbonne, légat du siége apostolique, plus l'évêque de Toulouse, lui eussent transmis les lettres et commandemens du souverain pontife. C'est pourquoi, entrant avec son armée dans le pays que l'on avait conquis sur les hérétiques et leurs défenseurs par la vertu de Dieu et le secours des Croisés, il tenta, en violation du mandat apostolique, de le subjuguer, et de le rendre aux ennemis de l'Église; et, s'étant déjà emparé d'une petite partie desdits domaines, tandis que la plus grande portion restante était disposée à l'apostasie, et toute prête à la commettre, rassurée qu'elle était par sa garantie, il réunit les comtes de Toulouse, de Foix et de Comminges, ensemble une nombreuse armée de Toulousains, et vint assiéger le château de Muret trois jours après la Nativité de Notre-Dame. A cette nouvelle, ayant pris conseil des vénérables pères archevêques, évêques et abbés que le vénérable père archevêque de Narbonne, légat du siége apostolique, avait convoqués pour la sainte affaire, et qui s'étaient rendus en diligence à son appel pour en traiter, ainsi que de la paix, tous unanimes et dévoués en Jésus-Christ, Simon, comte de Montfort, ayant avec lui quelques nobles et puissans Croisés qui étaient venus tout récemment de France à son secours, et pour l'assistance du Christ, plus sa famille qui, en sa compagnie, avait dès long-temps travaillé pour la cause divine, marcha vers ladite place, décidé à la défendre vaillamment; et durant que, le jour de mars des susdites octaves, l'armée du Christ arrivait à un certain château nommé Saverdun, le vénérable évêque de Toulouse, auquel le souverain pontife avait confié la réconciliation de ses ouailles, non rebuté de les y avoir engagées trois ou quatre fois, sans qu'elles eussent voulu acquiescer à ses avertissemens, bien que salutaires, et n'eussent rien répondu sinon qu'elles ne voulaient répondre du tout, leur envoya, en même temps qu'au roi, devant Muret, des lettres où il leur signifiait que lesdits prélats venaient pour traiter promptement de la paix et du rétablissement de la bonne intelligence: pour quoi il demandait qu'on lui donnât un sauf-conduit. Mais, comme le lendemain, savoir le jour de mercredi, l'armée fut sortie de Saverdun pour, vu l'urgente nécessité, aller en toute hâte au secours de Muret, et que les évêques se furent décidés à rester dans un château appelé Hauterive, à moitié chemin de Saverdun et de Muret, dont il est également éloigné de deux lieues, afin d'y attendre le retour de leur envoyé, il revint, portant pour réponse, de la part du roi, qu'il ne leur donnerait pas de sauf-conduit, puisqu'ils venaient avec l'armée. Or, ne pouvant se rendre d'une autre manière près de lui, sans courir un danger manifeste à cause de l'état de guerre, ils arrivèrent avec les soldats du Christ dans Muret, où se rendit près de l'évêque de Toulouse, et au nom des habitans de cette ville, le prieur des frères hospitaliers de Toulouse, lui apportant lettres desdits habitans, dans lesquelles il était dit qu'ils étaient de toute façon prêts à faire la volonté du seigneur pape et de leur évêque; ce dont bien leur eût pris si l'effet avait vérifié leurs paroles. Quant au roi, il répondit à ce même prieur qui lui avait été aussitôt renvoyé par l'évêque, qu'il ne donnerait au prélat de sauf-conduit; pourtant que, s'il voulait venir à Toulouse pour parlementer avec les gens de cette cité, il lui accorderait d'y aller; mais il le disait par dérision. A quoi l'évêque: « Il ne convient, dit-il, que le serviteur entre dans les murs d'où son Seigneur a été chassé; ni, certes, ne m'y verra-t-on retourner jusqu'à ce que mon Dieu et mon maître y soit revenu. » Cependant, quand les prélats furent arrivés le susdit jour de mercredi dans Muret avec l'armée, ils envoyèrent, pleins d'une active sollicitude, deux religieux au roi et aux Toulousains, lesquels du roi n'eurent d'autre réponse, en moquerie et mépris des Croisés, sinon que les évêques lui demandaient une conférence en faveur de quatre ribauds qu'ils avaient amenés avec eux. Quant aux Toulousains, ils dirent aux envoyés que le lendemain ils leur répondraient, et, à cette cause, les retinrent jusqu'à ce jour, savoir jeudi; puis pour lors leur répondirent qu'ils étaient alliés du roi d'Arragon, et qu'ils ne feraient rien que d'après sa volonté. A cette nouvelle transmise le matin dudit jour, les évêques et les abbés formèrent le dessein d'aller nu-pieds vers le roi; mais, comme ils eurent envoyé un religieux pour lui annoncer leur venue en telle manière, les portes étant ouvertes, le comte de Montfort et les Croisés désarmés, vu que les susdits prélats parlaient ensemble de la paix, les ennemis de Dieu, courant aux armes, tentèrent frauduleusement et avec insolence d'entrer de force dans le bourg : ce que ne permit la miséricorde divine. Toutefois le comte et les Croisés, voyant qu'ils ne pouvaient, sans grand péril et dommage, différer plus long-temps, après s'être purifiés de leurs péchés, comme il convient aux adorateurs de la foi chrétienne, et avoir fait confession orale, se disposèrent vaillamment au combat, et, venant trouver l'évêque de Toulouse qui remplissait les fonctions de légat par l'ordre du seigneur archevêque de Narbonne, légat du siége apostolique, ils lui demandèrent humblement congé de sortir sur les ennemis de Dieu; puis, l'ayant obtenu, parce que cette chose était impérieusement commandée par la plus stricte nécessité, vu qu'ayant dressé leurs machines et autres engins de guerre, les ennemis se pressaient de loin à l'attaque de la maison où se trouvaient les évêques, et y lançaient de tous côtés avec leurs arbalètes des carreaux, des javelots et des dards, les soldats du Christ, bénis par les évêques en habits pontificaux, et tenant le bois révéré de la croix du Seigneur, sortirent de Muret, rangés en trois corps, au nom de la sainte Trinité. De leur côté, les ennemis, ayant nombreuse troupe et bien grande, quittèrent leurs tentes déjà tout armés, lesquels, malgré leur multitude et leur foule infinie, furent vaillamment attaqués par les cliens de Dieu, confians, malgré leur petit nombre, dans le secours céleste, et guidés par le Très-Haut contre cette armée immense qu'ils ne redoutaient pas. Soudain la vertu du Tout-Puissant brisa ses ennemis par les mains de ses serviteurs, et les anéantit en un moment ; ils firent volte-face, prirent la fuite comme la poussière devant l'ouragan, et l'ange du Seigneur était là qui les poursuivait. Les uns, par une course honteuse, échappèrent honteusement au péril de la mort ; les autres, évitant nos glaives, vinrent périr dans les flots ; un bon nombre fut dévoré par l'épée. Il faut grandement gémir sur l'illustre roi d'Arragon tombé parmi les morts, puisqu'un si noble prince et si puissant, qui, s'il l'eût voulu, eût pu et aurait dû être bien utile à la sainte Église, uni aux ennemis du Christ, attaquait méchamment les amis du Christ et son épouse sacrée. D'ailleurs, durant que les vainqueurs revenaient triomphans du carnage et de la poursuite des ennemis, l'évêque de Toulouse compatissant charitablement et avec miséricorde aux malheurs et à la tuerie de ses ouailles, et desirant en piété de cœur sauver ceux qui, ayant échappé à cette boucherie, étaient encore dans leurs tentes, afin que, châtiés par une si violente correction, ils échappassent du moins au danger qui les pressait, se convertissent au Seigneur, et vécussent pour demeurer dans la foi catholique, il leur envoya par un religieux le froc dont il était vêtu, leur mandant qu'ils déposassent enfin leurs armes et leur férocité, qu'ils vinssent à lui désarmés, et qu'il les préserverait de mort. Persévérant cependant dans leur malice, et s'imaginant, bien que déjà vaincus, qu'ils avaient triomphé du peuple du Christ, non seulement ils méprisèrent d'obéir aux avis de leur pasteur, mais encore frappèrent durement son envoyé, après lui avoir arraché le froc dont il était porteur : sur quoi la milice du Seigneur, courant à eux derechef, les tua, fuyant et dispersés autour de leurs pavillons. L'on ne peut en aucune façon connaître le nombre exact de ceux des ennemis, nobles ou autres, qui ont péri dans la bataille. Pour ce qui est des chevaliers du Christ, un seul a été tué, plus un petit nombre de servans. Que le peuple chrétien tout entier rende donc grâce au Seigneur Jésus du fond du cœur et en esprit de dévotion pour cette grande victoire des Chrétiens; à lui qui, par quelques fidèles, a battu une multitude innombrable d'infidèles, et a donné à la sainte Église de triompher saintement de ses ennemis, honneur et gloire à lui dans les siècles des siècles! *Amen*. Nous évêques de Toulouse, de même d'Uzès, de Lodève, de Béziers, d'Agde et de Comminges, plus les abbés de Clarac, de Villemagne[1] et de Saint-Thibéri, qui, par l'ordre du vénérable père archevêque de Narbonne, légat du siége apostolique, nous étions réunis, et nous efforcions de suprême étude et diligence à traiter de la paix et du bon accord, nous attestons par le verbe de Dieu que tout ce qui est écrit ci-dessus est vrai, comme choses par nous vues et entendues; les contre-scellons de nos sceaux, d'autant qu'elles sont dignes d'être gardées en éternelle mémoire. Donné à Muret, le lendemain de cette victoire glorieuse, savoir le sixième jour de l'octave de la Nativité de la bienheureuse Vierge Marie, l'an du Seigneur 1213

---

[1] Abbaye de Bénédictins, à cinq lieues de Béziers.

CHAPITRE LXXIV.

Comment, après la victoire de Muret, les Toulousains offrirent aux évêques des otages pour obtenir leur réconciliation.

Après la glorieuse victoire et sans exemple remportée à Muret, les sept évêques susnommés et les trois abbés qui étaient encore dans ce château, pensant que les citoyens de Toulouse, épouvantés par un si grand miracle ensemble et châtiment de Dieu, pourraient plus vite et plus aisément être rappelés de leurs erreurs au giron de notre mère l'Église, tentèrent, selon l'injonction, pouvoir et teneur du mandat apostolique, de les ramener par prières, avis et terreur, à la sainte unité romaine. Sur quoi, les Toulousains ayant promis d'accomplir le mandat du seigneur pape, les prélats leur demandèrent de vive voix une suffisante caution de leur obéissance, savoir, deux cents otages pris parmi eux, pour autant qu'ils ne pouvaient en aucune façon se contenter de la garantie du serment, eux ayant à fréquentes reprises transgressé ceux qu'ils avaient donnés pour le même objet. Finalement, après maintes et maintes contestations, ils s'engagèrent à livrer en otages soixante seulement de leurs citoyens; et, bien que leurs évêques, pour plus grande sûreté, en eussent exigé, comme nous l'avons dit, deux cents, à cause de l'étendue de la ville, aussi bien que de l'humeur indomptable et félonne de sa population, d'autant qu'elle avait souffert que faillissent ceux qu'une autre fois on avait pris parmi les plus riches de la cité pour la même cause, les gens de Toulouse ne voulurent par subterfuge en donner que le moindre nombre susdit et pas davantage. Aussitôt les prélats, afin de leur ôter tout prétexte et toute occasion de pallier leurs erreurs, répondirent qu'ils accepteraient volontiers les soixante otages qu'ils offraient, et qu'à cette condition ils les réconcilieraient à l'Église, et les maintiendraient en paix dans l'unité de la foi catholique. Mais eux, ne pouvant plus long-temps cacher leurs méchans desseins, dirent qu'ils n'en bailleraient aucun, dévoilant évidemment par tel refus qu'ils n'en avaient d'abord promis soixante qu'en fraude et supercherie. Ajoutons ici que les hommes d'un certain château au diocèse d'Albi, ayant nom Rabastens, quand ils apprirent notre victoire, déguerpirent tous de peur, et laissèrent la place vide, laquelle fut occupée par Gui, frère du comte de Montfort, à qui elle appartenait, et qui, y ayant envoyé de ses gens, les y mit en garnison. Peu de jours après, survinrent des pélerins de France, mais en petit nombre, savoir, Rodolphe, évêque d'Arras, suivi de quelques chevaliers, ainsi que plusieurs autres pareillement en faible quantité. Quant à notre comte, il se prit, avec toute sa suite, à courir sur les terres du comte de Foix, brûlant le bas bourg de sa ville, comme tout ce qu'ils purent trouver en dehors des forteresses de ses domaines dans les expéditions qu'ils poussèrent plus avant.

CHAPITRE LXXV.

Comment le comte de Montfort envahit les terres du comte de Foix, et de la rebellion de Narbonne et de Montpellier.

Ces choses faites, on vint annoncer à Montfort que certains nobles de Provence, ayant rompu le pacte d'alliance et de paix, vexaient la sainte Église de Dieu, et que faisant en outre le guet sur les voies publiques, ils nuisaient de tout leur pouvoir aux Croisés venant de France. Le comte ayant donc tenu conseil avec les siens, il se décida à descendre en ces quartiers, pour accabler les perturbateurs et purger les routes de ces méchans batteurs d'estrade. Or, comme dans ce dessein, il arriva à Narbonne avec les pélerins en sa compagnie, ceux de cette ville qui avaient toujours porté haine aux affaires du Christ, et s'y étaient maintes fois opposés, bien que secrètement, ne purent par aucune raison être induits à recevoir le comte avec sa suite, ni même celle-ci sans le comte; pour quoi, tous nos gens durent passer la nuit en dehors de Narbonne, dans les jardins et broussailles à l'entour : d'où au lendemain ils partirent pour Béziers, qu'ils quittèrent deux jours après, venant jusqu'à Montpellier, dont les habitans pareils aux Narbonnais en malvouloir et malice, ne permirent en nulle sorte au comte ni à ceux qui étaient avec lui d'entrer dans leur ville, pour y loger pendant la nuit, et leur firent en tout comme avaient fait les citoyens de Narbonne.

Passant donc outre, ils arrivèrent à Nîmes, où d'abord on ne voulut non plus les accueillir ; mais ensuite les gens de cette ville, voyant la grande colère du comte et son indignation, lui ouvrirent leurs portes ainsi qu'à toute sa troupe, et leur rendirent libéralement maints devoirs d'humanité. De là Montfort vint en un certain château de Bagnols, dont le seigneur le reçut honorablement; puis, à la ville de l'Argentière [1], parce qu'il y avait dans ces parties un certain noble, nommé Pons de Montlaur, qui troublait tant qu'il pouvait les évêques du pays, la paix et l'Église; lequel, bien que tous les Croisés se fussent départis d'auprès du comte, et qu'il n'eût avec lui qu'un petit nombre de stipendiés, et l'archevêque de Narbonne; en apprenant son arrivée, eut peur et vint à lui, se livrant soi et ses biens à son bon plaisir. Il y avait en outre du même côté un autre noble, très-puissant mais adonné au mal, savoir, Adhémar de Poitiers [2], qui avait toujours été l'ennemi de la cause chrétienne, et adhérait de cœur au comte de Toulouse. Sachant que Montfort s'approchait, il munit ses châteaux, et rassembla dans l'un d'entre eux le plus de chevaliers qu'il put trouver, afin que, si le comte passait dans les environs, il en sortît avec les siens et l'attaquât; ce que toutefois il n'osa faire, quand le comte fut en vue du château, quoiqu'il ne fût suivi que de très-peu de monde, et que lui, Adhémar, eût beaucoup de chevaliers. Tandis que notre comte était en ces quartiers, le duc de Bourgogne Othon, homme puissant et bon, qui portait grande affection aux affaires de la

---

[1] A cinq lieues de Viviers.
[2] Ou Aymar.

foi contre les hérétiques, et à Montfort, vint à lui avec le duc de Lyon et l'archevêque de Vienne ; et, comme ils étaient tous ensemble auprès de Valence, ils appelèrent à Romans cet ennemi de l'Église, Adhémar, Poitevin, pour y conférer avec eux : lequel s'y rendit, mais ne voulut rien accorder au comte ni au duc des choses qui intéressaient la paix. Ils le mandèrent une seconde fois, sans pouvoir rien gagner encore : ce que voyant le duc de Bourgogne, enflammé de colère contre lui, il promit à notre comte que, si Adhémar ne se conformait en tout aux ordres de l'Église, et à la volonté de Montfort, et qu'il ne donnât bonne garantie de sa soumission, lui, duc, lui déclarerait la guerre de concert avec le comte ; même aussitôt il fit venir plusieurs de ses chevaliers pour marcher avec lui contre Adhémar : ce que celui-ci ayant appris, contraint enfin par la nécessité, il se rendit auprès du duc et du comte, s'abandonnant en toutes choses à leur discrétion, et leur livrant de plus pour sûreté quelques siens châteaux dont Montfort remit la garde à Othon. Cependant le vénérable frère, archevêque de Narbonne, homme plein de prévoyance et vertueux de tous points, sur l'avis duquel le duc de Bourgogne était venu au pays de Vienne, le pria de traiter avec lui de l'objet pour lequel il l'avait appelé, savoir, du mariage entre l'aîné du comte, nommé Amaury, et la fille du dauphin, puissant prince et frère germain de ce duc ; en quoi, celui-ci acquiesça au conseil et au désir de l'archevêque.

Sur ces entrefaites, les routiers arragonais, et autres ennemis de la foi, commencèrent à courir sur les terres de Montfort, et vinrent jusqu'à Béziers, où ils firent tout le mal qu'il purent : bien plus, quelques-uns des chevaliers de ses domaines tournant à parjure, et retombant dans leur malice innée, rompirent avec Dieu, l'Église et la suzeraineté du comte; pour quoi, ayant achevé les affaires qui l'avaient appelé en Provence, il retourna dans ses possessions [1], et pénétrant aussitôt sur celles de ses ennemis, il poussa jusque devant Toulouse, aux environs de laquelle il séjourna quinze jours, ruinant de fond en comble un bon nombre de forteresses. Les choses en étaient à ce point, quand Robert de Courçon, cardinal et légat du siége apostolique, qui, comme nous l'avons dit plus haut, travaillait en France de tout son pouvoir pour les intérêts de la Terre-Sainte, et nous avait enlevé les prédicateurs qui avaient coutume de prêcher contre les hérétiques albigeois, leur ordonnant d'employer leurs paroles au secours des contrées d'outre mer, nous en rendit quelques-uns, sur l'avis d'hommes sages et bien intentionnés, pour qu'ils reprissent leurs travaux en faveur de la foi et des Croisés de Provence; même, il prit le signe de la croix vivifiante pour combattre les hérétiques toulousains. Quoi plus? La prédication au sujet de la cause chrétienne en France vint enfin à revivre. Beaucoup se croisèrent, et notre comte et les siens purent de nouveau se livrer à la joie.

Nous ne pouvons ni ne devons taire une bien cruelle trahison qui fut commise en ce temps contre le comte Baudouin. Ce comte Baudouin, frère de Raimond et cousin du roi Philippe, bien éloigné de la méchanceté de son frère, et consacrant tous ses efforts à la guerre pour le Christ, assistait de son mieux Mont-

[1] En 1214.

fort et la chrétienté contre son frère et les autres ennemis de la foi. Un jour donc, savoir, le second après le premier dimanche de carême, que ledit comte vint en un certain château du diocèse de Cahors, nommé Olme, les chevaliers de ce château, lesquels étaient ses hommes, envoyèrent aussitôt vers les routiers et quelques autres chevaliers du pays, très-méchans traîtres, lesquels garnissaient un fort voisin, appelé Mont-Léonard, et leur firent dire que Baudouin était dans Olme, leur mandant qu'ils vinssent et qu'ils le leur livreraient sans nul obstacle : ils en donnèrent aussi connaissance à un non moins méchant traître, mais non déclaré, savoir, Rathier de Castelnau, lequel avait de longue date contracté alliance avec le comte de Montfort, et lui avait juré fidélité, lequel même était ami de Baudouin, et à ce titre possédait sa confiance. Que dirai-je? La nuit vint, et ledit comte, plein de sécurité, comme se croyant parmi les siens, se livra au sommeil et au repos, ayant avec lui un certain chevalier de France, nommé Guillaume de Contres, auquel Montfort avait donné Castel-Sarrasin, plus un servant, aussi Français, qui gardait le château de Moissac. Comme donc ils reposaient en diverses maisons séparées les unes des autres, le seigneur du château enleva la clef de la chambre où dormait le comte Baudouin, et fermant la porte, il sortit du château, courut à Rathier, et lui montrant la clef, il lui dit : « Que tardez-vous? Voici que votre ennemi est dans vos mains; hâtez-vous, et je vous le livrerai dormant et désarmé, ni lui seulement, mais plusieurs autres de vos ennemis. » Ce qu'oyant, les routiers grandement s'éjouirent, et volèrent aux portes d'Olme, dont le seigneur ayant convoqué bien secrètement les hommes du château, chef qu'il était de ceux qui voulaient se saisir de Baudouin, demanda vite à chacun combien il logeait des compagnons du comte ; puis, cet autre Judas, après s'en être soigneusement informé, fit poster aux portes de chaque maison un nombre de routiers tous armés double de celui de nos gens plongés dans le sommeil et sans défense. Soudain furent allumés une grande quantité de flambeaux, et poussant un grand cri, les traîtres se précipitèrent à l'improviste sur les nôtres, tandis que Rathier de Castelnau et le susdit seigneur d'Olme couraient à la chambre où reposait le comte ; et, ouvrant brusquement la porte, le surprenaient dormant, sans armes, voire tout nu. D'autre part, quelques-uns des siens, dispersés dans la place, furent tués, plusieurs furent pris, un certain nombre échappa par la fuite : ni faut-il omettre que l'un d'eux qui était tombé vivant en leurs mains, et auquel les bourreaux avaient promis sous serment d'épargner la vie et les membres, fut occis dans une église où il avait ensuite été se cacher. Quant au comte Baudouin, ils le conduisirent dans un château à lui, au diocèse de Cahors, nommé Montèves, dont les habitans, méchans et félons qu'ils étaient, reçurent de bon cœur les routiers, qui emmenaient leur seigneur prisonnier. Sur l'heure, ceux-ci lui dirent de leur faire livrer la tour du château, que quelques Français gardaient par son ordre ; ce qu'il leur défendit toutefois très-strictement de faire pour quelque motif que ce fût, quand même ils le verraient pendre à un gibet, leur commandant de se défendre vigoureusement jusqu'à ce qu'ils eussent secours du noble comte de Montfort. O vertu de prince ! ô merveilleuse force d'ame ! A cet ordre, les routiers entrèrent en grande rage, et le firent jeûner pendant deux jours ; après quoi, le comte fit appeler en diligence un chapelain, auquel il se confessa, et demanda la sainte communion ; mais, comme le prêtre lui apportait le divin Sacrement, survint le plus mauvais de ces coquins, jurant et protestant avec violence que Baudouin ne mangerait ni ne boirait, jusqu'à ce qu'il rendît un des leurs qu'il avait pris et retenait dans les fers. Auquel le comte : « Je n'ai demandé, dit-il, cruel que tu es, ni pain ni vin, ni pièce de viande pour nourrir mon corps ; je ne veux, pour le salut de mon ame, que la communion du divin mystère. » Derechef le bourreau se mit à jurer qu'il ne mangerait ni ne boirait, à moins qu'il ne fît ce qu'il demandait. « Eh bien, dit alors le noble comte, puisqu'il ne m'est permis de recevoir le saint Sacrement, que du moins l'on me montre l'Eucharistie, gage de mon salut, pour qu'en cette vue je contemple mon Sauveur. » Puis, le chapelain l'ayant levée en l'air et la lui montrant, il se mit à genoux et l'adora de dévotion bien ardente. Cependant ceux qui étaient dans la tour du château, craignant d'être mis à mort, la livrèrent aux routiers, après en avoir toutefois reçu le serment qu'il les laisseraient sortir sains et saufs : mais ces bien méchans traîtres, méprisant leur promesse, les condamnèrent aussitôt à la mort ignominieuse du gibet ; après quoi, saisissant le comte Baudouin, ils le conduisirent en un certain château du comte de Toulouse, nommé Montauban, où ils le retinrent dans les fers, en attendant l'arrivée de Raimond, lequel vint peu de jours après, ayant avec lui ces scélérats et félons, savoir, le comte de Foix et Roger Bernard son fils, plus, un certain chevalier des terres du roi d'Arragon, nommé Bernard de Portelles; et, sur l'heure, il ordonna que son très-noble frère fût extrait de Montauban. Or ce qui suit, qui pourra jamais le lire ou l'entendre sans verser des larmes? Soudain, le comte de Foix et son fils, bien digne de la malice de son père, avec Bernard de Portelles, attachèrent une corde au cou de l'illustre prince pour le pendre du consentement, que dis-je, par l'ordre du comte de Toulouse : ce que voyant cet homme très-chrétien, il demanda avec instance et humblement la confession et le viatique ; mais ces chiens très-cruels les lui refusèrent absolument. Lors le soldat du Christ; « puis, dit-il, qu'il ne m'est permis de me présenter à un prêtre, Dieu m'est témoin que je veux mourir avec la ferme et ardente volonté de défendre toujours la chrétienté et monseigneur le comte de Montfort, mourant à son service et pour son service. » A peine avait-il achevé que les trois susdits traîtres, l'élevant de terre, le pendirent à un noyer. O cruauté inouïe ! ô nouveau Caïn ! Et si dirai-je, pire que Caïn, j'entends le comte de Toulouse, auquel il ne suffit de faire périr son frère, et quel frère! s'il ne le condamnait à l'atrocité sans exemple d'une telle mort !

CHAPITRE LXXVI.

Amaury et les citoyens de Narbonne reçoivent dans leurs murs les ennemis du comte de Montfort, et lui, pour cette cause, dévaste leur territoire.

Vers ce même temps, Amaury, seigneur de Narbonne, et les citoyens de cette ville, lesquels n'avaient jamais aimé la cause de Jésus-Christ, accouchant enfin des iniquités qu'ils avaient long-temps avant conçues, s'éloignèrent manifestement de Dieu, et reçurent dans leur ville les routiers, les Arragonais et les Catalans, afin de chasser, s'ils le pouvaient, par leur aide, le noble comte de Montfort que les Catalans et les Arragonais poursuivaient en vengeance de leur roi. Du reste, les gens de Narbonne commirent tel forfait, non que le comte les attaquât ou les eût lésés en quoi que ce fût, mais parce qu'ils pensaient qu'à l'avenir il ne lui viendrait plus de renforts de Croisés. Toutefois celui qui attrape les sages dans leurs finesses en avait autrement disposé, puisque, durant que tous nos ennemis étaient réunis dans Narbonne pour se jeter ensemble sur Montfort et le peu de monde qu'il avait avec lui, voilà que soudain des pélerins survinrent de France, savoir, Guillaume Des Barres, homme d'un courage éprouvé, et plusieurs chevaliers à sa suite, dont la jonction et le secours permirent à notre comte d'aller dans le voisinage de Narbonne, et de dévaster les domaines d'Amaury, comme de lui enlever presque tous ses châteaux. Or, un jour que notre comte avait décidé de se présenter devant Narbonne, et qu'ayant armé tous les siens rangés en trois troupes, lui-même en tête s'était approché des portes de la ville, nos ennemis en étant sortis et s'étant postés à l'entrée de la ville, cet invincible guerrier, c'est-à-dire Montfort, voulut se lancer à l'instant sur eux à travers un passage ardu et inaccessible; mais ceux-ci, qui étaient placés sur une éminence, le frappèrent si violemment de leurs lances que la selle de son cheval s'étant rompue, il tomba par terre; et, courant de toutes parts pour le prendre ou pour le tuer, ils auraient fait l'un ou l'autre, si les nôtres, ayant volé à son secours, ne l'eussent remis sur pied par la grâce de Dieu et après beaucoup de vaillans efforts. Puis Guillaume, qui se trouvait à l'arrière-garde, se ruant avec tous nos gens sur les ennemis, les força de rentrer à toutes jambes dans Narbonne: après quoi le comte et les siens retournèrent au lieu d'où ils étaient venus le même jour.

CHAPITRE LXXVII.

Comment Pierre de Bénévent, légat du siége apostolique, réconcilie à l'Église les comtes de Foix et de Comminges [1].

PENDANT que ceci se passait, maître Pierre de Bénévent, cardinal, légat du siége apostolique au pays de Narbonne, venait pour mettre ordre à ce qui in-

[1] Pierre de Vaulx-Cernay omet ici à dessein le comte de Toulouse qui fut également réconcilié à l'Église, à la même époque, par le légat Pierre de Bénévent. (Voir les *Éclaircissemens et pièces historiques* à la fin de ce volume, pag. 386 et 387.)

téressait la paix et la foi, lequel, ayant appris la conduite des Narbonnais, leur manda et ordonna très-strictement de garder trêve à l'égard du comte de Montfort jusqu'à son arrivée, mandant également à celui-ci de ne faire aucun tort aux gens de Narbonne. Peu de jours ensuite, il s'y rendit, après toutefois qu'il eut vu notre comte, et qu'il eut conféré soigneusement avec lui. Aussitôt les ennemis de la foi, savoir les comtes de Foix et de Comminges, et beaucoup d'autres qui avaient été justement dépossédés, vinrent trouver le légat pour le supplier de les rétablir dans leurs domaines. Sur quoi, plein de prudence et de discrétion, il les réconcilia tous à l'Église, recevant d'eux non seulement la garantie sous serment d'obéir aux ordres apostoliques, mais aussi certains châteaux très-forts qu'ils avaient encore entre les mains. Les choses en étaient là quand les hommes de Moissac livrèrent la ville par trahison au comte de Toulouse, et ceux qui se trouvaient dans Moissac, au nom de Montfort, se retirèrent dans la citadelle qui était faible et mal défendue. Là, ils furent assiégés par Raimond, suivi d'une grande multitude de routiers, pendant trois semaines de suite ; mais les nôtres, bien qu'en petit nombre, firent une vigoureuse résistance. Quant au noble comte, en apprenant ce qui se passait, il partit à l'instant même, et marcha en toute hâte à leur secours : pour quoi le Toulousain et sa troupe, ensemble plusieurs des gens dudit lieu, principaux auteurs de cette noire trahison, s'enfuirent bien vite dès qu'ils eurent vent de l'arrivée de Montfort, levant le siége qu'ils avaient poussé si long-temps. Sachant leur fuite, notre comte et sa suite descendirent du côté d'Agen pour prendre d'assaut, s'il était possible, un château nommé le Mas, sur les confins du diocèse agénois, lequel, dans cette même année, avait fait apostasie. En effet, le roi Jean d'Angleterre, qui avait toujours été l'ennemi de la cause de Jésus-Christ et du comte de Montfort, s'étant, à cette époque, rendu au pays d'Agen, plusieurs nobles de ces quartiers, dans l'espérance qu'il leur baillerait bonne aide, s'éloignèrent de Dieu, et secouèrent la domination du comte; mais, par la grâce de Dieu, ils furent ensuite frustrés de leur espoir. Montfort donc, se portant rapidement sur ledit château, vint en un lieu où il lui fallut passer la Garonne, n'ayant que quelques barques mal équipées; et, comme les habitans de la Réole, château appartenant au roi d'Angleterre, avaient remonté le fleuve sur des nefs armées en guerre, pour s'opposer au passage des nôtres, ils entrèrent dans l'eau, et la traversèrent librement, malgré les ennemis; puis, arrivant au château du Mas, après l'avoir assiégé trois jours, ils s'en revinrent à Narbonne, parce qu'ils n'avaient point de machines, et que le comte ne pouvait continuer le siége, vu que l'ordre du légat le rappelait de ce côté.

CHAPITRE LXXVIII.

L'évêque de Carcassonne revient de France avec une grande multitude de pélerins.

L'an du Verbe incarné 1214, le vénérable évêque de Carcassonne qui avait travaillé toute l'année précédente aux affaires de la foi contre les hérétiques, en parcourant la France et prêchant la croisade, se mit en route vers les pays albigeois aux environs de l'octave de la Résurrection du Seigneur. En effet, il avait assigné le jour du départ à tous les Croisés, tant à ceux qu'il avait réunis qu'à ceux qui avaient pris la croix des mains de maître Jacques de Vitry, homme en toutes choses bien louable, et de certains autres pieux personnages, de façon qu'étant tous rassemblés dans la quinzaine de Pâques, ils partissent avec lui pour venir par la route de Lyon contre les pestiférés hérétiques. De son côté, maître Robert de Courçon, légat du siége apostolique, et le vénérable archidiacre Guillaume, fixèrent aux Croisés un autre jour pour qu'ils arrivassent à Béziers dans la même quinzaine de Pâques, en suivant un autre chemin. Venant donc de Nevers, l'évêque de Carcassonne et les susdits pélerins arrivèrent heureusement à Montpellier, et moi j'étais avec ce prélat. Là, nous trouvâmes l'archidiacre de Paris et les Croisés qui venaient avec lui de France. Quant au cardinal, savoir maître Robert de Courçon, il était occupé à quelques affaires dans le pays du Puy. Partant de Montpellier, nous vînmes près de Béziers au château de Saint-Thibéri, où arriva à notre rencontre le noble comte de Montfort. Or, nous étions environ cent pélerins, tant à pied qu'à cheval, parmi lesquels un d'entre les chevaliers était le vicomte de Châteaudun et plusieurs autres chevaliers qu'il n'est besoin de compter par le menu. Nous éloignant des environs de Béziers, nous vînmes à Carcassonne, où nous restâmes quelques jours. Et faut-il notablement remarquer et tenir pour miracles tous les événemens de cette année. Comme nous l'avons dit, quand le susdit Pierre de Bénévent arriva au pays albigeois, les Arragonais et Catalans s'étaient réunis à Narbonne contre la chrétienté et le comte de Montfort : pour quelle cause notre comte restait près de cette ville, et ne pouvait s'en éloigner souvent, parce qu'aussitôt les ennemis dévastaient toute la contrée environnante, bien que les Toulousains, les Arragonais et les Quercinois lui suscitassent, en beaucoup d'endroits loin de là, guerres grandement fâcheuses. Mais tandis que l'athlète du Christ souffrait de telles tribulations, celui qui baille secours dans les occasions ne lui manqua dans l'adversité, puisque, dans le même espace de temps, le légat vint de Rome et des pélerins de France. O riche abondance de la miséricorde divine! car, selon l'avis de plusieurs, les pélerins n'eussent rien fait de considérable sans le légat, ni lui sans eux n'eût fait si bonne besogne. En effet, les ennemis de la foi ne lui eussent obéi s'ils ne les avaient craints; et réciproquement, si le légat n'était venu, les pélerins n'auraient pu gagner que peu de chose sur tant d'ennemis et si puissans. Il arriva donc, par l'ordre du Dieu miséricordieux, que, durant que le légat alléchait et retenait par une fraude pieuse ceux qui s'étaient rassemblés dans Narbonne, le comte de Montfort et les Croisés français purent passer vers Cahors et Agen, et librement attaquer leurs ennemis ou mieux ceux du Christ. O, je le répète, pieuse fraude du légat! ô piété frauduleuse!

CHAPITRE LXXIX.

Gui de Montfort et les pélerins envahissent et saccagent les terres de Rathier de Castelnau.

Après que les susdits pélerins eurent demeuré quelques jours à Carcassonne, le noble comte de Montfort les pria de marcher avec l'évêque de cette ville et son frère Germain, Gui, du côté du Rouergue et du Quercy, pour dévaster totalement tant les terres de Rathier de Castelnau, qui avait si cruellement trahi le très-noble et très-chrétien comte Baudouin, que celles d'autres ennemis du Christ. Pour lui, il descendit avec son fils aîné, Amaury, jusqu'à Valence, où il trouva le duc de Bourgogne et le dauphin ; et ayant arrêté avec eux l'alliance dont nous avons déjà parlé, il emmena la demoiselle à Carcassonne, vu que le temps n'était propre à la célébration des noces, et qu'il ne pouvait séjourner long-temps en ces quartiers à cause des nombreux embarras de la guerre ; et là fut célébré le mariage. De leur côté, les pélerins qui avaient déjà quitté Carcassonne et pénétré dans le diocèse de Cahors, ravagèrent les terres des ennemis de la foi, lesquels de peur avaient décampé. Ni faut-il omettre que comme nous passions par l'évêché de Rhodez, nous arrivâmes à un certain château, nommé Maurillac, dont les habitans voulurent faire résistance, parce qu'il était d'une force merveilleuse et presque inaccessible. Or, maître Robert de Courçon, légat du siége apostolique, dont il est fait mention plus haut, était venu tout récemment de France joindre l'armée, et aussitôt son arrivée, les nôtres approchèrent de la place qu'ils pressèrent vivement. Sur quoi, les assiégés, voyant qu'ils ne pourraient tenir long-temps, se rendirent le même jour au légat, s'abandonnant en tout à sa discrétion ; et fut le château sur son ordre renversé de fond en comble par les Croisés. Ajoutons qu'on y trouva sept hérétiques de la secte dite des Vaudois, lesquels, amenés devant maître Robert, confessèrent pleinement leur incrédulité, et furent par nos pélerins frappés et brûlés avec grande joie. Après cela, on annonça à notre comte que certains chevaliers de l'Agénois, qui s'étaient l'an passé soustraits à sa suzeraineté, s'étaient retranchés dans un château nommé Montpezat. Quoi plus ? Nous allâmes pour l'assiéger ; mais eux, apprenant l'arrivée des Croisés, eurent peur et s'enfuirent, laissant désert leur château, que nos gens détruisirent entièrement ; puis, partant de Montpezat, le comte s'enfonça dans le diocèse d'Agen pour reprendre les places qui, l'année précédente, avaient secoué sa domination, et toutes de peur firent leur soumission, avant même qu'il se présentât devant elles, à l'exception d'un certain château noble, appelé Marmande. Néanmoins, pour plus grande sûreté, et dans la crainte qu'elles ne fissent nouvelle apostasie selon leur usage, le comte eut soin que presque toutes les murailles et citadelles fussent jetées bas, ne conservant qu'un petit nombre des plus fortes qu'il garnit de Français, et voulut tenir en état de défense. Venant enfin à Marmande, il trouva ce château muni par un chevalier du roi d'Angleterre, qui y avait conduit quelques servans, et avait planté sa bannière au sommet de la tour, dans l'intention de nous résister. Mais à l'approche des nôtres, lesquels de première arrivée insultèrent ses remparts, ceux de Marmande après une faible défense prirent la fuite, et, montant sur des barques, ils descendirent la Garonne jusqu'à un château voisin, appartenant au roi d'Angleterre, et nommé la Réole, tandis que les servans de ce prince, venus pour défendre la place, se mirent à l'abri dans le fort. Sur ce, les nôtres entrant dans le bourg le mirent au pillage, et permirent aux servans qui étaient dans la tour de s'en aller sains et saufs. Après quoi, le comte revint à Agen, n'ayant pas cette fois détruit tout-à-fait le château, d'après l'avis des siens, parce qu'il était très-noble et situé à l'extrémité de ses domaines, mais seulement une partie des murailles et les tours, à l'exception de la plus grande où il mit garnison.

Il y avait dans le territoire d'Agen un château noble et bien fort, appelé Casseneuil, assis au pied d'une montagne, dans une plaine très-agréable, entouré de roches et de sources vives, lequel était un des principaux refuges des hérétiques, et l'avait été de longue date. Davantage étaient ses habitans en grande partie larrons et routiers, parjures et gorgés de toutes sortes de péchés et de crimes. En effet, ils s'étaient une et deux fois déjà rendus à la chrétienté, et pour la troisième fois cherchaient à lui résister ainsi qu'à notre comte, bien que leur seigneur suzerain, Hugues de Rovignan, frère de l'évêque d'Agen, eût été admis dans l'amitié et familiarité du comte. Ce même Hugues ayant cette année trahi ses sermens et rompu l'intime alliance qui l'unissait à Montfort, s'était avec les siens traîtreusement éloigné de lui comme de Dieu, et avait reçu dans son château un grand nombre de méchans tels que lui. Le comte donc arrivant devant Casseneuil, la veille de la fête des apôtres saint Pierre et saint Paul, en fit le siége d'un côté, et campa sur la hauteur; car son armée n'était pas assez considérable pour enfermer entièrement la place. Puis ayant fait, peu de jours ensuite, dresser des machines pour battre les murs, elles eurent bientôt ruiné beaucoup des maisons du château par leur jeu continuel contre les remparts et la ville. Enfin des pélerins étant survenus quelques jours après, il descendit la montagne, et vint fixer ses tentes dans la plaine, n'ayant avec lui qu'une partie de ses gens, et en laissant plusieurs sur la hauteur en compagnie du très-noble et vaillant jouvencel, Amaury, son fils, et de Gui, évêque de Carcassonne, lequel remplissant à l'armée les fonctions de légat, travaillait de grande ardeur et très-efficacement au succès de l'entreprise. Mêmement, du côté où il s'était posté, le comte fit établir des machines dites perrières, qui, jouant nuit et jour, affaiblirent sensiblement les remparts. Une nuit, vers l'aurore, une troupe des ennemis sortant du château gravirent la montagne pour se jeter ensemble sur les nôtres, et venant au pavillon où reposait Amaury, fils de Simon, ils se ruèrent avec violence sur lui, afin de le prendre ou de le tuer, s'ils pouvaient; mais les pélerins étant accourus les attaquèrent vaillamment et les forcèrent de rentrer dans la place. Tandis que ces choses se passaient audit siége, le roi Jean d'Angleterre, lequel, mécontent de l'exhérédation de son neveu, fils du Toulousain, jalousait nos victoires, s'était porté en ces quartiers, savoir, à Périgueux, avec une puissante armée, ayant près de lui plusieurs de nos ennemis qui s'étaient réfugiés devers sa personne, et qui avaient été dépossédés par le juste jugement de Dieu ; lesquels il recueillit et garda long-temps en sa compagnie, au scandale des chrétiens et détriment de son propre honneur. Sur quoi, les assiégés lui envoyaient courriers sur courriers pour lui demander secours, et lui-même par exprès les excitait vivement à se défendre. Que dirai-je? le bruit courut bien fort parmi nous que le roi Jean voulait nous attaquer ; et peut-être l'eût-il fait, s'il eût osé. Quant à l'intrépide comte de Montfort, il ne s'effraya nullement de ces rumeurs, et se décida fermement de ne pas lever le siége, quand même ledit roi viendrait contre lui, mais de le combattre pour sa défense et celle des siens. Toutefois, usant de meilleur avis, Jean n'essaya rien des projets qu'on lui attribuait et qu'il pouvait bien avoir formés. N'oublions point de dire que maître Robert de Courçon, cardinal, légat du siége apostolique, arriva à l'armée devant Casseneuil, et durant le peu de jours qu'il y resta, travailla de tout son pouvoir à la prise du château, plein de bonne volonté qu'il était. Cependant, les affaires de la mission qui lui était confiée l'ayant rappelé ailleurs, il n'attendit pas que la place fût tombée en notre pouvoir. Nos gens donc poussant toujours le siége, et ayant endommagé en grande partie les murailles au moyen des machines, une nuit, le comte convoqua quelques-uns des principaux de l'armée, et faisant venir un artisan charpentier, il lui demanda de quelle manière il fallait s'y prendre pour aborder les remparts et donner l'assaut :

car il y avait un fossé profond et rempli d'eau entre le château et le camp, que l'on devait absolument passer pour atteindre jusqu'aux murs, et le pont manquait, d'autant que les ennemis l'avaient ruiné en dehors avant notre arrivée. Après beaucoup d'avis différens, on s'accorda finalement sur celui dudit artisan, à construire un pont de bois et de claies, qui, poussé à travers l'eau par un admirable artifice, sur de grands tonneaux, transporterait nos soldats à l'autre bord. Aussitôt le vénérable évêque de Carcassonne, qui travaillait nuit et jour aux choses concernant le siége, afin d'en hâter l'issue, rassembla une foule de pélerins, et fit apporter du bois en abondance pour faire ce pont. Puis, quand il fut achevé, les nôtres ayant pris les armes se préparèrent à l'assaut, et poussant cette nouvelle machine jusqu'à l'eau, ils l'y amenèrent; mais à peine l'eut-elle touchée, qu'entraînée par son poids, et pour autant que la rive d'où elle avait été lancée était très-haute, elle tomba si violemment au fond, qu'on ne put en aucune façon l'en retirer ni la soulever à la surface ; si bien que tout notre travail fut en un moment perdu. Peu de jours après, les Croisés construisirent un second pont d'une autre sorte, pour essayer de passer le fossé, apprêtant en outre quelques nacelles qui devaient transporter une portion de nos gens, bien qu'avec grand danger ; et quand tous les préparatifs furent terminés, ils s'armèrent et traînèrent ce pont jusqu'au bord, tandis que d'autres montaient sur les barques, et que les assiégés faisaient jouer sans relâche les nombreuses perrières qu'ils avaient. Quoi plus ? les nôtres réussirent bien à jeter leur pont sur l'eau ; mais ils n'y gagnèrent rien, pour ce qu'il était trop petit et du tout insuffisant : d'où vint qu'ils s'attristaient à force, et qu'au rebours les ennemis étaient tout joyeux. Cependant, le comte, plein de constance, et ne se désespérant point pour ces contre-temps, rassembla ses ouvriers, les consola, et leur ordonna de chercher à préparer d'autres machines pour traverser l'eau : sur quoi, leur maître en imagina une vraiment admirable et toute nouvelle. En effet, faisant apporter une immense quantité de bois énormes, et construire d'abord, sur de grandes pièces de charpente, comme une vaste maison pareillement en bois, ayant un toit de claies non aigu, mais plat, il éleva ensuite au milieu de ce toit une façon de tour très-haute, faite de bois et de claies, au sommet de laquelle il ménagea cinq gîtes pour y loger les arbalétriers ; puis, autour et sur le toit, il dressa une espèce de muraille aussi en claies, afin que pussent se placer derrière un bon nombre des nôtres qui défendraient la tour, et qui tiendraient de l'eau dans de larges vases pour éteindre le feu si les ennemis en jetaient. Enfin, il recouvrit tout le devant de la machine avec des cuirs de bœuf, afin d'empêcher par cette autre précaution qu'ils ne vinssent à l'incendier. Tous ces apprêts étant achevés, nos gens commencèrent à tirer et pousser vers l'eau cette monstrueuse bâtisse, et bien que les assiégés lançassent contre elle une grêle de grosses pierres, ils ne purent par la grâce de Dieu l'endommager que très-peu ou point du tout. Après quoi, l'ayant conduite jusqu'au bord du fossé, ils apportèrent dans des paniers force terre et morceaux de bois pour jeter dans l'eau, et tandis que ceux qui étaient à couvert et libres de leur armure sous le toit inférieur, remplissaient le fossé, les arbalétriers et autres postés dans les abris du haut, empêchaient les efforts des ennemis pour nuire à notre travail. En outre, une nuit que quelques-uns d'entre eux, ayant garni une petite barque de sarmens secs, de viande salée, de graisse et d'autres appareils d'incendie, voulurent l'envoyer contre notre machine pour y mettre le feu, ils manquèrent leur coup, parce que nos servans brûlèrent cette barque même. Quoi plus? Les nôtres comblant toujours le fossé, ladite machine arriva vers l'autre bord à sec et sans dommage; car ils la poussaient en avant à mesure qu'ils remplissaient le fossé. Ni fut-il possible aux assiégés de réussir, un jour de dimanche que voyant leur perte s'approcher d'autant, ils lancèrent contre elle des brandons enflammés pour la réduire en cendres, vu que nos gens les éteignirent à force d'eau. Finalement, comme ils étaient déjà assez près des ennemis pour qu'ils pussent mutuellement s'attaquer à coups de lance, le comte, craignant que ceux-ci ne brûlassent la machine pendant la nuit, fit ce même dimanche armer les siens aux approches du soir, et les appela tous à l'assaut au son des trompettes, pendant que, de leur côté, l'évêque de Carcassonne et les clercs qui étaient dans l'armée avec lui se rassemblaient sur la hauteur voisine du château, pour crier vers le Seigneur et le prier en faveur des combattans. Sur l'heure donc, nos gens étant entrés dans la machine, et ayant rompu les claies qui en recouvraient le devant, passèrent bravement le fossé aux chants du clergé qui entonnait dévotement *Veni Creator spiritus*. Quant aux ennemis, voyant l'élan des nôtres, ils se retirèrent dans l'enceinte de leurs murs, et commencèrent à les gêner fort par une continuelle batterie de pierres qu'ils leur lançaient par dessus le rempart, outre que n'ayant pas d'échelles et la nuit étant tout proche, nous ne pûmes l'escalader. Toutefois, logés maintenant dans une certaine petite plate-forme entre les murailles et le fossé, nous détruisîmes pendant la nuit les barbacanes que les assiégés avaient construites en dehors de la place; et, le lendemain, nos ouvriers ayant employé toute la journée à faire des échelles et autres machines pour donner l'assaut le troisième jour, les gens de guerre routiers qui étaient dans le château, témoins de ces préparatifs, eurent peur, sortirent en armes comme pour nous attaquer, et prirent tous la fuite, sans pouvoir être atteints par ceux des nôtres qui les poursuivirent longtemps. Mais le reste de l'armée abordant la place à minuit, et y entrant de force, les nôtres passèrent au fil de l'épée ceux qu'ils purent trouver, mettant tout à feu et à sang : pour quoi soit en toutes choses béni le Seigneur qui nous livra quelques impies, bien que non pas tous. Cela fait, le comte fit raser jusqu'au sol le pourtour des murs du château; et ainsi fut pris et ruiné Casseneuil, le dix-huitième jour du mois d'août, à la louange de Dieu, à qui soient honneur et gloire dans les siècles des siècles.

CHAPITRE LXXX.

De la destruction du château de Dome, au diocèse de Périgueux, lequel appartient à ce méchant tyran Gérard de Cahusac.

Ces choses ainsi menées, on fit savoir à notre comte qu'il y avait au diocèse de Périgueux des châteaux habités par des ennemis de la paix et de la foi, comme de fait ils l'étaient. Il forma donc le dessein de marcher sus et de s'en emparer, afin que, par la grâce de Dieu et le secours des pèlerins, chassant les routiers et larrons, il rendît le repos aux églises, où, pour mieux dire, à tout le Périgord. D'ailleurs, tous les ennemis du Christ et de notre comte, ayant appris que Casseneuil était tombé en son pouvoir, furent frappés d'une telle terreur qu'ils n'osèrent l'attendre en nulle forteresse, si puissante qu'elle fût. L'armée donc, partant de Casseneuil, vint à l'un des susdits châteaux appelé Dome [1], qu'elle trouva vide et sans défenseurs. Or, c'était une place noble et bien forte, située sur la Dordogne, dans un lieu très-agréable. Aussitôt notre comte en fit saper et renverser la tour, laquelle était très-élevée, très-belle, et fortifiée presque jusqu'à son faîte. A une demi-lieue était un autre château quasi inexpugnable, appelé Montfort, dont le seigneur, ayant nom Bernard de Casenac, homme très-cruel et plus méchant que tous les autres, s'était enfui de peur, et avait abandonné son château. Et si

---

[1] A neuf lieues de Cahors.

nombreuses étaient les cruautés, les rapines, les énormités de ce scélérat, et si grandes qu'on pourrait à peine y croire ou même les imaginer; outre qu'étant fait de cette sorte, le diable lui avait baillé un aide semblable à lui, savoir sa femme, sœur du vicomte de Turenne, seconde Jézabel, ou plutôt plus barbare cent fois que celle-ci, laquelle dame était la pire entre toutes les méchantes femmes, et l'égale de son mari en malice et férocité. Tous les deux donc, aussi pervers l'un que l'autre, dépouillaient, voire détruisaient les églises, attaquaient les pèlerins, et dépeçaient les membres à leurs malheureuses victimes; si bien que, dans un seul couvent de moines noirs, nommé Sarlat, les nôtres trouvèrent cent cinquante hommes et femmes que le tyran et sa digne moitié avaient mutilés, soit en leur coupant les mains ou les pieds, soit en leur crevant les yeux ou leur taillant les autres membres. En effet, la femme du bourreau, renonçant à toute pitié, faisait trancher aux pauvres femmes ou les mamelles ou les pouces pour les empêcher de travailler. O cruauté inouïe! Mais laissons cela, d'autant que nous ne pourrions exprimer que la millième partie des crimes de ce Bernard et de son épouse, et retournons à notre propos.

Le château de Dome étant détruit et renversé, notre comte voulut aussi ruiner celui de Montfort, lequel appartenait, comme nous l'avons dit, à ce tyran: pourquoi l'évêque de Carcassonne, qui se livrait tout entier au labeur de la cause du Christ, prenant avec lui une troupe de pèlerins, partit sur l'heure, et fit raser ce château, dont les murs étaient si forts qu'on pouvait à peine les entamer, le ciment étant devenu aussi dur que la pierre ; en sorte que les nôtres furent obligés d'employer bon nombre de jours à les jeter bas. Le matin, les pélerins allaient à l'ouvrage, et le soir revenaient au camp ; car l'armée ne s'était point éloignée de Dome, où elle se trouvait plus commodément et en meilleure position. Il y avait en outre près de Montfort un autre castel, nommé Castelnau, qui égalait tous les autres en malice, et que la crainte des Croisés avait fait abandonner de ses habitans. Le comte décida de l'occuper, afin de pouvoir mieux contenir les perturbateurs, et il fit comme il le voulait. Il y avait encore un quatrième château, nommé Bainac, dont le seigneur était un très-méchant et très-dangereux oppresseur de l'Église. Le comte lui donna le choix ou de restituer tout ce qu'il avait enlevé injustement dans un terme qu'il lui fixa, ou de faire raser ses remparts : pour quoi faire on lui accorda une trêve de plusieurs jours ; mais comme, dans cet intervalle, il ne fit point restitution de ses rapines, Montfort ordonna qu'on démolit la forteresse de son château ; ce qui fut exécuté pour la tour et pour les murailles, malgré le tyran et à sa grande douleur, alléguant, comme il faisait, qu'on ne devait ruiner sa citadelle, pour autant qu'il était le seul dans le pays qui aidât le roi de France contre le roi des Anglais. Toutefois, le comte sachant que ces allégations étaient vaines et du tout frivoles, il ne voulut se désister de ses volontés premières : même déjà le tyran avait exposé semblables prétentions au roi Philippe, dont il ne put rien obtenir. De cette façon, furent subjugués ces quatre châteaux, savoir, Dome, Montfort, Castelnau et Bainac, où, depuis cent ans et plus, Satan avait établi résidence, et desquels était sortie l'iniquité qui couvrit ces contrées. Ces places donc étant subjuguées par les efforts des pélerins et la valeur experte du comte de Montfort, la paix et la tranquillité furent rendues non seulement au Périgord, mais encore au Quercy, à l'Agénois et au Limousin en grande partie. Puis, ayant achevé leur expédition pour la gloire du nom de Jésus-Christ, le comte et l'armée retournèrent du côté d'Agen, où, profitant de l'occasion, ils renversèrent les forteresses situées dans ce diocèse. C'est alors que vint le comte à Figeac pour juger, au nom du roi de France, les procès, et faire droit aux plaintes des gens du pays ; car le roi lui avait, en ces quartiers, confié ses pouvoirs pour beaucoup de choses. Il rendit en mainte occasion bonne et stricte justice, et aurait redressé beaucoup d'autres abus s'il eût voulu excéder les bornes du mandat royal. Marchant de là vers Rhodez, il occupa un château très-fort, nommé Capdenac [1], qui, dès les premiers temps, avait servi de nid et de refuge aux routiers, et vint ensuite avec son armée à Rhodez, où il fit de grands reproches au comte de cette ville, lequel était son homme lige, mais, cherchant un subterfuge, quel qu'il fût, disait qu'il tenait la majeure partie de ses domaines du roi d'Angleterre. Quoi plus? Après beaucoup d'altercations, il reconnut les tenir tout entiers de notre comte, lui fit hommage pour le tout, et devint ainsi son ami et son allié. Il y avait près de Rhodez un château fort, nommé Séverac [2], où habitaient des routiers qui avaient fait tant

[1] A deux lieues de Figeac.
[2] Séverac-le-Châtel, à quatre lieues de Milhau.

de mal au pays qu'on ne pourrait aisément l'exprimer, infestant non seulement le diocèse de Rhodez, mais toute la contrée environnante jusqu'au Puy. Pendant son séjour à Rhodez, le comte manda au seigneur de ce château qu'il se rendît; mais lui, se confiant en la force de sa citadelle, pensant en outre que le comte ne pourrait tenir le siége dans cette saison (on était en hiver, et ce château était situé dans les montagnes, exposé au froid le plus vif), ne voulut obéir à cette sommation. Une nuit donc, Gui de Montfort, frère germain du comte, prenant avec lui chevaliers et servans, sortit de Rhodez, et se porta nuitamment sur le susdit château, dont, à l'aube du jour, il envahit subitement le bourg inférieur, le prit d'un coup et s'y logea : sur quoi les gens de ce bourg qui s'étendait en dehors de la forteresse sur le penchant de la montagne au faîte de laquelle elle était située, se retirèrent dans la citadelle. Ainsi, Gui occupa ledit bourg, de peur que les ennemis ne voulussent y mettre le feu à l'arrivée de l'armée, laquelle, étant venue avec le comte à Séverac, trouva ce lieu en son entier, et contenant bon nombre de maisons propres à recevoir nos soldats qui s'y établirent et formèrent le siége. C'est le Seigneur qui disposa les choses de la sorte, lui, ce grand donneur de secours dans le besoin, tout plein d'une miséricordieuse providence pour les nécessités des siens. Peu de jours après, nos gens dressèrent une machine dite perrière, et la firent jouer contre le château, où fut pareillement, par les assiégés, élevée une semblable machine dont ils se servaient pour nous nuire autant que possible. Ni est-il à omettre que Dieu les avait privés de vivres à ce point qu'ils souffraient d'une disette, outre que le froid et l'âpreté de l'hiver les affligeaient tellement, presque nus qu'ils étaient et mal couverts, qu'ils ne savaient que faire. Au demeurant, si quelqu'un s'étonne de leur misère et pauvreté, il saura qu'ils furent si à l'improviste attaqués qu'il ne leur avait été loisible de se munir d'armes ni de provisions. En effet, ils n'imaginaient pas, comme nous l'avons dit, que les nôtres pussent tenir le siége au milieu de la rude saison, et dans un lieu où elle était si rigoureuse. Finalement, quelques jours après, exténués de faim et de soif, mourant de froid et de nudité, ils demandèrent la paix. Que dirai-je? après longues et diverses disputes sur le genre de composition, les Croisés, comme le seigneur du château, se rangeant à l'avis des gens de bien, convinrent qu'il rendrait la place au comte, qui, lui-même, la livrerait en garde à l'évêque de Rhodez et à un certain chevalier nommé Pierre de Brémont; ce qui fut fait. Aussitôt le noble comte, par pure générosité, restitua audit seigneur de Séverac tout le reste de sa terre dont Gui de Montfort s'était emparé, l'ayant toutefois persuadé d'abord de ne faire aucun mal à ses hommes pour ce qu'ils s'étaient rendus à Gui; même ce libéral prince le rétablit ensuite dans Séverac, après avoir reçu son hommage et serment de fidélité. N'oublions de dire que, par la reddition de ce château, la paix et le repos furent ramenés dans tout ce pays; ce dont Dieu doit être loué grandement, et son très-fidèle athlète, savoir le très-chrétien comte de Montfort.

Ces choses dûment achevées, maître Pierre de Bénévent, légat du siége apostolique, dont nous avons parlé plus haut, étant revenu des contrées arragonnaises où, pour graves affaires, il avait long-temps séjourné, convoqua un très-célèbre concile et très-général à Montpellier, dans la quinzaine de la Nativité du Seigneur.

CHAPITRE LXXXI.

Du concile tenu à Montpellier, dans lequel Montfort fut déclaré prince du pays conquis.

L'AN de l'incarnation du Seigneur 1214, dans la quinzaine de Noël, se réunirent à Montpellier les archevêques et évêques convoqués en concile par maître Pierre de Bénévent, légat du siége apostolique, afin de régler en commun tout ce qui intéressait la paix et la foi. Là s'assemblèrent les archevêques de Narbonne, d'Auch, d'Embrun, d'Arles et d'Aix, plus vingt-huit évêques et plusieurs barons. Quant au noble comte de Montfort, il n'entra pas avec les autres à Montpellier, mais resta tout le temps du concile en un château voisin appartenant à l'évêque de Maguelone, car les gens de Montpellier, pleins de malice et d'arrogance, l'avaient toujours détesté, ainsi que tous les Français, si bien qu'ils ne lui permettaient de venir dans leur ville. Ainsi donc il demeura, comme nous l'avons dit, au susdit château, d'où il venait chaque jour jusqu'à Montpellier dans la maison des frères de l'ordre militaire du Temple, située *extra muros*, et là les archevêques et évêques allaient le trouver toutes fois qu'il en était besoin. Le légat, ces archevêques et évêques, les abbés et autres prélats des églises s'étant donc réunis, comme il est dit ci-dessus, à Montpellier, 'maître Pierre de Bénévent prononça un sermon dans l'église de Notre-Dame ; puis il appela dans la maison où il logeait les cinq archevêques, les vingt-huit évêques, les abbés et autres prélats des églises en quantité innombrable, auxquels, étant rassemblés, il parla en ces termes :

« Je vous somme et requiers, au nom du divin jugement et du devoir d'obéissance qui vous lie à l'Église romaine, que déposant toute affection, haine ou jalousie, vous me donniez, selon votre science, un loyal conseil pour savoir à qui mieux et plus utilement, pour l'honneur de Dieu et de notre sainte mère l'Église, pour la paix de ces contrées, la ruine et l'expulsion de l'hérétique vilenie, il convient de concéder et assigner Toulouse que le comte Raimond a possédée, aussi bien que les autres terres dont l'armée des Croisés s'est emparée. » Sur ce, tous les archevêques et évêques entrèrent en longue et consciencieuse délibération, chacun avec les abbés de son diocèse et ses clercs familiers ; et parce qu'il avait semblé bon de rédiger les avis par écrit, il se trouva que le vœu et l'opinion de tous s'accordèrent pour que le noble comte de Montfort fût choisi prince et monarque de tout ce pays. O chose admirable ! s'il s'agit de créer un évêque ou un abbé, l'assentiment d'un petit nombre de votans porte à peine sur un seul homme ; et voilà que, pour élire le maître de si vastes domaines, tant de personnages et si considérables réunirent leurs unanimes suffrages sur cet athlète du

Christ! C'est Dieu, sans aucun doute, qui a fait cela, et aussi est-ce miracle à nos yeux. Après donc que les archevêques et évêques eurent désigné le noble comte en la manière susdite, ils requirent très-instamment du légat qu'il le mît en possession de toute la contrée; mais comme on eut recours aux lettres que le seigneur pape avait adressées à maître Pierre, on y vit qu'il ne pouvait le faire avant d'avoir consulté Sa Sainteté. Pour quoi, du commun avis tant des légats que des prélats, Girard, archevêque d'Embrun, homme de grande science et d'entière bonté, fut envoyé à Rome et certains clercs avec lui, porteurs de lettres du cardinal de Bénévent et des membres du concile, par lesquelles tous les prélats suppliaient très-vivement le seigneur pape de leur accorder pour monarque et seigneur le noble comte de Montfort qu'ils avaient élu unanimement. Nous ne croyons devoir taire que, pendant que ledit concile se tenait à Montpellier, un jour que le légat avait fait appeler le comte dans la maison des Templiers, sise hors des murs, pour se présenter devant lui et les évêques, et que le peu de ses chevaliers venus à sa suite s'étaient dispersés dans le faubourg pour se promener pendant que le comte, avec ses deux fils, étaient auprès des prélats, soudain les gens de ce faubourg, méchans traîtres qu'ils étaient, s'armèrent pour la plupart secrètement; et entrant dans l'église de Notre-Dame par laquelle il était entré, se prirent à guetter tous dans la rue où ils supposaient qu'il passerait à son retour, l'attendant pour le tuer s'ils pouvaient. Mais Dieu dans sa bonté en ordonna autrement et bien mieux, car le comte eut vent de la chose; et sortant par un autre chemin que celui qu'il avait suivi en arrivant, il évita le piége qu'on lui tendait.

Tout ce que dessus dûment achevé, et le concile ayant duré plusieurs jours, les prélats s'en revinrent chez eux, et le légat avec le comte allèrent à Carcassonne. Cependant le premier envoya à Toulouse l'évêque Foulques pour qu'il occupât de sa part et munît le château Narbonnais (ainsi s'appelaient le fort et le palais du comte Raimond), d'où les Toulousains, sur l'ordre du légat, ou plutôt par la peur qu'il leur inspirait, firent sortir le fils de ce comte pour livrer ledit lieu à leur pasteur, lequel entrant dans la forteresse, la garnit de chevaliers et servans aux frais des citoyens de la ville.

CHAPITRE LXXXII.

Première venue de Louis, fils du roi de France, aux pays albigeois.

L'AN du Verbe incarné 1215, Louis, fils aîné du roi de France qui, trois ans auparavant, avait pris la croix contre les hérétiques, mais avait été arrêté par nombreuses et terribles guerres, se mit en route pour les pays albigeois, après que furent en grande partie assoupies celles que son père avait soutenues contre ses ennemis, afin d'accomplir son vœu de pélerinage. Avec lui vinrent une foule de nobles et puissans hommes, lesquels se réunirent tous à Lyon au jour qu'il leur avait fixé, savoir le jour de la Résurrection du

Seigneur, et là se trouvèrent en sa compagnie Philippe, évêque de Beauvais, le comte de Saint-Pol, Gauthier, comte de Ponthieu, le comte de Séez, Robert d'Alençon, Guichard de Beaujeu, Matthieu de Montmorency, le vicomte de Melun et beaucoup d'autres vaillans chevaliers de haut lignage et de grand pouvoir; enfin le vénérable Gui, évêque de Carcassonne, lequel, sur la prière du noble comte de Montfort, s'était rendu en France peu de temps avant et en revenait avec Louis qui l'aimait bien tendrement, ainsi que tous les autres, et se conformait en tout à sa volonté et à ses conseils. Le lendemain de Pâques, l'évêque, partant de Lyon avec les siens, vint à Vienne, où était arrivé pareillement à la rencontre de son seigneur, c'est-à-dire de Louis, le comte de Montfort, plein de joie et d'espérance; et ne serait facile d'exprimer combien furent vifs, à leur mutuel abord, les transports qui éclatèrent des deux côtés.

Louis ayant dépassé Vienne avec sa suite pour aller à Valence, y trouva le susdit légat, maître Pierre de Bénévent, qui était venu au-devant de lui, lequel, comme nous l'avons dit, ayant, par un secret et sage dessein connu de lui seul, donné l'absolution aux cités de Toulouse et de Narbonne, ennemies de la chrétienté et du comte, et retenant en sa garde et protection les autres châteaux des pays albigeois, craignait que Louis, en sa qualité de fils aîné du roi de France et de seigneur suzerain de tous les fiefs que lui, légat, occupait, ne voulût user de suprématie contre son avis et sa disposition, soit en s'emparant des villes et castels que lui-même avait dans les mains, soit en les détruisant. Par ainsi, comme on le disait, et avec vraisemblance, l'arrivée et la présence de Louis ne plaisaient point à maître Pierre; ni faut-il s'en étonner, puisque, alors que toute ladite contrée fut infectée du venin de l'hérétique dépravation, le roi Philippe, son souverain, maintes fois averti et requis de mettre ordre à un si grand mal et de s'employer à purger son royaume de l'infidèle impureté, n'avait pourtant, comme il le devait, donné conseil ni assistance aucune. Il ne semblait donc pas juste au légat que Louis dût ou pût rien tenter contre ses arrangemens, maintenant que tout le pays avait été conquis par le seigneur pape au moyen des Croisés, d'autant moins qu'il venait comme Croisé seulement et comme pélerin. Mais Louis, rempli qu'il était de douceur et de bénignité, répondit au cardinal de Bénévent qu'il ferait selon son bon plaisir; puis quittant Valence, il arriva à Saint-Gilles, et le noble comte de Montfort avec lui, tandis que revenaient de la cour de Rome les nonces que les archevêques et évêques de la province avaient, ainsi qu'on l'a rapporté plus haut, envoyés vers le seigneur pape, afin de lui demander pour leur maître et monarque, le très-illustre et très-chrétien comte Simon. Sur quoi Sa Sainteté adressa lettres au légat et aux prélats, ensemble au comte de Montfort, sous même forme, contenant qu'elle confiait à la garde de Montfort tout le pays qui avait appartenu au comte de Toulouse, plus celui que les Croisés avaient acquis et que le légat retenait en otage jusqu'à ce qu'elle en ordonnât plus pleinement dans le concile général qu'elle avait convoqué pour les calendes de novembre de l'année courante. Aussitôt Louis et notre comte firent savoir l'arrivée desdits envoyés à maître Pierre, lequel pour lors était avec plusieurs évêques près Saint-Gilles dans la cité d'Arles.

Lettre du seigneur pape au comte de Montfort.

« Innocent, évêque, serviteur des serviteurs de Dieu, à son amé fils, noble homme, Simon, comte de Montfort, salut et apostolique bénédiction. Nous louons dignement dans le Seigneur tes hauts faits et gestes, parce qu'en pur amour et sincérité de cœur tu as glorieusement soutenu les combats pour la cause de Dieu, infatigable et vrai soldat du Christ, ardent et invincible champion de la foi catholique; d'où vient que par toute la terre s'est répandu le bruit de ta piété, que sont versées sur ta tête mille bénédictions et entassées les prières de l'Église pour que tu acquières encore plus de succès, et que ceux qui intercèdent en ta faveur s'étant multipliés avec tes chrétiennes actions, on te garde la couronne de gloire que te donnera le juste juge dans l'éternité future, réservée, comme nous l'espérons pour toi, dans les cieux à cause de tes mérites. Courage donc, guerrier de Jésus-Christ; remplis ton ministère, parcours la carrière ouverte devant tes pas jusqu'à ce que tu saisisses le prix; ne t'affaiblis jamais dans les tribulations, sachant que le Dieu Sabaoth, c'est-à-dire le Dieu des armées et prince de la milice chrétienne, est à tes côtés qui te baille assistance; ne va pas vouloir essuyer la sueur des batailles avant d'avoir emporté la palme de la victoire; et, bien plus, puisque tu as tant noblement commencé, étudie-toi à consommer, dans une fin plus louablement encore poursuivie par la longanimité et la persévérance qui couronnent les grandes œuvres, ce bon début et les suites dont tu as eu soin de l'accompagner dignement, te souvenant, selon la parole de l'apôtre, que nul ne doit être proclamé vainqueur s'il n'a légitimement combattu. Comme donc nous avons jugé convenable de commettre à ta prudence, garde et défense, jusqu'au temps du concile où nous pourrons plus sainement en ordonner sur l'avis des prélats, tout le pays qu'a tenu le comte de Toulouse, plus les autres terres conquises par les Croisés et prises en otage par notre cher fils Pierre, cardinal-diacre de Sainte-Marie en Acquire, légat du siége apostolique, t'en concédant les revenus et profits, ensemble les justices et autres choses appartenant à la juridiction, pour, sauf les dépenses employées à l'approvisionnement et garnison des châteaux occupés en notre nom, subvenir aux frais de la guerre que tu ne peux ni ne dois supporter : nous remontrons en toute diligence à ta noblesse qu'elle n'ait à reculer devant cette mission pour le Christ, te demandant avec toute affection dans le Seigneur, te priant instamment au nom et en vertu de Dieu de ne point la refuser, lorsque lui, acceptant pour ton salut celle que lui a donnée son père, a couru comme un géant jusqu'au gibet de la croix et à la mort, afin de l'accomplir ; nous te demandons de ne point faillir de fatigue puisque tu t'es à son service dévoué tout entier, ni renoncer à combattre dignement pour sa cause, et de ne laisser oncques arriver jusqu'à ton cœur l'envie d'aller contre des conseils si doux et si paternels commandemens ; mais plutôt de t'attacher de suprême desir et sincère amour à faire tout ce que nous t'ordonnons, afin que tu sois éternellement caressé dans les embrassemens du Christ qui, t'invitant à ces étreintes de gloire et de béatitude, étend pour toi ses infatigables bras. Davantage, mets tous tes soins et toute ta prudence à empêcher que tu n'aies couru ou travaillé en vain; prends bien garde que, par ta négligence, les nuées de sauterelles sorties du puits de l'abîme et rejetées, par ton ministère, loin du sol qu'elles avaient inondé, ne puissent (ce que n'advienne) y revenir pour en chasser le peuple de Dieu. Pour nous, espérant de conviction que, soigneux de ton salut, tu ne contreviendras jamais aux mandemens apostoliques, nous avons ordonné aux barons, consuls et autres fidèles serviteurs du Christ établis dans les susdites contrées (de ce leur faisant très-expresses injonctions au nom du Saint-Esprit) qu'ils s'appliquent tout entiers à observer inviolablement tes ordres touchant les affaires de la paix et de la foi, comme autres points ci-dessus rapportés, et te fournissent avis et secours largement et en abondance contre les ennemis de la foi et les perturbateurs; de sorte que, par leur coopération, tu mènes à bonne issue ces affaires confiées à ta loyauté. Pareillement avons mandé au légat et commandé de statuer sur tout ce qu'il jugera leur être expédient, de te donner, dans l'occasion, assistance et conseil, de faire fermement exécuter ce que tu auras décidé, et de contraindre fortement, à ce qui te semblera utile, les contradicteurs, s'il s'en trouve, ou les rebelles, sans tenir compte de condition quelconque ou d'appel.

« Donné à Latran, le quatrième jour avant les nones d'avril, et de notre pontificat l'an dix-huit. »

Louis, en partant de Saint-Gilles, vint à Montpellier

et de là à Béziers, laquelle n'est éloignée de Narbonne que de quatre lieues seulement, et où les gens de cette ville, déterminés par la crainte, députèrent vers lui pour lui signifier qu'ils étaient prêts à faire, en toute chose, selon sa volonté. Ni est-il à taire qu'Arnaud, archevêque de Narbonne, travaillait de tout son pouvoir à ce que les murailles de Narbonne ne fussent ruinées, et même il était, pour ce sujet, allé jusqu'à Vienne à la rencontre de Louis. Il disait en effet que Narbonne était à lui, ce qui était en partie véritable, ayant en outre usurpé et retenu pour son compte le duché de Narbonne que le Toulousain avait de longue date possédé. Toutefois les Narbonnais ne s'en étaient pas moins opposés au comte de Montfort en haine de Dieu et de la chrétienté; voire ils avaient combattu le Christ de tous leurs efforts, introduit dans leur ville et long-temps gardé ses ennemis, et même, l'année précédente, avaient causé, à l'archevêque qui plaidait si vivement pour la conservation de leurs murs, de grandes craintes au sujet de sa propre vie; d'où vient que ce prélat paraissait aux nôtres y mettre trop d'insistance, et agir en cela contre l'intérêt de l'Église et le sien même. Pour cette cause donc et certains autres motifs qu'il n'est nécessaire de rapporter ici, quelque peu de désaccord s'était glissé entre ledit archevêque et le comte de Montfort; mais presque tous jugeaient que le premier, quant aux prétentions que nous venons de dire, ne pourvoyait pas assez pour l'avenir au bien de la foi chrétienne. Finalement, durant que le légat, Louis, le comte de Montfort et tous les pélerins se trouvaient à Béziers, il fut arrêté, d'après la volonté du légat et sur l'avis des prélats qui se trouvaient là en bon nombre, que Louis, selon la décision et par l'autorité du cardinal de Bénévent, ferait démolir les murs de Narbonne, de Toulouse et de quelques châteaux, pour ce que ces forteresses avaient fait beaucoup de mal à la chrétienté, avec défense, toutefois, de troubler les habitans desdits lieux, autrement qu'en ce qui était commis par le légat à son exécution. Ce qu'afin de mieux observer Louis manda aux citoyens de Narbonne de jeter bas eux-mêmes leurs murailles dans l'espace de trois semaines, au gré de deux chevaliers qu'il envoya *ad hoc* en cette ville, et que, s'ils ne le faisaient, ils tinssent pour sûr qu'il les châtierait lourdement. Ils commencèrent donc à démolir les murs de Jéricho, je veux dire de Narbonne; et Louis, sortant de Béziers, vint avec les siens à Carcassonne où, quelques jours après, se rendit le légat, lequel y convoqua dans la maison de l'évêque les évêques qui étaient présens, Louis, le comte de Montfort et les nobles à la suite de Louis; puis, devant eux, il remit, selon la teneur du mandat apostolique, tout le pays à la garde du comte jusqu'au concile général. Cela fait, Louis, partant de Carcassonne, arriva en un certain château voisin qu'on nomme Fanjaux, et y resta peu de jours, tandis que le légat et le comte de Montfort gagnaient Pamiers. Là vint vers le cardinal ce méchant comte de Foix, que Simon ne voulut voir; là aussi fut au comte baillé en garde par le légat le château de Foix que celui-ci avait long-temps occupé, et où Montfort envoya aussitôt de ses chevaliers pour y tenir garnison. Nous ne devons passer sous silence qu'avant son départ de Carcassonne il avait député Gui son frère et chevaliers avec lui pour recevoir Toulouse et s'y établir en son nom, plus faire prêter serment de fidélité aux habitans et leur ordonner d'abattre leurs murailles; ce que firent ceux-ci, bien que malgré eux et à leur grande douleur, contraints par la crainte plutôt qu'induits par amour à obéir, si bien qu'à compter de ce jour, l'orgueil de cette ville superbe fut enfin humilié. Après la remise du château de Foix dans les mains du comte, le légat, Louis et Montfort, ensemble tous les pélerins, se dirigèrent vers Toulouse et y entrèrent; ensuite Louis et les Croisés à sa suite, ayant atteint le terme de leur pélerinage, retournèrent en France. Quant au légat, partant de Toulouse, il vint à Carcassonne, et y attendit quelques jours le comte de Montfort qui vint le retrouver après être resté le même temps à Toulouse. Puis, ayant fait un long séjour dans ces contrées et s'y étant louablement acquitté de ses fonctions de légat, homme qu'il était de circonspection et de prudence, le cardinal, maître Pierre de Bénévent, laissant tout le pays à la garde de Montfort, selon l'ordre du seigneur pape, descendit en Provence et retourna vers le souverain pontife, suivi du noble comte jusqu'à Saint-Antoine près de Vienne, où ils se séparèrent, l'un pour aller à Rome et l'autre à Carcassonne. Montfort donc revint dans cette ville après être resté quelques jours en Provence; puis, peu de jours ensuite, il se transporta dans les quartiers de Toulouse et d'Agen pour les visiter et redresser ce qu'il y trouverait exiger correction. Ni faut-il taire que les murailles de Toulouse étaient déjà démolies en grande partie. Or, quelques jours après, Bernard de Casenac, homme méchant et bien

Contraste insuffisant

NF Z 43-120-14

cruel, dont nous avons fait mention plus haut, recouvra, par trahison, un certain château en Périgord qui lui avait appartenu, et qu'on nommait Castelnau. En effet, un chevalier de France, auquel le comte en avait confié la garde, ne l'avait pas suffisamment garni et l'avait laissé presque vide; ce qu'apprenant le susdit Bernard, il vint sus, l'assiégea, le prit sur l'heure, et condamna à la mort du gibet les chevaliers qu'il y trouva.

CHAPITRE LXXXIII.

De la tenue du concile de Latran, dans lequel le comté de Toulouse, commis ès mains du comte Simon, lui est pleinement concédé.

L'AN du Verbe incarné 1215, dans le mois de novembre, le seigneur pape Innocent III ayant convoqué, dans l'église de Latran, les patriarches, archevêques, évêques, abbés et autres prélats des églises, célébra, dans la ville de Rome, un concile général et solennel. Entre autres points arrêtés et décidés en ce concile, on y traita des affaires de la foi contre les Albigeois, d'autant que s'y étaient présentés le comte Raimond, autrefois comte de Toulouse, son fils et le comte de Foix, perturbateurs très-déclarés de la paix et ennemis de la religion, pour supplier qu'on leur rendît les domaines qu'ils avaient perdus par la disposition de la justice divine, aidée des efforts des Croisés. Mais, de son côté, le noble comte de Montfort avait envoyé en cour de Rome son frère germain, Gui, et autres émissaires discrets et fidèles. Il est bien vrai qu'ils y trouvèrent quelques gens, et, qui pis est, parmi les prélats, qui s'opposaient aux affaires de la foi et travaillaient à la réintégration desdits comtes; mais le conseil d'Achitophel ne prévalut cependant point, et le désir des méchans fut trompé, car le seigneur pape, d'accord avec la majeure et plus saine partie du sacré concile, ordonna ce qui suit des choses relatives aux suites de la croisade contre les Albigeois. Il statua que la cité de Toulouse et autres terres conquises par les Croisés seraient concédées au comte de Montfort qui s'était porté, plus que tout autre, de toute vaillance et loyauté à la sainte entreprise; et quant aux domaines que le comte Raimond possédait en Provence, le souverain pontife décida qu'ils lui seraient gardés, afin d'en pourvoir, soit en partie, soit même pour le tout, le fils de ce comte, pourvu toutefois que, par indices certains de fidélité et de bonne conduite, il se montrât digne de miséricorde. Or, nous montrerons dans les chapitres suivans combien peu ces prévisions se réalisèrent, et comment ledit jeune homme fit changer une telle grâce en sévère jugement. Après le retour de ses envoyés, le comte de Montfort, sur l'avis des évêques du pays albigeois et de ses barons, se rendit en France près du roi son seigneur pour recevoir les terres qui relevaient de lui; et il ne nous serait facile de rapporter ni au lecteur de croire quels grands honneurs lui furent faits dans ce royaume, accueilli qu'il était dans chaque ville, castel ou bourg sur son passage par le clergé et le peuple qui sortaient en procession à sa rencontre avec longues acclamations et en criant : *Benedictus qui venit in nomine Domini!* Même, telle et si vive était la pieuse et religieuse dévotion du peuple, que celui-là se disait heureux qui avait pu toucher le bout de ses vêtemens. A son arrivée près du roi, le comte en fut aussi reçu avec honneur et très-grande bienveillance; et, après les entretiens d'une aimable familiarité, Philippe lui donna l'investiture du duché de Narbonne et du comté de Toulouse, plus des fiefs relevant de la couronne que les Croisés avaient acquis contre les hérétiques ou leurs défenseurs, et en assura la possession à ses descendans.

Durant que le noble comte était en France, Raimond, fils encore tout jeune de Raimond, jadis comte de Toulouse, contrevenant en tout aux mandats apostoliques, non à cause de sa grande jeunesse, mais plutôt par colère, méprisant en outre la notable faveur et abondante miséricorde que le souverain pontife lui avait accordée, bien qu'il en fût indigne, vint aux contrées provençales; et, conjurant contre Dieu, les droits civils et canoniques, il occupa, avec le secours des Avignonnais, des Tarasconnais et des Marseillais, de l'avis et par l'aide de certains nobles de Provence, le pays que le noble comte de Montfort tenait en garde par l'ordre du seigneur pape. S'étant donc emparé de la terre au-delà du Rhône, il alla vers un très-noble château au royaume de France, dans le diocèse d'Arles, et situé sur le bord de ce grand fleuve, lequel château avait appartenu au comte de Toulouse, puis avait été concédé par l'Église romaine au comte Simon (cession confirmée par le roi), et que l'archevêque d'Arles, dans le domaine duquel il se trouve, avait donné en fief à ce même comte comme à son vassal. Ledit Raimond, venant à Beaucaire, appelé par les hommes de ce château qui avaient fait hommage à Montfort, fut reçu dans le bourg; et comme aussitôt quelques nobles de Provence, les citoyens d'Avignon et de Marseille, ensemble les bourgeois de Tarascon, gens méchans et perfides, furent accourus vers lui, il assiégea le sénéchal du comte [1], les chevaliers et servans qui gardaient la citadelle, et commença à les attaquer vivement. A cette nouvelle, Gui, frère de Montfort, et Amaury son fils aîné, plus les autres barons et chevaliers qui étaient du côté de Toulouse, marchèrent en diligence sur Beaucaire pour secourir, s'ils le pouvaient, leurs compagnons assiégés, ayant avec eux le vénérable Gui, évêque de Carcassonne, lequel, comme on l'a dit souvent, était tout entier aux affaires de la foi. Cependant le très-noble comte de Montfort arrivait en hâte de France, menant avec soi plusieurs chevaliers qu'il y avait levés à grands frais. Quant à Gui son frère, et son fils Amaury, dans leur marche rapide vers Beaucaire, ils vinrent à Nîmes, qui est à quatre lieues de ce château, et y restèrent une nuit; puis, le lendemain, ayant entendu la messe de bon matin, s'étant confessés et ayant reçu la communion du divin sacrement, ils montèrent à cheval et sortirent de Nîmes se portant précipitamment sur Beaucaire. Ils allaient tout prêts à se battre, ne désirant rien tant que de livrer un combat décisif aux ennemis; et durant que nous étions en route, ayant appris que, proche le grand chemin, il y avait un certain château, nommé Bellegarde, qui s'était rendu à nos ennemis et pouvait infester grandement la voie publique, nous nous détournâmes pour l'assiéger sur

[1] Lambert de Limoux.

l'avis des nobles de l'armée; et l'ayant pris aussitôt, nous y passâmes la nuit. Le lendemain, à l'aube du jour, après avoir entendu la messe, nous en partîmes pour arriver vitement devant Beaucaire. Or étaient les nôtres disposés au combat tout en marchant, et rangés en trois troupes au nom de la Trinité. Parvenus à ce château, nous y trouvâmes une multitude infinie de gens qui tenaient assiégés dans la citadelle nos chevaliers et nos servans; toutefois ils n'osèrent sortir des murs inférieurs de la place, bien que les nôtres fussent peu de monde en comparaison, et qu'ils se tinssent long-temps devant les murailles, les invitant à en venir aux mains. Nos gens voyant que les ennemis refusaient le combat, après les avoir attendus et défiés, revinrent au château de Bellegarde pour retourner le lendemain; et tandis que nous étions là, le noble comte de Montfort arriva de France, et courant vers Beaucaire, vint à Nîmes; si bien que partant le même jour de bon matin, lui de cette ville et nous de Bellegarde, nous vînmes devant Beaucaire et assiégeâmes les assiégeans, Montfort d'un côté et nous de l'autre. Sur quoi le fils de l'ex-comte de Toulouse rassembla le plus qu'il put d'Avignonnais, de Tarasconnais et de Provençaux des bords de la mer, ensemble beaucoup d'autres des castels environnans, engeance perfide et renégate, lesquels, réunis contre Dieu et l'athlète du Christ, savoir le comte de Montfort, vexaient de tout leur pouvoir ceux des nôtres qui étaient dans la citadelle. Pour nous, non seulement nous assiégions Beaucaire, mais encore les villes et châteaux susdits, enfin la Provence presque toute entière. Les ennemis avaient établi autour du fort de Beaucaire et en dehors une muraille et un fossé afin de nous en défendre l'approche, battant en outre la place au moyen de machines dites perrières, et lui donnant fréquens et vigoureux assauts que nos gens repoussaient avec une bravoure merveilleuse, et non sans leur tuer beaucoup de monde. Les ennemis avaient aussi construit un bélier d'une grosseur énorme qu'ils appliquèrent contre la muraille de la citadelle et qui la frappait violemment; mais nos gens, à l'aide d'une admirable bravoure et industrie, en amortissaient tellement les coups qu'il n'ébranla du tout ou que très-peu le rempart; bref, les assiégeans firent d'autres et nombreuses machines d'espèces très-diverses que les assiégés brûlèrent toutes. Pour ce qui est du noble Montfort, il continuait le siége à l'extérieur avec des frais immenses et non sans grand péril, car tout le pays avait donné à la male route, si bien que nous ne pouvions avoir de vivres pour l'armée que de Saint-Gilles et de Nîmes, outre qu'il fallait, quand nous en voulions tirer de ces deux villes, y envoyer des chevaliers pour escorter ceux qui les apportaient. Il fallait aussi que, sans relâche, tant de nuit que de jour, le tiers des chevaliers de l'armée se tînt prêt au combat, parce qu'on craignait que les ennemis ne nous attaquassent à l'improviste (ce que pourtant ils n'osèrent jamais essayer), et parce qu'il était nécessaire de garder continuellement les machines. Le noble comte avait fait dresser une perrière qui jouait contre le premier mur du bourg, car il n'avait pu en faire élever plusieurs, vu qu'il n'avait pas assez de monde pour les faire agir, et que, quant aux chevaliers du pays, ils étaient tièdes pour sa cause, poltrons et de mince ou de nul service à l'armée du Christ, tandis que ceux des ennemis étaient pleins de courage et d'audace. Ni devons-nous taire que quand ceux-ci pouvaient prendre quelques-uns des nôtres, soit clercs, soit laïques, ils les condamnaient à une mort honteuse, les pendant, égorgeant les uns et démembrant les autres. O guerre ignoble! ô victoire ignominieuse! Un jour ils prirent un de nos chevaliers, le tuèrent, le pendirent et lui coupèrent les pieds et les mains. O cruauté inouïe! Bien plus, ils jetèrent ces pieds mutilés dans la citadelle, au moyen d'un mangonneau, pour terrifier ainsi et irriter nos assiégés. Cependant Raimond, jadis comte de Toulouse, parcourait la Catalogne et l'Arragon, rassemblant ce qu'il pouvait de soldats pour entrer sur nos terres, et s'emparer de Toulouse dont les citoyens, race mauvaise et infidèle, étaient, s'il venait, disposés à le recevoir. En outre, les vivres manquèrent à ceux des nôtres qui étaient enfermés dans Beaucaire (car jamais les ennemis n'auraient pu les prendre s'ils en avaient eu seulement assez pour se soutenir); ce dont ils donnèrent connaissance à notre comte, lequel fut saisi d'une vive anxiété et ne savait que faire, ne pouvant délivrer les siens et ne voulant entendre à les abandonner à une mort certaine. Sur le tout, la cité de Toulouse et le reste du pays qu'il possédait était sur le point d'apostasier. Toutes ces choses soigneusement considérées, le noble et loyal comte chercha de quelle manière il pourrait délivrer les siens et obtenir qu'ils lui fussent rendus. Que dirai-je? nous entrons en pourparler par intermédiaires avec les ennemis, et il est convenu que les assiégés du fort de Beaucaire le livreront, moyennant qu'il leur serait permis d'en sortir vies et bagues sauves ; ce qui fut fait. Au demeurant, si l'on examine les circonstances de ce siége, on verra que le noble comte, bien qu'il n'ait eu la victoire pour lui, n'en remporta pas moins la gloire d'une loyale générosité et d'une loyauté généreuse. A son départ de Beaucaire, ce vaillant homme revint à Nîmes, et y ayant laissé sa cavalerie pour garder la ville et courir le pays, il marcha en hâte vers Toulouse ; ce qu'apprenant Raimond, jadis comte de cette ville, lequel venait de sa personne pour l'occuper, il s'enfuit avec honte. Or, chemin faisant, Montfort avait envoyé devant lui quelques-uns de ses chevaliers à Toulouse ; et comme les habitans, perfides qu'ils étaient et disposés à trahison, les eurent pris et renfermés dans une maison, irrité à la fois et bien fort étonné d'une telle insolence, le comte, voyant que les Toulousains voulaient lui résister, fit mettre le feu dans un endroit de la ville. D'abord ils se réfugièrent dans le bourg, voulant encore faire résistance ; mais voyant que le comte se préparait à leur donner l'assaut, ils eurent peur et s'abandonnèrent eux et leur cité à sa discrétion. Sur quoi Montfort fit renverser de fond en comble les murailles et les tours de la ville, prenant en outre des otages parmi les citoyens, lesquels il mit en garde dans ses châteaux. Cependant les gens de Saint-Gilles, apostats et infidèles, reçurent dans leurs murs le fils de l'ex-comte de Toulouse contre la volonté de leur abbé et des moines qui, pour cette cause, enlevèrent de l'église le corps de Christ, sortirent de Saint-Gilles nu-pieds et le frappèrent d'interdit et d'anathême. Quant au noble comte, après avoir passé quelques jours à Toulouse, il alla en Gascogne où fut célébré le mariage entre Gui, son fils cadet [1], et la comtesse de Bigorre, puis revint à Toulouse peu de jours ensuite.

CHAPITRE LXXXIV.

Siége de Montgrenier.

En ce temps-là, ce vieil ennemi et persécuteur infatigable de la cause du Christ, le comte de Foix, contrevenant aux commandemens du souverain pontife et du second concile général au sujet de la paix, ou du moins de la trève à observer pendant quinze ans, avait construit près de Foix un certain fort qu'on nommait Montgrenier, lequel était assis au sommet d'une montagne très-haute, et semblait, au jugement humain, non seulement inexpugnable, mais presque inaccessible. Là habitaient les perturbateurs et destructeurs de la foi; là les ennemis de l'Église avaient leur refuge et leur repaire. Le comte de Montfort apprenant que cette citadelle était pour eux un moyen de porter à la chrétienté de notables dommages, qui, s'ils n'étaient promptement réprimés, pourraient préjudicier plus qu'on ne saurait dire aux affaires de Jésus-Christ, forma le dessein de l'assiéger; et l'an

---

[1] Le texte porte *fratrem*; c'est *filium* qu'il faut lire. Cette comtesse ou héritière de Bigorre fut enlevée à son légitime mari pour être livrée à ce second fils de Montfort qui, par là, acquérait un riche domaine.

du Verbe incarné 1216, le sixième jour de février, ce vaillant prince arriva devant Montgrenier, défendu par Roger Bernard, fils du comte de Foix, l'égal de son père en méchanceté, ensemble plusieurs chevaliers et servans. Or le traître ne croyait pas que nul parmi les mortels pût non seulement prendre son fort, mais osât même l'attaquer dans une telle saison, vu, comme nous l'avons dit, qu'il était situé dans des montagnes très-hautes et très-froides, et qu'on était dans l'hiver, lequel en cet endroit est d'ordinaire très-âpre. Mais le brave Montfort, se confiant dans celui qui commande aux eaux et aux vents, et donne le secours avec les épreuves, ne redoutant ni les orages ni la rigueur des neiges, ni l'abondance des pluies, et formant le siége au milieu des boues et du froid, se prit à le pousser vivement, malgré les efforts des chevaliers du château; et comme nous pourrions à peine raconter par le menu toutes les difficultés et tous les travaux de cette entreprise, disons en peu de mots qu'il convient de l'appeler un martyre plutôt qu'une fatigue. Bref, après nombre de jours, l'eau étant venue à manquer dans la place aussi bien que les vivres, l'envie de résister encore faillit également aux assiégés; car les nôtres, bien qu'à grand'peine, fermaient nuit et jour toutes les issues si étroitement que les ennemis ne pouvaient introduire dans le château aucune provision et n'osaient descendre pour puiser de l'eau. Accablés de telles souffrances, ils traitèrent donc de la reddition de Montgrenier; et comme les assiégeans ne connaissaient pas bien toute leur situation, ils consentirent plus aisément à leurs demandes : or elles étaient qu'il leur fût permis de sortir du château avec leurs armes, ce qui fut fait. Roger Bernard jura de plus au comte qu'il ne lui ferait point la guerre pendant une année; mais nous montrerons plus bas combien il observa mal ce serment.

Le château fut rendu la veille de la Résurrection du Seigneur, et après que le noble comte y eut aussitôt mis garnison de ses servans, il revint à Carcassonne, d'où il marcha sur certains châteaux du diocèse de Narbonne voisins de Termes, où habitaient routiers qui, pour leurs péchés, avaient été chassés de leurs terres; il prit les uns de force, et reçut les autres sans aucune condition. Ces choses dûment faites, Montfort gagna les quartiers de Provence, à savoir vers le diocèse de Nîmes, pour autant que la ville de Saint-Gilles ayant fait pacte de mort avec les gens d'Avignon et de Beaucaire, ensemble plusieurs châteaux dudit diocèse qui avaient rompu cette même année avec Dieu et l'Église, s'était rendue à Raimond, fils de Raimond, ex-comte de Toulouse. Comme donc le noble comte, pour cause de pélerinage et du consentement de l'abbé, souverain seigneur de Saint-Gilles, y fut arrivé, les habitans ne voulurent l'y admettre; et en appelant au seigneur cardinal Bertrand, ils fermèrent leurs portes; sur quoi notre comte, homme qu'il était plein d'humilité et de dévotion, s'éloigna de Saint-Gilles par déférence pour cet appel. En effet, dans ce temps était venu en Provence maître Bertrand, cardinal-prêtre du titre de Saint-Jean et Saint-Paul, légat du siége apostolique, personnage de grande science et d'immense vertu, envoyé par le souverain pontife pour ordonner des choses qui concernaient la paix et la foi dans les provinces de Vienne, d'Arles, d'Aix, Embrun et Narbonne, lequel était pour lors au-delà du Rhône dans la cité d'Orange, et à qui les citoyens d'Avignon et de Marseille, non plus que les gens de Saint-Gilles, de Beaucaire et de Tarascon, ne voulaient obéir, ayant tourné à réprobation et apostasie. Cependant le noble comte de Montfort attaquait vivement les châteaux qui, comme nous l'avons dit, avaient, au diocèse de Nîmes, apostasié cette année même, secouru par Gérard, archevêque de Bourges, et Robert, évêque de Clermont, homme puissant qui, l'année précédente, avait pris la croix contre les perturbateurs et les ennemis de la foi. Soutenu de leur assistance et de celle de nombreux chevaliers et servans venus avec eux, Montfort assiégea un certain château près Saint-Gilles, nommé Posquières, et s'en étant rendu maître, il assiégea un autre château appelé Bernis, qu'il prit après de vaillans efforts, et où il fit pendre à des potences beaucoup de ceux qu'il y trouva, selon leurs mérites. Or ces triomphes frappèrent à tel point de terreur tous les apostats du pays, qu'ils laissèrent vides tous les châteaux qu'ils occupaient et fuirent à l'approche du comte ; si bien que, dans toute la contrée en deçà du Rhône, il en resta à peine qui lui résistassent, fors Saint-Gilles, Beaucaire et quelques autres citadelles en très-petit nombre. Cela fait, le comte descendit vers un bourg sur le Rhône, que l'on nomme port Saint-Saturnin, tandis que le cardinal passait ce fleuve près de Viviers (voulant voir le comte et avoir avec lui une conférence pour les affaires de Jésus-Christ), car le passage du Rhône n'était plus libre sur aucun point plus voisin, vu que les Avignonnais et autres ennemis de la foi s'opposaient à la sainte entreprise et aux efforts des Croisés; de telle sorte que le cardinal se plaignait qu'ils l'eussent en quelque façon tenu assiégé dans la cité d'Orange. Il vint donc à Saint-Saturnin où, entre autres outrages qu'il y reçut des infidèles, le moindre ne fut pas qu'étant assis avec beaucoup de clercs et de laïques en vue du Rhône, soudain les ennemis de Dieu qui garnissaient le port lancèrent contre lui sept ou huit carreaux dont la Providence divine put seule le préserver. Toutefois, le secrétaire du pape, lequel était présent, fut blessé. Pour ce qui est du comte, il se rendit en ce lieu avec diligence et allégresse bien grandes, auprès du légat, auquel cet homme très-chrétien rendit tels honneurs qu'il ne serait facile de l'expliquer. Vers le même temps, l'archevêque de Bourges et l'évêque de Clermont ayant atteint le terme de leur pélerinage, savoir quarante jours, s'en retournèrent chez eux. Quant au comte, il assiégea vaillamment, prit et rasa la très-forte citadelle de Dragonet, située sur la rive du Rhône, ayant pris tous ceux qui étaient dedans et les ayant jetés dans les fers; et avait été cette tour construite pour être une caverne de larrons, lesquels dépouillaient les pélerins et autres qui venaient tant par terre que par eau. Ceci terminé, l'avis et la volonté du cardinal fut que le noble comte passât le Rhône et gagnât la Provence pour y réprimer les perturbateurs de la paix, entre lesquels étaient Raimond, fils de l'ex-comte de Toulouse, et Adhémar de Poitiers, avec leurs complices qui, dans ces quartiers, troublaient de tout leur pouvoir les affaires de la foi. Montfort obéit au cardinal et se fit apprêter exprès des vivres, des barques pour traverser ce fleuve; ce qu'apprenant les ennemis, ils s'assemblèrent par terre pour l'empêcher de passer à eux, tandis que les Avignonnais venaient par le Rhône avec des navires bien armés pour servir au même dessein; mais quand ils eurent vu traverser un très-petit nombre de chevaliers du comte, frappés d'effroi par un divin miracle, ils cherchèrent leur salut dans la fuite; et pareillement une terreur si grande saisit tous ceux qui, dans ce pays, adhéraient aux ennemis de Montfort, qu'ils abandonnèrent beaucoup de petits châteaux. Le noble comte passa donc avec les siens, et vint à un château qu'on appelle Montélimar, suivi du cardinal, à la volonté et de l'ordre duquel il faisait toutes choses. Or Guitard d'Adhémar, seigneur de Montélimar pour majeure partie, était avec les ennemis du comte, bien qu'il fût homme lige du seigneur pape, et ne voulut rendre au cardinal ledit château dont il avait fait le réceptacle des hérétiques, malgré la sommation qui lui fut adressée; mais les habitans reçurent le comte, d'autant qu'un certain chevalier, qui était aussi seigneur de Montélimar et parent dudit Guitard, était et avait toujours été du parti de Montfort. Après avoir passé quelques jours en ce lieu, notre comte marcha au siége d'un château du diocèse de Valence, ayant nom Crest, et appartenant à Adhémar de Poitiers, qui, comme nous l'avons dit déjà, était son ennemi, et avait violemment persécuté l'évêque de Valence dont la ville adhérait et avait toujours adhéré à la cause du soldat de Dieu. A son arrivée devant Crest, le comte assiégea ce château très-noble et très-fort, bien garni de chevaliers et de servans, et après en avoir formé le siége, commença à l'attaquer bravement, de même que les gens de la place à se défendre de toutes leurs forces. Là se trouvaient de notre côté plusieurs des évêques du pays et des chevaliers français au nombre de cent environ, que le roi Philippe avait envoyés au comte pour servir avec lui pendant six mois. Durant ce siége, on essaya de rétablir la paix entre lui et Adhémar; et, après beaucoup de paroles et de longues négociations, un traité fut conclu entre eux deux avec promesse réciproque que le fils d'Adhémar épouserait la fille du comte; même Adhémar livra à Montfort, pour garantie qu'à l'avenir il ne l'attaquerait en rien, quelques-uns de ses châteaux. En outre, un certain noble du pays, nommé Dragonet, se rendit à notre comte dont il s'était séparé l'année précédente. Enfin, la paix fut également rétablie entre Adhémar et l'évêque de Valence.

Tandis donc que le Seigneur Jésus avançait si miraculeusement les affaires en ces contrées, le vieil ennemi voulut empêcher ce qu'il s'affligeait de voir en si bon train. En effet, à la même époque, les citoyens de Toulouse, ou, pour mieux dire, de la cité de fourberie, agités d'un instinct diabolique, apostats de Dieu et de l'Église, et s'éloignant du comte de Montfort, reçurent Raimond, leur ancien comte et seigneur, qui, pour l'exigeance de ses mérites, avait été déshérité par l'autorité du souverain pontife, bien plus[1], du second concile général de Latran. Or étaient la noble comtesse épouse de Montfort, celle de Gui son frère, et de ses fils Amaury et Gui, ensemble beaucoup de fils et filles, tant du comte que de son frère, dans la citadelle de Toulouse qu'on nomme

[1] *Imo.*

château Narbonnais. Aussitôt ledit Raimond, Roger Bernard, fils du comte de Foix, et certains autres qui étaient venus avec lui, commencèrent à fortifier nuit et jour la ville d'un grand nombre de barrières et de fossés, tandis qu'à la nouvelle de cette trahison Gui de Montfort et Gui, frère et fils du comte, avec plusieurs chevaliers, marchaient en toute hâte vers Toulouse, ayant avec eux ceux que le comte avait laissés du côté de Carcassonne pour garder le pays, lesquels se jetèrent dans la susdite citadelle où était la comtesse, se postant dans les maisons du dehors pour que les ennemis ne pussent l'assiéger extérieurement.

CHAPITRE LXXXV.

Second siége de Toulouse.

En apprenant l'apostasie de Toulouse, le comte passa le Rhône et revint en toute hâte sur ses pas suivi du cardinal, et arrivant ensemble devant la ville, ils l'assiégèrent en l'an 1217. Or était cette cité très vaste et très-populeuse, garnie de routiers et autres en grand nombre, lesquels étaient auparavant ennemis secrets de Montfort, et s'y étaient réunis pour la défendre contre Dieu, le comte et la sainte Église qu'il travaillait de toutes ses forces à faire triompher. En effet, beaucoup de châteaux et de nobles autour de Toulouse avaient trempé dans la trahison, promettant secours en temps et lieu. Comme le noble comte fut venu avec les siens jusqu'aux fossés de Toulouse, voulant prendre la ville d'assaut, il fut violemment repoussé par les habitans, et vint camper près du château Narbonnais; puis, pour autant que Toulouse ne pouvait être assiégée efficacement, si, au-delà de la Garonne qui la protège du côté de la Gascogne, il n'y avait une armée pour empêcher les Toulousains de sortir par les deux ponts jetés sur ce fleuve, le comte le passa avec une troupe des siens, laissant en deçà près son fils Amaury avec bon nombre de chevaliers, et il demeura de ce côté quelques jours; mais comprenant enfin que la troupe d'Amaury ne suffisait pas pour résister aux ennemis, il traversa de nouveau la Garonne, afin de faire, en réunissant deux corps trop faibles et en péril, une armée capable de se défendre. N'oublions point de rapporter un miracle que Dieu fit dans ce second passage, afin que gloire lui soit rendue toujours et en toutes choses. Comme le comte, tout armé et monté sur son cheval bardé, voulait entrer dans le bateau, il tomba dans le fleuve à l'endroit le plus profond, et ne reparaissant pas, la crainte, l'effroi et une extrême douleur saisissent soudain tous les nôtres. Rachel pleure son fils, l'enfer hurle de joie et se réjouit dans ce malheur; il appelle les nôtres orphelins quand leur père vit encore. Toutefois celui qui, à la prière d'Élisée, voulut qu'une hache surnageât sur l'eau, enleva notre prince de l'abîme, lequel en sortit étendant très-dévotement ses mains jointes vers le ciel, et aussitôt il fut, avec bien grande joie, retiré par les nôtres dans la barque, et conservé sain et sauf à la sainte Église, pour laquelle il s'opposait comme une barrière à la rage de ses persécuteurs.

O clémence ineffable du Sauveur ! Cependant les Toulousains dressèrent un grand nombre de perrières et de mangonneaux, afin de ruiner le château Narbonnais, d'accabler de pierres le cardinal Bertrand, légat du siége apostolique, avec ses compagnons, et de lapider en lui l'Église romaine. O combien de fois ledit cardinal eut peur là même de mourir, lui qui, plein de prudence, ne refusa jamais de vivre pour la cause de Jésus-Christ ! Dans le même temps, le noble comte reçut des otages des gens de Montauban, parce qu'ils étaient soupçonnés de brasser avec les Toulousains quelques supercheries contre la paix, portant le miel sur les lèvres et le fiel dans le cœur; ce qui fut bien prouvé par la suite, quand le sénéchal d'Agen étant venu à Montauban au nom du comte de Montfort, avec l'évêque de Lectoure, les habitans envoyèrent à Toulouse durant qu'il dormait sans crainte, mandant à l'ex-comte Raimond qu'il vînt avec les Toulousains dans leur ville, qu'ils lui livreraient ledit sénéchal et tueraient tous ses compagnons; sur quoi, Raimond envoya cinq cents hommes armés qui, entrant la nuit même dans le château (car il était voisin de Toulouse), barricadèrent les places, de l'avis des habitans qui étaient plus de trois mille, placèrent des gardes à la porte des maisons où couchaient le sénéchal et les gens de sa suite de peur qu'ils n'échappassent, et, pour plus grande précaution, y mirent une grande quantité de bois, afin que, s'ils ne pouvaient les prendre autrement, du moins ils les brûlassent tous. Cela fait, les Toulousains se mettent à pousser de grands cris, les trompettes sonnent, un grand mouvement et un grand tumulte éclatent; les

Français se lèvent sommeillant et étourdis, se confiant non dans leurs forces, mais dans le seul secours de Dieu. Soudain ils s'arment; et bien que dispersés dans la place, ils ont tous une même volonté, la même foi dans le Seigneur, le même espoir de vaincre; ils sortent de leur logis malgré les ennemis sur qui ils se ruent impatiens comme des lions; les traîtres prennent la fuite, les uns tombent dans les lacs qu'ils avaient préparés, d'autres se précipitent en bas des murs, bien que personne ne les poursuive. Bref, les nôtres s'emparent de presque tous leurs meubles et brûlent le reste.

CHAPITRE LXXXVI.

Comment les Toulousains attaquèrent les assiégeans, et comment le comte de Montfort fut tué le lendemain de la Nativité de saint Jean-Baptiste.

Après que le noble comte eut employé déjà environ neuf mois au siége de Toulouse, un jour, savoir le lendemain de la Saint-Jean-Baptiste, les assiégés s'armèrent de grand matin afin de nous attaquer brusquement, selon leur perfidie accoutumée, pendant que quelques-uns des nôtres dormaient encore et que quelques autres étaient occupés à entendre la messe; et, pour se jeter sur nous plus à l'improviste, pour faire plus de mal à leurs ennemis hors de garde, ils ordonnèrent que l'attaque fût faite des deux côtés, afin que nos gens, surpris sans s'y attendre, et forcés de combattre en deux endroits, fussent moins prompts à venir à leur rencontre et moins capables de soutenir leur charge. On annonça donc au comte que les assiégés s'étaient armés et s'étaient cachés en dedans de la forteresse le long du fossé; ce qu'apprenant, comme il entendait les matines, il ordonna qu'on préparât ses armes, et, s'en étant revêtu, cet homme très-chrétien se rendit en hâte à l'église pour ouïr la messe. Or il arriva, durant qu'il était dans l'église et qu'il priait en grande dévotion, qu'une multitude infinie de Toulousains sortirent de leurs fossés par des issues secrètes, se ruèrent, bannières hautes, avec grand bruit et fracas de trompettes sur ceux des nôtres qui gardaient les machines non loin de la ville, tandis que d'autres, sortis d'ailleurs, se dirigeaient sur le gros de l'armée. Aussitôt nos gens coururent aux armes; mais avant qu'ils fussent prêts, le petit nombre d'entre eux chargé de la garde des machines et du camp furent, en combattant contre les ennemis, à tel point criblés de coups et de blessures, qu'il ne serait facile de s'en faire une idée. Au moment même où les ennemis faisaient cette sortie, un exprès vint trouver le comte qui, comme nous l'avons dit, entendait la messe, le pressant de venir sans délai au secours des siens, auquel ce dévot personnage : « Souffre, dit-il, que j'assiste aux divins mystères, et que je voie d'abord le sacrement, gage de notre rédemption. » Il parlait encore qu'arriva un autre courrier, disant : « Hâtez-vous, le combat s'échauffe, et les nôtres ne peuvent plus longtemps en soutenir l'effort. » Sur quoi le très-chrétien comte : « Je ne sortirai, répondit-il, avant d'avoir contemplé mon Rédempteur. » Puis, comme le prêtre eut élevé, suivant l'usage, l'hostie du saint sacrifice, le très-pieux guerrier du Christ, fléchissant les genoux en terre et tendant les mains vers le ciel, s'écria : *Nunc dimittis servu* *tuum, Domine, secundum verbum tuum, in pace; quia viderunt oculi mei salutare meum;* et il ajouta : « Allons, et, s'il le faut, mourons pour celui qui a daigné mourir pour nous. » A ces mots, l'invincible athlète courut au combat qui devenait à chaque instant plus sérieux, et dans lequel déjà plusieurs, de part et d'autre, avaient été blessés ou tués. Mais à l'arrivée du soldat de Dieu, les nôtres doublant de force et d'audace, repoussèrent vaillamment les ennemis en masse, et les rejetèrent jusqu'aux fossés. Après quoi, le comte et le peu de monde qui était avec lui se retirant à cause d'une grêle de pierres et de l'insupportable nuée de flèches qui les accablaient, s'arrêtèrent devant les machines, derrière des claies, pour se mettre à l'abri des unes et des autres; car les ennemis lançaient sur les nôtres une énorme quantité de cailloux au moyen de deux trébuchets, un mangonneau et plusieurs engins; et qui pourrait écrire ou lire ce qui suit? qui pourrait, dis-je, le raconter sans douleur ou l'écouter sans longs sanglots? Oui, qui ne fondra en larmes et ne se liquéfiera tout entier en oyant que la vie des malheureux fut, on peut dire, broyée dans la personne de celui dont la mort fut la mort de toutes choses? car il était la consolation des affligés, la force des faibles, le refuge des misérables, l'allégement de leurs peines. Accomplissons donc ce récit lugubre.

Tandis que le très-vaillant comte était, comme nous l'avons dit, posté avec les siens devant nos machines, afin d'empêcher que les assiégés ne sortissent derechef pour les ruiner, voilà qu'une pierre, partie de leur mangonneau, frappa le soldat du Christ à la tête, lequel, renversé de la mortelle atteinte, se touchant deux fois la poitrine, recommandant son ame à la benoiste Vierge, imitant la mort de saint Étienne et lapidé dans sa ville [1], s'endormit avec lui dans le Seigneur. Ni faut-il taire que ce très-courageux guerrier de Dieu, et pour ne nous tromper, ce très-glorieux martyr du Christ, après avoir reçu le coup de la mort, fut percé de cinq flèches, comme le Sauveur pour qui il trépassa patiemment, et en compagnie duquel, ainsi que nous croyons, il vit heureusement dans la vie éternelle. Son fils aîné Amaury lui succéda, jeune homme plein de bonté et de valeur, et imitateur en toutes choses de la valeur et bonté paternelle. Tous les chevaliers français qui tenaient fiefs de Simon de Montfort firent hommage au nouveau comte et lui jurèrent fidélité; mais peu de jours après, voyant qu'il ne pourrait plus long-temps assiéger Toulouse, tant parce qu'à la nouvelle de la mort de son père un grand nombre de gens du pays, méchans apostats, se séparaient de lui et de l'Église, ou même se joignaient aux ennemis du Christ, que parce qu'il était épuisé d'argent et que les vivres manquaient à l'armée, outre que les pélerins voulaient s'en retourner chez eux, il leva le siége, abandonnant le château Narbon-

---

[1] Allusion à l'église principale de Toulouse consacrée à saint Étienne.

nais qu'il ne pouvait tenir, et emporta à Carcassonne le corps du feu comte, après l'avoir fait embaumer à la mode de France [1].

Ici finit l'histoire des faits et triomphes mémorables du noble homme, le seigneur Simon, comte de Montfort.

[1] Il fut inhumé dans le monastère de Hautes-Bruyères, de l'Ordre de Fontevrault, situé à une lieue de Montfort-l'Amaury.

ÉCLAIRCISSEMENS

ET PIÈCES HISTORIQUES

SUR L'HISTOIRE DES ALBIGEOIS.

I.

SUR L'ORIGINE DU NOM D'ALBIGEOIS.

(Extrait de l'*Histoire générale du Languedoc*, par Dom Vaissette, tom. III, not. 13, pag. 553.)

1. « Les modernes sont partagés touchant cette origine; les uns prétendent que le nom d'*Albigeois* fut donné aux hérétiques de la province dès le temps de saint Bernard, à cause qu'il y avait alors un grand nombre de ces sectaires à Albi ou dans le diocèse; les autres soutiennent, au contraire, que les hérétiques de Languedoc furent ainsi nommés parce que leurs erreurs furent condamnées dans le concile tenu à Lombers en Albigeois; en sorte qu'on leur aurait donné ce nom dès l'an 1165 que ce concile fut tenu. Basnage, célèbre protestant, réfute l'opinion de ces derniers; il prétend « que, comme les hérétiques qui « furent condamnés en 1179 dans le concile de Latran « étaient dans la Gascogne et le pays d'*Albi*, c'est là « la véritable raison qui les faisait appeler Albigeois; « au lieu, ajoute-t-il, que Catel et d'autres historiens

« veulent que cette qualité leur ait été donnée à cause
« que leur première condamnation fut prononcée à
« Albi : ce fait est faux, poursuit-il; mais de plus on
« ne tire jamais le nom d'une secte du lieu où elle a
« été condamnée. » Ainsi, suivant cet auteur, le nom
d'Albigeois aura été en usage dès l'an 1179 pour signifier les hérétiques qui habitaient ce pays et la Gascogne. Mais on ne peut pas tirer cette induction du canon du concile de Latran qu'il cite; il y est parlé seulement en général des hérétiques nommés *Cathares, Patarins* et *Poblicains*, qui avaient fait des progrès *dans la Gascogne, l'Albigeois, le pays de Toulouse et ailleurs*. Or, comme le concile ne marque pas qu'ils étaient en plus grand nombre dans l'Albigeois que dans la Gascogne et le Toulousain, et qu'on voit au contraire, par les actes de la mission que le cardinal de Saint-Chrysogone avait faite l'année précédente à Toulouse et aux environs, qu'ils y dominaient encore plus que dans l'Albigeois, il s'ensuivrait que, si on leur eût donné alors le nom d'un pays, on aurait dû les appeler plutôt *Gascons* et *Toulousains* qu'Albigeois. D'ailleurs nous ferons voir bientôt que ce dernier nom n'a pas été donné aux hérétiques avant le commencement du treizième siècle, et qu'ils étaient alors bien plus étendus dans le Toulousain, les diocèses de Béziers et de Carcassonne que dans celui d'Albi. La difficulté subsiste donc; et si les Albigeois n'ont pas pris leur nom de leur condamnation au concile de Lombers (quoiqu'il ne soit pas impossible, malgré ce qu'en dit Basnage, qu'on ne puisse tirer le nom d'une secte du lieu où elle a été condamnée), il est vrai de dire qu'on n'a aucune

preuve qu'ils aient été ainsi nommés, parce qu'ils étaient en plus grand nombre à Albi et dans les environs que partout ailleurs.

« Enfin le célèbre M. de Thou, suivi par le père Percin, donne une autre étymologie à ce nom ; il le fait dériver d'*Albe* ou *Alps*, ancienne capitale du Vivarais, où il suppose que les Vaudois passèrent du Lyonnais, et d'où, ajoute-t-il, ils se répandirent dans le reste de la province. On ne trouve cette étymologie que dans l'édition de l'histoire de M. de Thou, de l'an 1626, et elle manque dans celles de 1604, 1606 et 1609. Au reste cette opinion est sans fondement ; car il n'y a pas lieu de douter que le nom d'Albigeois, donné aux hérétiques du treizième siècle, ne vienne du pays de ce nom, dans l'ancienne Aquitaine. Tout consiste à savoir s'ils furent ainsi appelés, ou parce qu'ils furent condamnés dans le pays, ou parce qu'ils y étaient en plus grand nombre que partout ailleurs. »

II. « Pour connaître la véritable origine du nom d'*Albigeois*, il faut recourir aux anciens auteurs et aux monumens du temps. Nous n'en trouvons aucun avant la fameuse croisade qui fut entreprise en 1208 contre ces hérétiques qui leur ait donné le nom d'Albigeois. Tels sont, entre les contemporains, Pierre, le vénérable abbé de Cluni ; saint Bernard, abbé de Clairvaux ; Roger de Hoveden ; Guillaume de Neubrige ; Bernard, abbé de Fontcaude, au diocèse de Narbonne, qui écrivit, en 1185, un traité *contre les Vaudois et les Ariens* de la province ; et enfin Alain, religieux de Cîteaux et évêque d'Auxerre, mort en 1202, dans son traité contre les mêmes hérétiques, qu'il dédia à Guillaume VIII, seigneur de Montpellier.

Il fallait sans doute que Casimir Oudin [1] n'eût pas lu ce dernier ouvrage, car il avance que l'auteur y fait mention des hérétiques albigeois : aucun de ces auteurs ne leur donne ce nom. »

« Entre ceux qui ont écrit depuis la croisade de 1208, l'un des plus célèbres est Pierre, moine de l'abbaye de Vaulx-Cernay, au diocèse de Paris, qui dédia son histoire des Albigeois ou d'*Albigeois*, comme il y a dans le titre, au pape Innocent III. Son témoignage est d'autant plus respectable qu'il était témoin oculaire de cette croisade. Or cet auteur marque clairement, dans son épître dédicatoire au pape, l'étymologie du nom d'Albigeois par rapport à ces hérétiques : *Unde sciant*, dit-il, *qui lecturi sunt, quia in pluribus hujus operis locis, Tolosani, et aliarum civitatum et castrorum hæretici, et defensores eorum, generaliter Albigenses vocantur; eo quod aliæ nationes hæreticos Provinciales Albigenses consueverint appellare.* »

« On voit, par ce que nous venons de dire, qu'avant la croisade de l'an 1208, le nom d'*Albigeois*, pour désigner les hérétiques de la Provence, n'était pas encore connu, et qu'on les appelait *Toulousains* ou *Provençaux*. En effet, Pierre de Vaulx-Cernay lui-même leur donne communément ce dernier nom; il les appelle les *hérétiques toulousains* dans plusieurs endroits de son histoire. Arnaud, abbé de Cîteaux, leur donne le même nom en 1212; et le pape Innocent III, qui en parle souvent dans ses épîtres, ne les nomme jamais que les *hérétiques provençaux* ou *de Provence*, excepté dans une lettre qu'il adressa

---

[1] *De Script. eccles.* tom. 2, p. 1403.

le 2 juillet de l'an 1215, à Simon de Montfort, dans laquelle il les appelle *les hérétiques albigeois*. Quant à la dénomination *de Provençaux*, elle vient, non de ce que la Provence propre fut infectée la première de leurs erreurs, comme le croit un historien moderne, mais parce qu'on comprenait alors le Languedoc dans la Provence généralement dite. On peut remarquer encore que ce sont les étrangers qui se croisèrent en 1208 qui donnèrent les premiers le nom d'*Albigeois* aux hérétiques qu'on nommait auparavant *Provençaux*, ou qu'on désignait sous divers autres titres [1]. »

« On peut confirmer tout ceci par l'autorité de Robert, religieux de Saint-Marien d'Auxerre, qui écrivait dans ce temps-là, et qui finit sa chronique à l'an 1211. Cet auteur, sous les années 1201, 1206 et 1207, donne le nom de *Bulgares* (*Bulgarorum hæresis*) aux hérétiques de la Provence; et, sous l'an 1208, il fait plusieurs mentions des hérétiques *albigeois* à l'occasion de la mort du légat Pierre de Castelnau et de la croisade qui fut publiée en conséquence ; c'est ainsi que Guillaume de Nangis, dans sa chronique, appelle *Bulgares* en 1207 ceux qu'il nomme *Albigeois* en 1208. *Anno 1207*, dit cet auteur, *Bulgarorum hæresis invaluerat in terra comitis Tolosani et principum vicinorum*, etc. *Anno 1208, Guillelmus Bituricensis archiepiscopus parans iter contra*

---

[1] Je ne crois pas que Dom Vaissette ait tiré, des paroles de Pierre de Vaulx-Cernay, leur véritable conséquence ; elles prouvent qu'avant la croisade on donnait, en France, aux hérétiques du Languedoc et de la Provence, le nom de *Provençaux* ou de *Toulousains* ; mais que les autres nations les appelaient déjà généralement *Albigeois*.

Albigenses, in Christo dormivit. Il résulte de ce que nous venons d'établir, que le nom d'*Albigeois*, pour signifier les hérétiques de la province, n'ayant été en usage que depuis l'an 1208, le sentiment de M. l'abbé Fleuri, qui prétend que ce nom leur a été donné au milieu du douzième siècle, à cause du grand nombre d'hérétiques que saint Bernard trouva à Albi et aux environs, ne saurait se soutenir; on doit en dire de même de Basnage, qui leur donne ce nom dès l'an 1179. »

« Mais, dira-t-on, il sera du moins vrai que, lorsque le nom d'Albigeois fut donné aux hérétiques au commencement du treizième siècle, ce fut la ville d'Albi et le reste du diocèse qui y donnèrent occasion, comme il est marqué expressément dans Mathieu Paris, auteur anglais qui vivait vers le milieu du même siècle. *Circa dies istos*, dit cet auteur sous l'an 1213, *hæreticorum pravitas qui Albigenses appellantur, in Wasconia, Aquitania et Albigesio, in partibus Tolosanis et Arragonum regno adeo, invaluit, ut jam non in occulto, sicut alibi, nequitiam suam exercerent; sed errorem suum publice proponentes, ad consensum suum simplices attraherent et infirmos. Dicuntur autem Albigenses, ab Alba civitate, ubi error ille dicitur sumpsisse exordium.* Il est bien certain que les hérétiques albigeois, qui n'étaient pas différens des Manichéens, des Henriciens, des Pétrobusiens, des Bons-Hommes, etc., ne prirent pas leur origine dans la ville d'Albi, et qu'ils avaient infecté diverses provinces du royaume de leurs erreurs avant que de pénétrer dans l'Albigeois. En effet, s'ils avaient pris leur origine à Albi, on leur aurait donné le nom d'Albigeois dans le douzième siècle, durant lequel ils firent tant de ravages en France et dans les pays voisins; il faut donc avoir recours à une autre raison pour trouver l'étymologie de leur nom. »

III. « En 1208, lorsque ce nom fut mis en usage, les hérétiques, qu'on appelait auparavant Manichéens, Bulgares, Ariens, Poblicains, Patarins, Cathares, Vaudois, *Sabbattati* ou *Insabbattati*, avaient, à la vérité, fait de grands progrès dans le diocèse d'Albi, mais beaucoup moins que dans ceux de Toulouse, Béziers, Carcasonne, Narbonne, etc. Aussi le fort de la croisade tomba-t-il sur ces derniers diocèses, où les hérétiques firent beaucoup plus de résistance que dans l'Albigeois, pays qui se soumit volontairement presque tout entier à Simon de Montfort en 1209. Nous inférons de là que les étrangers qui, suivant Pierre de Vaulx-Cernay, donnèrent alors le nom général d'*Albigeois* à tous les hérétiques de la province, soit Manichéens ou Ariens, soit Vaudois, etc., le firent, ou parce que ces sectaires avaient été condamnés longtemps auparavant au concile tenu à Lombers en Albigeois, ou à cause qu'on comprenait alors sous le nom général de pays d'Albigeois une grande partie de la province, entre autres les diocèses de Béziers et de Carcassonne, et le Lauraguais qui étaient, avec l'Albigeois, sous la domination du vicomte Raymond-Roger, et qui étaient également infectés par les hérétiques: cette dernière raison nous paraît la plus vraisemblable. »

« On peut l'appuyer en effet sur divers monumens qui donnent à tous ces pays le nom de *parties d'Albigeois*. 1°. Guillaume-le-Breton, auteur contemporain, parlant, sous l'an 1208, de la croisade entreprise cette année contre les hérétiques de la province, s'exprime en ces termes : *Proceres regni Franciæ terram provincialem et albigensem visitarunt.* Or l'armée des Croisés fit alors ses principales expéditions dans les diocèses de Béziers et de Carcassonne, et elle se sépara après la prise de cette dernière ville. 2°. L'Albigeois, proprement dit, ne comprenait alors que le seul diocèse d'Albi : or Pierre de Vaulx-Cernay, auteur contemporain, parle d'une députation faite en 1213, par Simon de Montfort et *les évêques de la terre d'Albigeois*, au roi d'Arragon; preuve certaine qu'au commencement du treizième siècle on comprenait sous le nom d'*Albigeois* une grande partie de la province. 3°. Gui, comte de Clermont en Auvergne, dans une donation qu'il fit le 26 d'avril de l'an 1209, en faveur de Pétronille sa femme, déclara qu'il voulait aller dans les pays d'Albigeois : *Volens ire versus partes Albigenses;* et dans son testament qu'il fit vers le même temps, il marque en général qu'il était sur le point de partir contre les hérétiques : *Cum jam esset profuturus contra hæreticos.* Or nous avons déjà remarqué qu'en 1209 l'armée des Croisés borna ses expéditions aux diocèses de Béziers et de Carcassonne, où était le fort de l'hérésie; il faut donc qu'on comprît alors ces deux diocèses avec l'Albigeois propre, sous le nom général de *parties d'Albigeois*, soit à cause qu'ils étaient sous une même domination, soit parce que l'Albigeois propre, qui faisait partie de l'Aquitaine, était plus étendu que chacun de ces diocèses, qui d'ailleurs n'avaient pas de dénomination particulière de pays, comme l'Albigeois. Ainsi ces étrangers auront cru devoir donner ce nom aux autres pays voisins où régnait l'hérésie. 4°. Nous voyons que le comté de Toulouse même était compris, en 1224, sous le nom général de *pays d'Albigeois*, comme il paraît par la cession qu'Amaury de Montfort fit au mois de février de cette année, au roi Louis VIII, de ses droits sur le comté de Toulouse et les autres pays d'Albigeois : *Super comitatu Tolosano et alia terræ Albigesii*. 5°. On trouve une preuve bien claire qu'on comprenait alors la plus grande partie de la province et des pays voisins sous le nom de pays d'Albigeois, dans les demandes que le roi Louis VIII fit la même année au pape Honoré III, car ce prince pria le pape d'agir auprès de l'empereur, afin que ses terres voisines *de l'Albigeois* ne fissent aucun obstacle à l'expédition qu'il méditait d'entreprendre contre le comte de Toulouse : *Item petit quod D. papa procuret erga imperatorem, quod terræ suæ vicinæ Albigesio, non noceant regi in hoc negotio*. Or l'empereur n'étendait sa domination que jusqu'au bord oriental du Rhône. 6°. Enfin pour omettre un grand nombre d'autres preuves, Henri de Virziles, Nicolas de Châlons et Pierre de Voisins, que le roi envoya pour ses commissaires, en 1259, dans les deux sénéchaussées de Beaucaire et de Carcassonne pour restituer les biens mal acquis au domaine, sont qualifiés *inquisitores in partibus Albigensibus*, dans une requête que Pons, évêque de Béziers, leur présenta en 1262, et ils prennent eux-mêmes le titre d'*Inquisitores deputati ab illustrissimo rege Francorum, super injuriis et emendis ipsius D. regis in partibus Albigensibus*. »

« Il s'ensuit de là que les différens hérétiques qui, sous divers noms, avaient infecté la province de Languedoc et les pays voisins durant tout le douzième siècle, furent appelés, à la vérité, au commencement du siècle suivant, du nom général d'Albigeois, de la ville d'Albi et du pays d'Albigeois proprement dit; mais non pas à cause qu'ils y étaient en plus grand nombre que dans les diocèses voisins, ou parce qu'ils avaient pris leur origine dans cette ville. »

IV. « On pourrait objecter contre notre système le témoignage de Geoffroi, prieur de Vigeois, auteur décédé avant la fin du douzième siècle qui, parlant sous l'an 1181 de la mission que Henri, cardinal-évêque d'Albano, entreprit alors dans le Toulousain et l'Albigeois, dit que ce légat marcha à la tête d'une grande armée contre les hérétiques albigeois; *contra hæreticos Albigenses*. On appelait donc dès lors *Albigeois* les hérétiques de la province. Mais, 1°. il faudrait vérifier d'abord dans les manuscrits de la chronique de Geoffroi, si le nom d'*hérétiques albigeois* s'y trouve en effet, car on sait assez que le père Labbe qui l'a donnée a inséré de lui-même divers mots dans le texte sans en avertir, au lieu de les renvoyer à la marge ou de les faire imprimer en italiques ; en sorte qu'il est très-aisé de s'y tromper et de prendre les additions pour le texte même. 2°. Quand les mots d'*hérétiques albigeois* se trouveraient dans les manuscrits de cette chronique, cela ne déciderait pas qu'on donnait alors le nom général d'*Albigeois* à tous les hérétiques de la province, comme on fit dans la suite; cela prouverait seulement que les hérétiques du diocèse d'Albi furent l'objet de la mission ou de l'expédition du cardinal Henri, évêque d'Albano, comme ils le furent en effet. C'est ainsi que Pierre de Vaulx-Cernay appelle *hérétiques toulousains* ceux qui étaient dans cette ville en 1209 et aux environs, et que Robert, abbé du Mont-Saint-Michel, dans sa chronique, donne le nom d'*Agénois* aux mêmes hérétiques qui s'étaient rassemblés en 1178 aux environs de Toulouse : *Hæretici quos Agenenses vocant, convenerunt circa Tolosam, male sentientes de sacramento altaris*, etc. Ainsi les hérétiques qu'on nommait plus communément Cathares, Poblicains, Ariens, Bulgares, Bons-Hommes, etc., dans le douzième siècle, furent nommés quelquefois alors, par un nom particulier, Toulousains, Albigeois, Agénois, etc., du nom des pays particuliers qu'ils habitaient jusqu'à la fin du même siècle, ou au commencement du suivant, qu'on les nomma par une dénomination générale, *hérétiques provençaux* ou de *Provence*, à cause que les provinces méridionales du royaume qu'ils avaient infectées de leurs erreurs faisaient partie de la Provence prise en général, laquelle comprenait tout le pays où on parlait la langue provençale ou romaine ; de même que la France qui était l'autre partie du royaume renfermait toutes les provinces où on parlait français. Les peuples qui se croisèrent en 1208 contre les hérétiques leur donnèrent alors le nom d'Albigeois, à cause qu'ils combattirent d'abord contre ceux de ces sectaires qui étaient établis dans les diocèses de Béziers, Carcassonne et Albi, ou dans les domaines de Raimond Roger, vicomte d'Albi, de Béziers, de Carcassonne et de Rasez, pays qu'ils comprenaient sous le nom général de *parties d'Albi-*

geois, parce que l'Albigeois proprement dit était le plus étendu des pays soumis à la domination de ce vicomte, et le plus connu sous une domination générale ; en sorte que le nom d'Albigeois, qui fut d'abord particulier aux hérétiques qui habitaient dans les domaines du même vicomte, fut donné bientôt après généralement, par les étrangers, à tous ceux qui étaient dans les États de Raimond VI, comte de Toulouse, dans le reste de la province et dans les pays voisins. »

II.

SUR L'ÉPOQUE

DE LA

MISSION DE SAINT-DOMINIQUE

EN LANGUEDOC.

(Extrait de l'*Histoire générale de Languedoc*, par Dom Vaissette, tom. III, not. 15, pag. 558.)

« LE P. Jacques Echard, dans sa bibliothéque des écrivains de l'ordre de Saint-Dominique, nous a donné les anciennes vies de ce saint patriarche qu'il a enrichies de savantes notes. Il y fixe l'époque des principales actions du saint, entre autres de sa mission dans la province contre les hérétiques albigeois. Il prétend, dans une table chronologique qu'il en a dressée, « que saint Dominique passa à Toulouse en 1203 avec « Diègue, évêque d'Osma, son supérieur, pour aller « négocier *dans les Marches* le mariage du prince « Ferdinand, fils d'Alphonse, roi de Castille. Il revint « en Espagne, ajoute-t-il, avec ce prélat en 1204, et « ils retournèrent tous les deux la même année dans « les Marches. En 1205, saint Dominique, après avoir « terminé cette négociation s'en alla à Rome, et, à « son retour, passant par Montpellier au mois de fé- « vrier ou de mars de l'année suivante, il y rencontra

« l'abbé de Cîteaux et les deux autres légats, collègues
« de cet abbé, avec les douze abbés du même Ordre
« que le pape avait envoyés en mission contre les hé-
« rétiques et qui s'y étaient rassemblés. Il se joignit à
« eux; et Arnaud, abbé de Cîteaux, étant parti au
« mois de juillet ou d'août suivant pour aller tenir le
« chapitre général de son Ordre, la plupart des abbés
« le suivirent. L'évêque d'Osma et saint Dominique
« tinrent ensuite la conférence de Fanjaux, et le
« dernier fonda alors le monastère de Prouille, auquel
« Bérenger, archevêque de Narbonne, fit diverses
« donations au mois d'avril de l'an 1207. On tint, au
« mois de mai suivant, la conférence de Mont-Réal,
« à laquelle l'abbé de Cîteaux et les douze abbés de
« son Ordre, qui étaient retournés avec lui dans la
« province, se trouvèrent. Tous les missionnaires se
« joignirent alors et firent la mission durant trois mois.
« La conférence de Pamiers se tint au mois de no-
« vembre ou de décembre suivant. L'évêque d'Osma
« partit ensuite pour l'Espagne, après avoir établi saint
« Dominique pour chef des prédicateurs, parce que
« la plupart des abbés de l'Ordre de Cîteaux étaient
« alors partis depuis trois mois, et il mourut dans son
« diocèse au mois de février de l'an 1208. » Tel est le
système chronologique de ce savant bibliographe,
système sur lequel nous ferons quelques observations.

« 1°. Il est vrai que la plupart des auteurs de la vie
de saint Dominique mettent en 1203 son passage à
Toulouse pour aller négocier, conjointement avec l'é-
vêque d'Osma, le mariage de l'infant Ferdinand; mais
nous croyons devoir préférer l'autorité de deux an-

ciens historiens qui mettent ce passage en 1204. Le premier est Nicolas Trivet, religieux de son Ordre, qui a écrit au commencement du quatorzième siècle; l'autre est l'auteur anonyme de la chronique intitulée : *Præclara Francorum facinora.* Ce dernier met en 1204, *la huitième année du pontificat d'Innocent* III, le passage de saint Dominique à Toulouse, à la suite de l'évêque d'Osma, pour aller sur les frontières de la Dace : *in Marchias, sive in Daciam proficiscens.* Le père Echard remarque fort bien, à cette occasion, que c'est des frontières du Danemarck et de la Suède dont il s'agit, et non de la Marche du Limousin en France, comme la plupart des modernes l'ont cru; mais il n'est pas difficile de concilier les auteurs qui mettent le passage de saint Dominique à Toulouse, les uns en 1203 et les autres en 1204, en supposant, comme il est très-vraisemblable, que ce saint et l'évêque d'Osma passèrent dans cette ville durant les premiers mois de l'année, en sorte que les uns comptent 1203 en commençant l'année à Pâques, et les autres 1204 en la commençant au premier de janvier.

2°. Nicolas Trivet rapporte, sous la même année 1204, que l'évêque d'Osma et saint Dominique, après s'être acquittés de leur commission, revinrent en Espagne; que le roi de Castille les renvoya dans les Marches pour terminer leur négociation; que de là ils allèrent à Rome; que, revenant en Espagne, ils rencontrèrent le légat et les douze abbés de Cîteaux envoyés par le pape Innocent III *dans la terre des Albigeois* pour y prêcher la foi contre les hérétiques; et qu'enfin l'évêque d'Osma ayant retenu saint Dominique, exerça avec eux la mission dans le Toulousain pendant près de deux ans, *biennio fere*. On voit par là que Trivet place sous la même année divers événemens arrivés durant les suivantes. Il est certain en effet, suivant le témoignage de Vaulx-Cernay, témoin oculaire, que l'évêque d'Osma et saint Dominique ne passèrent dans la province, à leur retour de Rome, que l'an 1206. »

« Le père Echard prétend que ce fut durant le mois de février et de mars de cette année; mais cela arriva plus tard. La raison en est que, suivant Pierre de Vaulx-Cernay, l'évêque d'Osma et saint Dominique rencontrèrent alors à Montpellier l'abbé de Cîteaux avec les autres légats ses collègues, et que cet abbé les quitta peu de jours après pour aller assister au chapitre général de son Ordre qui se tenait au mois de septembre : *Montem ingreditur Pessulanum* (episcopus Oxoniensis) *abbas autem Cisterciensis Cistercium perrexit, tum quia in proximo celebrandum erat Cisterciense capitulum, tum quia post celebratum capitulum quosdam de abbatibus suis volebat secum adducere, qui eum in exequendo adjuncto sibi prædicationis officio adjuvarent.* L'évêque d'Osma et saint Dominique arrivèrent par conséquent à Montpellier vers la fin de juillet de l'an 1206, et c'est proprement alors que commença leur mission dans la province. Il est certain d'ailleurs qu'ils ne passèrent à Montpellier qu'après Pâques de l'an 1206; car outre que M. l'abbé Fleuri assure que l'évêque d'Osma n'arriva à Rome qu'en 1206, et qu'il fit le voyage de Cîteaux avant que de se rendre à Montpellier, s'il eût passé dans cette ville à son retour de

Rome durant les premiers mois de l'an 1206, Pierre de Vaulx-Cernay qui, suivant l'usage alors ordinaire, ne commence, dans son ouvrage, l'année qu'à Pâques, aurait marqué qu'il y était arrivé en 1205, au lieu qu'il dit expressément que ce fut en 1206. »

« Mais, dira-t-on, Diègue, évêque d'Osma, n'aura donc pas demeuré *deux ans* en mission dans la province, puisqu'il mourut au mois de février de l'an 1208. A cela on peut répondre que, suivant le système même du père Echard, ce prélat ne peut avoir passé tout ce temps-là dans le Languedoc, puisqu'il en partit selon lui, au mois de décembre de l'an 1207. Il suffit donc qu'il y ait été une partie de l'an 1206 et une autre partie de la suivante pour qu'on puisse dire qu'il demeura près de deux ans, *biennio fere*. D'ailleurs les écrivains de l'Ordre de Saint-Dominique, qui marquent le tems de ce séjour, ne se piquent pas d'une grande exactitude, puisqu'ils comptent *dix ans* depuis le retour de Diègue, évêque d'Osma, en Espagne en 1207, ou même depuis sa mort jusqu'au concile de Latran, tenu en 1215. »

« Il y aurait plus de difficulté s'il était certain, comme les Bollandistes le supposent, que Diègue, évêque d'Osma, mourut en 1207, suivant le nouveau style. Il est vrai que ces critiques avancent jusqu'en 1204 l'arrivée de saint Dominique à Montpellier, mais c'est sans aucun fondement ; et, quelque difficulté qu'on propose, nous avons l'autorité irréfragable de Pierre de Vaulx-Cernay, qui ne met l'arrivée de Diègue, évêque d'Osma, et de saint Dominique à Montpellier qu'en 1206, suivant l'ancien style, c'est-à-dire après Pâques de cette année. Nous sommes surpris que les Bollandistes n'aient fait aucun usage de cette autorité. »

« 3°. Le père Echard, trompé par les écrivains de son Ordre, entre autres par Bernard Guidonis et par l'auteur de la chronique intitulée : *Præclara Francorum facinora*, suppose que l'évêque d'Osma et saint Dominique, en venant de Rome, rencontrèrent à Montpellier, avec les trois légats, les douze abbés de l'Ordre de Cîteaux, qui entreprirent la mission dans la province contre les hérétiques : circonstance dont Pierre de Vaulx-Cernay ne dit rien, et qu'il n'aurait pas omise. Il est certain d'ailleurs, suivant le témoignage exprès de cet historien qui était à la suite de ces douze missionnaires, qu'ils ne vinrent prêcher la foi, contre les hérétiques de Languedoc, qu'après le chapitre général de leur Ordre tenu au mois de septembre de l'an 1206, et qu'ils ne firent qu'une seule mission dans le Toulousain avec l'abbé de Cîteaux qui était à leur tête. En effet, tous les anciens auteurs conviennent que ces abbés reçurent leur mission d'Innocent III. C'est ce qui paraît encore par une lettre de ce pape, adressée au chapitre général de Cîteaux, pour le prier de les envoyer : or cette lettre n'est que du mois de juillet de l'an 1206, et nous apprenons d'un historien contemporain que les douze abbés partirent de Cîteaux en conséquence au mois de mars de l'année suivante. Nicolas Trivet, dans sa chronique, a peut-être donné occasion à l'erreur de ceux qui assurent que l'évêque d'Osma et saint Dominique joignirent les douze abbés de Cîteaux à Montpellier, et que ces derniers firent la mission dans la province à deux reprises et pendant deux années consécutives, en 1206 et 1207, en marquant que l'évêque d'Osma et saint Dominique, à leur arrivée de Rome, rencontrèrent les missionnaires qui délibéraient sur la manière d'agir envers les hérétiques ; mais cet auteur assure que cette entrevue se fit dans le haut Languedoc, *in terram Albigensium*, et non pas à Montpellier ; et il ne parle, non plus que Pierre de Vaulx-Cernay et Robert d'Auxerre, historiens du temps, que d'une seule mission entreprise dans le Languedoc par les douze abbés de Cîteaux, qu'on doit rapporter au mois de mars de l'an 1207 et aux suivans, comme nous venons de le prouver. Du reste, l'auteur de la chronique intitulée : *Præclara Francorum facinora*, ne parle aussi que d'une seule mission des douze abbés de Cîteaux ; mais il la met en 1206 au lieu de 1207, ce qui a trompé le père Echard. L'auteur de la même chronique avance d'une année divers autres faits, comme la prise de Béziers par les Croisés, qu'il met en 1208, la mort de Guillaume, archevêque de Bourges, qu'il place en 1207, etc. »

« 4°. Quant à la fondation du monastère de Prouille par saint Dominique, que le père Echard met à la fin de l'an 1206, nous n'avons aucun monument qui prouve que ce monastère ait été établi avant l'an 1207 ; et la charte de Bérenger, archevêque de Narbonne, qu'il cite, et qui suppose que ce monastère subsistait auparavant, est de l'an 1208, suivant notre manière de commencer l'année, et non de 1207. Cette charte est datée en effet du 17 *d'avril de l'an* 1207. Or en 1207 Pâques était le 22 d'avril ; ainsi on commença seulement alors à compter 1208, et le 17 du même mois on devait compter encore 1207. On a d'ailleurs, dans les archives de Prouille, une donation faite au mois d'août de l'an 1207, *au seigneur Dominique d'Osma et à ses frères et sœurs*, où il n'est pas parlé de ce monastère, preuve qu'il n'était pas encore fondé ; ainsi il ne le fut que vers la fin de la même année ou au commencement de la suivante. »

« 5°. Il y a quelque difficulté touchant l'époque de la conférence de Mont-Réal, que le père Echard met après le mois d'avril de l'an 1207, conformément à la chronique de Puy-Laurens. Il semble cependant que, suivant Pierre de Vaulx-Cernay, elle se tint en 1207, quelques mois après que l'évêque d'Osma et saint Dominique eurent joint les trois légats à Montpellier ; car cet historien parle, peu de lignes auparavant, du miracle des moissonneurs arrivé *à la Saint-Jean,* auprès de Carcassonne ; et, au commencement du chapitre, il fait mention de l'arrivée de l'évêque d'Osma et de saint Dominique à Montpellier, en 1206. Le père Echard aura inféré de là que ces deux missionnaires arrivèrent dans la province au mois de février ou de mars de cette dernière année. Mais le miracle des moissonneurs de Carcassonne arriva à la Saint-Jean de l'an 1207, et non de l'an 1206, comme il l'a cru. En effet, Gui, abbé de Vaulx-Cernay, y fut présent ; et il fut un des douze abbés de l'Ordre de Cîteaux qui vinrent prêcher la foi dans la province. Or nous avons déjà prouvé que les douze abbés n'arrivèrent dans le haut Languedoc que vers Pâques de l'an 1207. »

« On doit donc rétablir l'ordre des faits de la manière suivante : Diègue, évêque d'Osma, et saint Dominique, arrivèrent à Montpellier vers le mois de juillet de l'an

1206, et s'y joignirent à l'abbé de Cîteaux, à frère Pierre de Castelnau et à frère Raoul, religieux de cet Ordre et légats du Saint-Siége, pour prêcher la foi aux hérétiques dans le haut Languedoc. Cet abbé étant parti peu de temps après pour le chapitre général de son Ordre, les quatre autres allèrent exercer leurs fonctions à Caraman, dans le Toulousain et aux environs. Ils se rendirent ensuite à Béziers vers la fin de septembre et y demeurèrent quinze jours. Ils conseillèrent alors à frère Pierre de Castelnau de se retirer pour quelque temps, à cause de la haine qu'on avait conçue contre lui. Nous trouvons en effet que frère Pierre était à Montpellier au mois d'octobre de l'an 1206. D'un autre côté, l'évêque d'Osma et ses associés continuèrent leur mission à Carcassonne et aux environs. Pendant leur séjour dans ce pays, le miracle des moissonneurs y arriva à la Saint-Jean de l'année suivante. Ils tinrent la conférence de Mont-Réal vers le même temps, et frère Pierre de Castelnau les rejoignit alors. Ce dernier se sépara d'eux de nouveau après cette conférence pour aller en Provence. Arnaud, abbé de Cîteaux, et les douze abbés de son Ordre qu'il avait amenés dans la province, joignirent aussi l'évêque d'Osma durant la conférence de Mont-Réal, et ils délibérèrent alors tous ensemble sur le succès de la mission. La plupart de ces abbés se retirèrent *trois mois après*, c'est-à-dire vers le mois d'août de l'an 1207, pour assister à leur chapitre général, et saint Dominique ayant entrepris la mission du côté de Fanjaux, il y fixa sa demeure et y fonda, vers la fin de l'an 1207, le monastère de Prouille. Quant à l'évêque d'Osma, il retourna en Espagne vers la fin de la même année, après avoir assisté à la conférence de Pamiers. »

« Le père Echard assure que la mort de ce prélat est marquée *au 6 février de l'an 1245 de l'ère espagnole*, dans son épitaphe qu'on voit, dit-il, dans l'église d'Osma. En ce cas-là Diègue sera décédé le 6 février de l'an 1207 et non en 1206, comme il le prétend, car les années de l'ère espagnole commencent au premier janvier : mais il est fort vraisemblable que cette épitaphe n'est pas exacte, et qu'elle a été dressée long-temps après la mort de ce prélat. »

III.

LETTRE DU PAPE

INNOCENT III,

AU COMTE DE TOULOUSE,

Écrite à ce dernier pour le réprimander de son refus de conclure la paix avec ses vassaux de Provence d'après les ordres du légat Pierre de Castelnau [1].

(29 mai 1207.)

« A noble homme Raimond, comte de Toulouse,
« l'esprit d'un conseil plus sage. Si nous pouvions ou-
« vrir votre cœur, nous y trouverions et nous vous y
« ferions voir les abominations détestables que vous
« avez commises ; mais parce qu'il paraît plus dur que
« la pierre, on pourra à la vérité le frapper par les
« paroles du salut ; mais difficilement y pourra-t-on
« pénétrer. Ah! quel orgueil s'est emparé de votre
« cœur, et quelle est votre folie, homme pernicieux,
« de ne vouloir pas conserver la paix avec vos voisins,
« et de vous écarter des lois divines pour vous joindre
« aux ennemis de la foi? Comptez-vous pour peu de

---

[1] Cette lettre est tirée du recueil des lettres d'Innocent III, publié par Baluze, en deux vol. in-fol. 1682 (lib. 10, *Epist.* 69). Nous en avons retranché, comme Dom Vaissette, quelques longueurs sans intérêt.

« chose d'être à charge aux hommes ? Voulez-vous
« l'être encore à Dieu, et n'avez-vous pas sujet de
« craindre les châtimens temporels pour tant de cri-
« mes, si vous n'appréhendez pas les flammes éter-
« nelles ? Prenez garde, méchant homme, et crai-
« gnez que, par les hostilités que vous exercez contre
« votre prochain, et par l'injure que vous faites à Dieu
« en favorisant l'hérésie, vous ne vous attiriez une
« double vengeance pour votre double prévarication...
« Vous feriez quelque attention à nos remontrances,
« et la crainte de la peine vous empêcherait du moins
« de poursuivre vos abominables desseins, si votre
« cœur insensé n'était entièrement endurci, et si Dieu,
« dont vous n'avez aucune connaissance, ne vous avait
« abandonné à un sens réprouvé. Considérez, insensé
« que vous êtes, considérez que Dieu, qui est le
« maître de la vie et de la mort, peut vous faire mou-
« rir subitement pour livrer, dans sa colère, à des
« tourmens éternels, celui que sa patience n'a pu
« porter encore à faire pénitence. Mais quand même
« vos jours seraient prolongés, songez de combien de
« sortes de maladies vous pouvez être attaqué..........
« Qui êtes-vous pour refuser tout seul de signer la
« paix, afin de profiter des divisions de la guerre
« comme les corbeaux qui se nourrissent de charo-
« gnes, tandis que le roi d'Arragon et les plus grands
« seigneurs du pays font serment d'observer la paix
« entre eux, à la demande des légats du siége apos-
« tolique ? Ne rougissez-vous pas d'avoir violé les ser-
« mens que vous avez faits de proscrire les hérétiques
« de vos domaines ? Lorsque vous étiez à la tête de
« vos Arragonais et que vous commettiez des hosti-

« lités dans toute la province d'Arles, l'évêque d'O-
« range vous ayant prié d'épargner les monastères et
« de vous abstenir du moins, *dans le saint temps* et
« les jours de fêtes, de ravager le pays, vous avez pris
« sa main droite et vous avez juré par elle que vous
« n'auriez aucun égard ni pour *le saint temps* ni pour
« les dimanches, et que vous ne cesseriez de causer
« du dommage aux lieux pieux et aux personnes ec-
« clésiastiques : le serment que vous avez fait en cette
« occasion, qu'on doit appeler plutôt un parjure, vous
« l'avez observé plus exactement que ceux que vous
« avez faits pour une fin honnête et légitime. Impie,
« cruel et barbare tyran, n'êtes-vous pas couvert
« de confusion de favoriser l'hérésie, et d'avoir ré-
« pondu à celui qui vous reprochait d'accorder votre
« protection aux hérétiques, que vous trouveriez un
« évêque parmi eux qui prouverait que sa croyance
« est meilleure que celle des catholiques ? De plus, ne
« vous êtes-vous pas rendu coupable de perfidie, lors-
« qu'ayant assiégé un certain château, vous avez re-
« jeté ignominieusement la demande des religieux de
« Candeil, qui vous priaient d'épargner leurs vignes,
« que vous avez fait ravager, tandis que vous avez fait
« conserver soigneusement celles des hérétiques ? Nous
« savons que vous avez commis plusieurs autres excès
« contre Dieu ; mais nous vous portons principalement
« compassion (si vous en ressentez de la douleur) de
« vous être rendu extrêmement suspect d'hérésie par
« la protection que vous donnez aux hérétiques. Nous
« vous demandons quelle est votre extravagance de
« prêter l'oreille à des fables, et de favoriser ceux qui
« les aiment. Êtes-vous plus sage que tous ceux qui

« suivent l'unité ecclésiastique ? Serait-il possible que
« tous ceux qui ont gardé la foi catholique fussent
« damnés, et que les sectateurs de la vanité et du
« mensonge fussent sauvés..... C'est donc avec raison
« que nos légats vous ont excommunié et qu'ils ont
« jeté l'interdit sur tous vos domaines ; tant pour ces
« raisons que parce que vous avez ravagé le pays avec
« un corps d'Arragonais ; que vous avez profané les
« jours de carême, les fêtes et les quatre-temps qui
« devaient être des jours de sûreté et de paix ; que
« vous refusez de faire justice à vos ennemis qui vous
« offraient la paix et qui avaient juré de l'observer ;
« que vous donnez les charges publiques à des Juifs,
« à la honte de la religion chrétienne ; que vous avez
« envahi les domaines du monastère de Saint-Guillem
« et des autres églises ; que vous avez converti diverses
« églises en forteresses dont vous vous servez pour
« faire la guerre ; que vous avez augmenté nouvelle-
« ment les péages ; et qu'enfin vous avez chassé l'é-
« vêque de Carpentras de son siége : nous confirmons
« leur sentence et nous ordonnons qu'elle soit invio-
« lablement observée jusqu'à ce que vous ayez fait
« une satisfaction convenable. Cependant, quoique
« vous ayez péché grièvement tant contre Dieu et
« contre l'Église en général que contre vous-même en
« particulier, suivant l'obligation où nous sommes de
« redresser ceux qui s'égarent, nous vous avertis-
« sons et nous vous commandons, par le souvenir
« du jugement de Dieu, de faire une prompte péni-
« tence proportionnée à vos fautes, afin que vous mé-
« ritiez d'obtenir le bienfait de l'absolution. Sinon,
« comme nous ne pouvons laisser impunie une si

« grande injure faite à l'Église universelle, et même à
« Dieu, sachez que nous vous ferons ôter les domaines
« que vous tenez de l'Église romaine; et si cette pu-
« nition ne vous fait pas rentrer en vous-même, nous
« enjoindrons à tous les princes voisins de s'élever
« contre vous comme un ennemi de Jésus-Christ et
« un persécuteur de l'Église, avec permission à un
« chacun de retenir toutes les terres dont il pourra
« s'emparer sur vous, afin que le pays ne soit plus
« infecté d'hérésie sous votre domination. La fureur
« du Seigneur ne s'arrêtera pas encore; sa main s'é-
« tendra sur vous pour vous écraser; elle vous fera
« sentir qu'il vous sera difficile de vous soustraire
« à sa colère que vous avez provoquée. »

« Donné à Saint-Pierre de Rome, le 29 de mai de
« la dixième année de notre pontificat. »

IV.

LETTRE

DES HABITANS DE TOULOUSE,

A PIERRE, Roi d'Arragon,

Pour réclamer son secours en 1211, après la levée du siége de Toulouse par Simon de Montfort.

« Au très-excellent Seigneur Pierre, par la grâce de Dieu, roi d'Arragon et comte de Barcelonne, les consuls et le conseil, et la totalité de la ville et des faubourgs de Toulouse, salut et toutes sortes de dilections : Nous voulons exposer à Votre Excellence, depuis l'origine et selon que cela se présentera à notre souvenir, les négociations et la totalité des choses qui se sont passées jusqu'à présent entre le seigneur Arnaud, abbé de Cîteaux et légat du siége apostolique, et nous et la totalité de notre ville; nous prosternant jusqu'à terre devant Votre Sérénité pour lui demander que la suite des choses que nous avons à lui raconter, quelque prolixe qu'elle puisse être, ne fatigue point ses veilles.

« Que Votre pieuse Sagacité sache donc que le seigneur abbé de Cîteaux nous adressa ses messagers avec des lettres par lesquelles il nous ordonnait de livrer sans délai, eux et tous leurs biens, à l'armée des barons, ceux que ses messagers nous désigneraient pour sectateurs des hérétiques, afin qu'en présence des barons ils se justifiassent, selon la jurisprudence et coutume de Brayne, disant que si nous ne le faisions pas il nous excommunierait nous et nos conseillers, et mettrait notre ville en interdit. Nous, ayant alors interrogé ceux qu'on nous désignait comme sectateurs des hérétiques, ceux-ci nous répondirent constamment qu'ils n'étaient ni hérétiques ni sectateurs d'hérétiques, et promirent de demeurer, sans s'en écarter, sous l'autorité de la sentence de l'Église. Nous ne les avions point connus comme hérétiques ni sectateurs d'hérétiques, car ils habitaient parmi nous comme attachés à la foi chrétienne; et quand, sur la demande et volonté des légats de monseigneur le pape, maître Pierre de Castelnau et maître Raoul, toute notre ville jura soumission à la sainte foi catholique romaine, ils en firent aussi le serment, et les légats reconnurent pour soumis à la foi catholique et véritablement chrétiens tous ceux qui, selon leur volonté, avaient prêté ce serment; c'est pourquoi nous fûmes grandement surpris de l'ordre susdit, sachant que, long-temps auparavant, le seigneur comte, père du comte actuel, avait reçu mission d'ordonner au peuple de Toulouse, par un acte dressé à cet effet, que si un hérétique était trouvé dans la ville ou le faubourg de Toulouse, il fût conduit au supplice avec celui qui l'aurait reçu, et les biens de tous deux confisqués. D'après quoi nous en avons brûlé beaucoup et ne cessons point de le faire toutes les fois que nous en trouvons. Nous répondîmes aux lettres et aux messagers que tous ceux qu'ils nous désignaient, et d'autres s'ils les voulaient désigner, seraient soumis à la juridiction du siége épiscopal de notre ville et à la connaissance des légats de monseigneur le pape ou du seigneur Foulques, notre évêque, selon ce qu'enseigne le droit canonique suivi par la sainte Église romaine, et que, si monseigneur le légat refusait d'admettre cette réponse, nous sachant par là condamnés, nous nous mettions nous et les accusés vivant sous la protection du seigneur pape, et en appelions au siége apostolique, fixant notre appel à l'octave de la fête saint Vincent; et, quoiqu'il eût reçu de nous cette réponse, néanmoins il nous excommunia nous et nos conseillers, et nous mit en interdit. D'où vous pouvez croire que nous fûmes grandement contristés, car les accusés n'avaient confessé aucun des crimes qui leur étaient imputés, et n'en avaient point été convaincus par témoins. De plus, quelques-uns de ceux dont les noms avaient été inscrits sur la liste, et que nous avions été requis de livrer entre les autres aux barons avec leurs biens, furent ensuite, en leur absence, effacés de cette liste par notre délégué M****, avec le consentement dudit abbé, sans avoir fait satisfaction; d'où vous pouvez juger, par rapprochement, quelle confiance méritait cet acte d'accusation. D'après cela, nous envoyâmes nos messagers, hommes sages, pour suivre, avec monseigneur le comte, notre appel et notre affaire auprès du siége apostolique; et ceux-ci, après beaucoup de travaux et divers périls, étant revenus avec des lettres de monseigneur le pape, nous présentâmes audit abbé de Cîteaux les lettres obtenues de monseigneur le pape dont nous vous transmettons ici la teneur, voulant en tout procéder selon leur contenu.

« Innocent, évêque, serviteur des serviteurs de
« Dieu, à notre vénérable frère l'évêque de Reggio,
« et notre cher fils l'abbé de Cîteaux, légats du siége
« apostolique, et à maître Théodise, chanoine de Gênes,
« salut et bénédiction apostolique : Sont venus en
« notre présence nos chers fils les messagers des con-
« suls, du conseil et de la généralité de la ville de
« Toulouse avec des lettres de beaucoup et très-grands
« personnages qui nous demandaient avec eux et en
« leur faveur que nous daignassions admettre avec
« clémence leurs humbles prières au sujet de la sen-
« tence d'excommunication publiée contre les con-
« suls et le conseil, et de l'interdit auquel a été sou-
« mise toute la ville, parce qu'ils n'ont pas voulu livrer,
« sans être entendus, avec leurs biens, pour en être
« fait à la volonté des Croisés, ceux que ces messa-
« gers, mon fils l'abbé et l'armée des barons, dési-
« gnaient pour hérétiques ou sectateurs d'hérétiques;
« sur quoi ils nous ont prié de les protéger dans notre
« miséricorde ; et quoiqu'ils affirmassent avoir été
« condamnés après leur appel au siége apostolique, ils
« promirent cependant de satisfaire dignement, afin de
« mériter d'obtenir l'absolution. Nous donc, à l'exem-
« ple de celui qui ne veut pas détruire l'ame du pé-
« cheur, mais son péché, disposé à écouter leurs
« prières, nous y avons pourvu en vous les renvoyant,
« parce que vous connaissez mieux les circonstances
« des choses ; mandant à votre discrétion, par cet écrit
« apostolique, que comme il y aurait péril en la de-
« meure si la ville, prête à satisfaire, comme ils le

« disent, demeurait, par le fait de votre absence,
« plus long-temps sous l'interdit, vous vous transpor-
« tiez promptement sur les lieux en propre personne ;
« et ayant reçu d'eux, sur ce point, la caution que
« vous jugerez suffisante en cette affaire, vous leur
« départiez le bienfait de l'absolution et preniez soin
« de les délier de l'interdit, leur enjoignant ce que
« selon Dieu vous jugerez être avantageux; que si
« vous ne pouviez assister tous à l'exécution de ceci,
« deux de vous néanmoins en soient chargés. »

« Donné à Latran, le 14 avant les calendes de fé-
« vrier, et de notre pontificat l'an douzième. »

« Mais le seigneur Arnaud, abbé de Cîteaux, ayant voulu, contre la teneur du rescrit, procéder seul et de sa propre volonté, nous voyant de nouveau condamnés par lui, nous appelâmes une seconde fois. Cependant, par la suite du temps, sur l'admonition et les prières dudit abbé, du seigneur Foulques, évêque de Toulouse, de l'évêque d'Uzès et autres gens de bien, nous renonçâmes au susdit appel et nous soumîmes à son jugement nous et notre ville, afin qu'il pût procéder seul, mais selon la teneur des lettres du pape, et nous promîmes, d'un commun accord, pour la généralité de la ville, de payer mille livres toulousaines destinées à la poursuite des pervers hérétiques et au soutien de la sainte Église. Ledit abbé consentit bénignement à recevoir le tout et nous reconnut nous et la totalité de notre ville de Toulouse, ville et faubourg, pour vrais catholiques et fils légitimes de la sainte mère Église; et en présence de la ville et du seigneur Foulques, évêque de Toulouse, et des autres ecclésiastiques du diocèse et de monseigneur l'évêque d'Uzès, son assesseur et conseiller, actuellement légat, il nous donna solennellement la bénédiction. Il nous promit aussi de rétablir, par ses lettres et ses paroles, notre réputation chez ceux auprès de qui nous avait été donnée la tache d'hérétiques. Lorsque nous lui eûmes payé cinq cents livres, certaines dissensions s'étant élevées parmi nous, nous ne payâmes point les cinq cents livres restantes, parce que nous ne les pûmes rassembler avant que la paix fût rétablie. Pour cela seulement, et sans nous accuser d'aucune autre faute, il excommunia immédiatement les consuls, et, malgré notre obéissance, nous mit en interdit. Après avoir supporté pendant quelque temps une si impudente injustice, de peur d'avoir l'air, aux yeux des ignorans, d'être rebelles et de regimber contre l'aiguillon, sur la demande et volonté des légats de monseigneur le pape, et de Foulques, évêque de Toulouse, nous fîmes de nouveau serment que nous serions prêts, sur leurs ordres, à nous soumettre à leur volonté et jugement, et à celui de monseigneur le pape, sur toutes choses ayant rapport à l'Église ; et, d'après ce serment et les autres que nous fîmes à eux et à l'Église, nous eûmes leur consentement pour nous maintenir en notre allégeance envers le seigneur comte et son autorité ; et pour sûreté de ceci, Foulques, notre évêque, que nous croyons être celui qui nous a fait condamner, voulut avoir et prit de nous des otages et des meilleurs de notre ville, qu'on garda dans la ville de Pamiers, tenue et possédée par Simon de Montfort, et différente en coutumes de la ville de Toulouse, depuis la moitié du carême jusqu'à la veille de Saint-Laurent, qu'il leur permit de s'en aller, à condition qu'ils reviendraient quand il lui plairait. Cela fait, ils nous reconnurent pour fils catholiques de l'Église, et firent réconcilier à l'Église ceux qu'ils avaient excommuniés. Ensuite l'armée des Croisés et l'évêque de Toulouse ayant mis le siége devant le château de Lavaur, nous les assistâmes de conseils et de secours, tant de vins que d'armes et autres choses nécessaires pour la poursuite et destruction des iniquités de l'hérésie. Et, sur l'ordre de l'évêque, après que le château de Lavaur fut pris, la plus grande partie des plus nobles hommes de Toulouse demeurèrent en armes, et ne revinrent ensuite à Toulouse que par le consentement et la volonté de Foulques, notre évêque, qui agissait alors dans l'armée avec de pleins-pouvoirs à titre de légat. Après la prise du château de Lavaur, ils vinrent dévaster et détruire le propre château de monseigneur notre comte ; alors monseigneur notre comte offrit de se remettre lui-même et sa terre, excepté Toulouse, en leur puissance et en leur merci, promettant sur sa foi et chrétienté, et sous les peines portées par l'Église, d'exécuter ce qu'ils auraient jugé, sa vie sauve et sauf aussi l'exhérédation de lui ni de ses fils ; ce qu'ils refusèrent, quoique plusieurs des barons de l'armée fussent d'avis d'accepter. Dans un autre colloque, auquel le seigneur comte était venu lui-même, sur la garantie des légats, se rendre à leurs ordres, Simon de Montfort et plusieurs des hommes de guerre de l'armée fondirent inopinément sur lui les armes à la main, voulant le prendre et le tuer, et le poursuivirent l'espace d'une lieue et plus. Cependant, instruits avec certitude, par le rapport de plusieurs, qu'ils avaient intention de faire marcher sur nous leur armée, nous y envoyâmes des hommes sages faisant partie de notre consulat, qui, en présence des légats, de Foulques, notre évêque, et de l'armée des barons, exposèrent qu'ils s'étonnaient beaucoup qu'on voulût faire marcher l'armée sur nous, puisque nous étions préparés à faire et observer ce que nous avions promis à l'Église, et vu surtout que, depuis le serment que nous avions fait, depuis que nous avions été réconciliés et qu'on avait reçu nos otages, nous n'avions en rien offensé ni les barons ni l'Église. A ce discours, le légat et Foulques, notre évêque, répondirent que ce n'était pas pour un délit ou une faute qui nous fût propre qu'ils voulaient faire marcher l'armée sur nous, mais parce que nous conservions pour maître monseigneur notre comte et le recevions dans notre ville ; mais que si nous voulions chasser de notre ville monseigneur le comte et ses fauteurs, le renier et nous soustraire à sa domination et allégeance, et jurer fidélité et soumission à ceux qu'eux et l'Église nous avaient donnés pour seigneurs, l'armée des Croisés ne nous ferait aucun dommage; disant que, si nous faisions autrement, ils nous attaqueraient de tout leur pouvoir et nous tiendraient pour hérétiques et pour receleurs d'hérétiques. Mais comme nous sommes liés par serment de fidélité à monseigneur le comte, et que, comme nous l'avons dit plus haut, dans tous les sermens faits à l'Église, du consentement des légats et de notre évêque, nous avons maintenu notre fidélité et soumission à monseigneur notre comte, et que ledit comte s'était offert et s'offrait encore à reconnaître leur juridiction, pour ne pas encourir le crime de trahison, nous nous refusâmes tout-à-fait à ce qu'on nous demandait; et, à cause de cela, ce qui nous fut extrêmement pénible, ils enjoignirent aux clercs, tant de la ville que du faubourg, d'en sortir avec le corps du Christ; et alors nous pacifiâmes toutes les discordes et dissensions qui avaient existé long-temps en notre ville et faubourg; et, par le secours de la grâce divine, nous rétablîmes l'union dans toute notre ville aussi bien qu'elle y eût jamais été. Cela fait, le légat, l'évêque et les Croisés tombèrent violemment sur nous à main armée, tuèrent de tout leur pouvoir les hommes, femmes et enfans du commun qui travaillaient dans les champs, dévastèrent tant qu'ils le purent les vignes, les arbres, les moissons, nos possessions, quelques maisons des champs et autres remparts, abattant et brûlant tout; et ils placèrent leurs tentes à une certaine distance de la ville entre deux de nos portes. Cependant, pleins de confiance en la justice de notre cause et la clémence divine, nous sortîmes souvent de l'enceinte de nos fossés pour les attaquer vigoureusement, ne tenant jamais nos portes fermées ni de jour ni de nuit; de plus, nous en fîmes dans notre enceinte quatre nouvelles, afin de pouvoir sortir plus facilement contre eux, et nous eûmes à souffrir, en nous défendant contre eux, de grands dommages, tant des hommes de guerre et gens de pied que des chevaux; et à la seconde férie avant la fête de Saint-Pierre, quelques-uns de nos hommes de guerre et gens de pied, à l'insu de la plupart de nous, attaquèrent à main armée les tentes des Croisés, tuèrent un grand nombre de gens de guerre et gens de pied et chevaux; et, ayant coupé quelques-unes des tentes, prirent et emportèrent avec eux des cuirasses et armes de toutes sortes, des vêtemens de soie, des chevaux, des vases d'argent, de l'argent monnoyé et beaucoup de choses, et tirèrent des tentes, chargés de fers, quelques-uns des nôtres que les Croisés avaient pris et y tenaient enchaînés, et, avec l'aide de Dieu, revinrent à nous sains et saufs. Cependant, à la fête de Saint-Pierre, avant le jour, les Croisés quittèrent précipitamment le siége, laissant dans leur camp beaucoup des leurs blessés et malades, des armes et beaucoup d'autres choses; mais comme, par l'opposition de la puissance divine, ils n'ont pu accomplir ce que dans leur orgueil ils s'étaient proposé de faire, de la douleur qu'ils ont conçue est née dans leur esprit violent une grande iniquité; et, plus indignés que jamais, en partant ils nous menacent de maux plus grands que ceux que nous avons soufferts. C'est pourquoi nous sollicitons sérieusement Votre Prudence et Bienveillance de ressentir avec indignation les dommages et injures que nous avons injustement soufferts; et si on vous insinuait faussement des choses contraires à ce que nous venons de vous dire, ne les croyez point; et comme nous sommes prêts à faire sur ces choses ce qui est dû à l'Église et ce qu'ordonne la justice, nous vous prions de vouloir, vous et vos gens, vous abstenir de nous inquiéter en aucune manière, sachant, sans en pouvoir douter, que ce qu'ils ont fait et ce qu'ils machinent encore contre monseigneur notre comte et contre nous, ils le feraient peut-être, et bien pis encore si on leur en laissait le pouvoir, contre les autres princes et souverains, et tant contre les citoyens que contre les bourgeois; et lorsque le mur du voisin brûle, il y va du tout. Il ne faut pas passer sous silence la sévérité aussi injuste que particulière des pasteurs à notre égard; ils nous abhorrent et excommunient à cause des routiers et de la cavalerie dont nous nous servons pour nous défendre de la mort; et lorsqu'ils nous les enlèvent à prix d'argent, et que ceux-ci répandent notre sang, ils ne craignent pas de les absoudre de tout péché; et il y en a qui reçoivent, dans leur tente et à leur table, ceux d'entre eux qui ont tué de leur propre main l'abbé d'Eaunes, et ont horriblement coupé le nez, les oreilles et arraché les yeux des moines de Bolbone, leur laissant à peine figure humaine. »

Au bas est le sceau de la ville de Toulouse à moitié brisé. On lit encore autour de ce qui en reste ces mots : *Nobilium Tolosæ.*

V.

LETTRE DE L'ABBÉ DE MOISSAC,

AU

ROI PHILIPPE-AUGUSTE,

EN 1212.

« Au très-illustre seigneur, roi des Français, Raimond, humble abbé de Moissac, et toute la congrégation du monastère de Moissac, salut : comme nous lisons, entre autres choses, que vos prédécesseurs ont fondé le très-antique monastère désigné sous le nom de Moissac, et l'ont doté de la possession des champs d'alentour, cela est aussi porté dans les gestes des rois de France et du bienheureux Ansbert, archevêque de Rouen, et abbé de ce monastère; et dans la consécration de notre église il se trouve entre autres choses :

« Ceci, Christ notre Dieu, a été fondé pour toi par
« le roi Clovis, et la munificence de Louis a depuis
« augmenté ce don. »

« Cependant, par une suite de nos péchés, les comtes de Toulouse nous ont enlevé la plus grande partie desdites possessions et les ont assignées aux gens de guerre qui ont accablé de beaucoup d'exactions notre ville de Moissac, tellement qu'ils se sont presque entièrement emparés de cette ville et des environs. Cette année, avant que les Croisés l'assiégeassent, nous nous mîmes en route munis de nos priviléges pour venir trouver Votre Excellence. Le comte ayant vu cela, nous prit et nous enleva nos priviléges et tout ce que nous avions. Après cela, les Croisés ont ravagé tout ce qui était dedans et dehors ; de sorte que nous n'avons pas eu moyen de venir devant Votre Sublimité. C'est pourquoi nous répandons devant Votre Compassion nos lamentables prières, afin que, par l'inspiration de la miséricorde divine, vous daigniez subvenir aux détresses de votre maison et de votre ville ; car si vous n'y subvenez point, nous serons entièrement désolés. Et sache Votre Sublimité que nous prions pieusement sans interruption le bienfaiteur de tous pour votre salut et la prospérité de votre règne, et qu'en mémoire spéciale de vous et des vôtres, deux cierges de cire brûlent nuit et jour devant notre grand autel élevé en l'honneur des bienheureux apôtres Pierre et Paul, et chaque jour se dit en la même institution une messe spéciale, et chaque jour nous donnons la nourriture à trois pauvres, dont chacun reçoit autant de pain et de vin qu'un moine ; et le jour de la cène du Seigneur, toujours en votre intention, deux cents pauvres reçoivent dans le cloître du monastère du pain et du vin, des fèves et de l'argent. A toutes les heures canoniques, tant du jour que de la nuit, se disent pour vous des oraisons spéciales ; il se célèbre dans le monastère un anniversaire général pour tous nos seigneurs les rois défunts ; dans toutes les messes et oraisons, dans les jeûnes et aumônes et autres bonnes œuvres qui se font et doivent se faire à l'avenir, tant dans le monastère que dans l'abbaye, dans les prieurés et autres lieux sujets au monastère, par un mandement général fait en certaines années dans le chapitre général de Moissac, monseigneur le roi de France, comme notre patron et fondateur, et tous ceux de sa race et de ses prédécesseurs, sont recommandés et spécialement désignés; et afin que ces bonnes œuvres et les autres que nous faisons, pour la conservation de vous et de votre royaume, ne puissent pas aisément tomber en désuétude, nous envoyons à Votre Sublimité notre présent député le frère Gérard, afin que fléchissant les genoux devant vous, il vous supplie qu'il plaise à Votre Bénignité, en rétablissant nos priviléges et l'immunité des possessions qui nous ont été accordées par vos prédécesseurs, nous reconstituer et rétablir dans la liberté primitive de notre monastère, qui a été réduit, et l'est encore, dans une très-grande servitude. Lesquelles choses ledit député exposera plus en détail à Votre Majesté, et nous la supplions, au nom de l'amour divin, de les recevoir et écouter bénignement. Que Notre-Seigneur Jésus-Christ vous ait en sa garde, vous et votre royaume, et vous conserve en toute félicité ! »

VI.

ACTES DE SOUMISSION

SOUSCRITS PAR RAIMOND VI,

COMTE DE TOULOUSE,

Au moment de sa réconciliation à l'Église par le cardinal Pierre de Bénévent, à Narbonne, en avril 1214 [1].

« Moi, Raimond, par la grâce de Dieu duc de Nar-
« bonne, comte de Toulouse et marquis de Provence,
« m'offre moi-même à Dieu, à la sainte Église romaine,
« et à vous, seigneur Pierre, par la même grâce, car-
« dinal-diacre, légat du saint-siége apostolique; et je
« vous livre mon corps, dans le dessein d'exécuter
« et d'observer fidèlement de tout mon pouvoir tous
« les ordres, quels qu'ils soient, que le seigneur
« pape et la miséricorde de Votre Sainteté jugeront à
« propos de me donner. Je travaillerai efficacement
« pour engager mon fils Raimond à se remettre entre
« vos mains, avec toutes les terres qu'il possède, et à
« vous livrer son corps et ses domaines, ou tout ce
« qu'il vous plaira de ces domaines, pour ce sujet,
« afin qu'il observe fidèlement, suivant son pouvoir,
« l'ordre du seigneur pape et le vôtre. »

---

[1] Pierre de Vaulx-Cernay a passé sous silence cette réconciliation du comte de Toulouse avec l'Église, et les actes qui s'ensuivirent.

L'autre acte est conçu en ces termes :

« Moi, Raimond, par la grâce de Dieu duc de Nar-
« bonne, etc., n'étant contraint ni par force ni par
« fraude, vous offre librement, seigneur cardinal,
« mon corps, avec tous les domaines que j'ai eus et
« possédés autrefois, et que je confesse avoir entière-
« ment donnés à mon fils Raimond; savoir, la partie
« des domaines que je tiens, ou que d'autres tiennent
« pour moi et de moi ; en sorte que, si vous me l'or-
« donnez, j'abandonnerai tous mes biens, je me reti-
« rerai auprès du roi d'Angleterre ou dans tout autre
« endroit, où je demeurerai jusqu'à ce que je puisse
« visiter le siége apostolique pour y demander grâce
« et miséricorde. De plus, je suis prêt à vous re-
« mettre et à vos envoyés toutes les terres que je pos-
« sède ; en sorte que tous mes domaines soient sou-
« mis à la miséricorde et au pouvoir absolu du sou-
« verain pontife de l'Église romaine et de vous ; et si
« quelqu'un de ceux qui en tiennent une partie pour
« moi et de moi refuse d'y consentir, je l'y contrain-
« drai, suivant votre ordre et mon pouvoir. Enfin je
« vous offre mon fils avec tous les domaines qu'il pos-
« sède, et que d'autres tiennent pour lui ou de lui,
« et je l'expose à la miséricorde et aux ordres du sei-
« gneur pape et aux vôtres, et j'agirai pour l'engager,
« lui et ses conseillers, à faire la même promesse et à
« l'observer. »

VII.

ABJURATION

DES CONSULS DE TOULOUSE,

DEVANT LE LÉGAT, PIERRE DE BÉNÉVENT, EN 1214.

« Au nom de Notre-Seigneur Jésus-Christ, nous, Jourdan de Villeneuve, Amaury de Châteauneuf, Armand-Bernard Baudur, Armand Barrave, Vitalis de Poignac, Perregrin Signaire et Guillaume Bertrand, consuls de la ville et faubourg de Toulouse, en qualité de procureurs fondés et constitués spécialement et envoyés par la généralité des Toulousains, tant de la ville que du faubourg, en présence de vous, cardinal-diacre de Sainte-Marie en Acquire, par la grâce de Dieu, légat de monseigneur le pape, du siège apostolique, nous déclarons et affirmons par serment, pour nous et la totalité de notre ville et faubourg, que nous obéirons ponctuellement à l'ordre que par vous ou vos lettres vous avez transmis à nous et aux hommes de la cité et faubourg; et tant devant vous, monseigneur le cardinal, que devant les autres personnes ici présentes, de notre volonté libre et spontanée, au nom de la totalité de notre cité et faubourg, et en notre nom, nous détestons, abjurons et repoussons toute hérésie et toute secte qui dogmatise, en quelque façon que ce soit, contre la sainte Église catholique romaine, et recevons et approuvons la doctrine de ladite Église romaine ; et, de notre libre volonté, par les saintes reliques, l'Eucharistie et le bois de la croix du Seigneur placés devant nous, la main sur les saints Évangiles de Dieu, nous jurons de notre libre volonté, sans fraude ni mauvais dessein, qu'à l'avenir, nous ni nos concitoyens ne serons hérétiques, sectateurs, fauteurs, complices, défenseurs ni receleurs d'hérétiques, et que nous ne donnerons aux sectateurs, avocats, ou défenseurs des hérétiques ou d'aucun des susdits, ni aussi aux faidits, exhérédés ou routiers, ni aux autres ennemis de la sainte Église romaine, aide, ni conseil, ni faveur pour attaquer ou dommager les terres possédées ou à posséder par l'Église romaine ou ses délégués, quels qu'ils soient, ni pour attaquer et dommager ceux, quels qu'ils soient, qui les tiennent ou les tiendront au nom et par l'autorité de ladite Église romaine. Bien plus, lorsque nous serons requis contre quelques-uns des susdits sectateurs, fauteurs, complices, défenseurs ou receleurs des hérétiques, et aussi des faidits, exhérédés, routiers et autres ennemis de la sainte Église romaine, de tout le pouvoir de notre ville et faubourg, nous prêterons contre eux, de bonne foi, conseil, secours et faveur à la sainte Église romaine, et à vous et autres légats, nonces et ministres de l'Église romaine. *Item*, nous jurons de ne point occuper ou dommager, sans un ordre spécial du siége apostolique, aucune des terres, par nous ou d'autres, acquises sur les Croisés. *Item*, nous obéirons aux ordres apostoliques et aux vôtres lorsque vous nous commanderez de faire ou de maintenir paix ou trève, en quelque lieu ou avec quelque personne que ce soit. De plus, nous jurons d'obéir ponctuellement et sans aucune condition à tous les statuts et mandats du siége apostolique, et aux vôtres spécialement; d'obtempérer humblement et dévotement à ceux qui seront relatifs aux affaires de la foi orthodoxe et à ceux qui auront pour objet de purger la cité de Toulouse de toutes les immondices de l'hérésie et de ses sectateurs, et se rapporteront aux dispositions que vous aurez prises pour corroborer et entretenir la pureté de la foi catholique, et aussi pour établir, maintenir et conserver la paix et punir ses violateurs; ainsi qu'à ceux qui concerneront la défense à nous faite de tenir ou recevoir des routiers, et le soin de conserver fermement les statuts publics qui nous ont été donnés ; et nous y demeurerons sincèrement fidèles de toute la puissance de notre ville et faubourg. *Item*, nous jurons que, par nous ou par d'autres, publiquement ou secrètement, nous ne prêterons point conseil, secours ou faveur au comte de Toulouse ou à son fils contre la sainte Église catholique romaine, ni contre ceux qui, par l'autorité de la sainte Église romaine ou la vôtre, attaqueraient ledit comte de Toulouse et son fils ; et cela nonobstant toute fidélité à laquelle nous et notre ville et faubourg nous sommes obligés envers ledit comte ou son fils ou toute autre personne; et nous promettons la même chose à l'égard de toute personne, quelle qu'elle soit, qui sera en guerre avec l'autorité de la sainte Église catholique ou la vôtre. *Item*, nous jurons que nous et notre ville et faubourg nous ferons et accomplirons de bonne foi, nous et nos concitoyens, les satisfactions qui, jusqu'à présent, soit de vive voix, soit par lettres, nous ont été enjointes à nous ou à notre ville et faubourg, par l'ordre, soit de monseigneur le pape ou le vôtre, ou celui de tout autre légat délégué du Siége apostolique, sur toutes les choses pour lesquelles ont été excommuniés et interdits les citoyens de Toulouse, et sur les autres excès et offenses commis par la ville et le faubourg de Toulouse contre la sainte Église catholique romaine, et aussi contre les églises de la ville et faubourg de Toulouse et les autres églises, ou contre les personnes ecclésiastiques. *Item*, nous jurons que tous et tels otages que vous nous demanderez une fois ou plusieurs fois, tant de la ville de Toulouse que du faubourg, vous seront conduits par nous quand vous les demanderez et aux lieux que vous désignerez, si nous y pouvons venir en sûreté, et que nous les remettrons en votre pleine puissance ou celle des personnes que vous aurez envoyées, pour aussi long-temps qu'il plaira à l'Église romaine les tenir, aux frais de la ville et faubourg, en votre garde ou en celle des personnes que vous aurez envoyées. Nous voulons, consentons et concédons que, si nous manquons à tenir de bonne foi et à perpétuité les susdits articles, ou quelques-uns des susdits, et les choses ou quelques-unes des choses qui nous ont été enjointes, à nous et à notre ville et faubourg, soit de vive voix, soit en des lettres, par monseigneur le pape ou par vous, ou par un autre légat ou délégué de la sainte Église romaine, lesdits otages en reçoivent le châtiment qu'il plaira au souverain pontife et à vous; que de même, en pareil cas, tant nous que nos concitoyens, nous soyons réputés excommuniés, païens et ennemis de la sainte Église romaine ; que nous soyons mortifiés et vexés dans toutes les cités, châteaux et villages, et chez tous les puissans et nobles hommes, et que nous soient infligés de bonne foi des châtimens selon le degré de l'offense, afin que la ville et les faubourgs n'encourent pas les châtimens susdits. *Item*, nous promettons et jurons qu'à tous et chacun des habitans de la cité et faubourg de Toulouse, âgés de quatorze ans et au dessus, nous ferons prêter serment dans la forme ci-dessus, les y forçant, selon notre pouvoir, et leur infligeant des peines autant qu'il nous sera possible, sauf pour tous l'ordre du souverain pontife. »

« Passé publiquement à Narbonne, dans le palais de Narbonne, le sept d'avant les calendes de mai, année dix-septième du pontificat de monseigneur le pape Innocent III, présens monseigneur ****, évêque de Sainte-Marie, et ci-devant évêque de Carcassonne ; l'abbé de Saint-Pons, l'abbé et sacristain de Saint-Paul ; le grand archidiacre sacristain et Yves de Conchet, chanoine de Narbonne ; frère Gautier, moine de Cîteaux ; les grands-maîtres des chevaliers du Temple en Arragon et en Provence ; le grand-prieur de l'Hôpital en Arragon ; l'archidiacre d'Auch ; les nobles hommes le comte de Foix et Roger Bernard son fils ; et Adenulphe, sous-diacre de monseigneur le pape ; Rofrède, écrivain dudit seigneur pape ; Bernard, chanoine d'Urbin, chapelain de monseigneur le cardinal ; et plusieurs autres tant de la cité de Narbonne que d'ailleurs. »

FIN.

TABLE DES MATIÈRES

CONTENUES

DANS CE VOLUME.

Notice sur Pierre de Vaulx-Cernay. . . . . Pag.   j
Histoire de la guerre des Albigeois.   1
Prologue adressé par l'Auteur au pape Innocent III. . . . *Ibid.*
Chap. Ier. — Comment des moines prêchèrent contre les hérésies de Toulouse.   3
Chap. II. — Des sectes des hérétiques   6
Chap. III. — Quand et comment les prédicateurs vinrent au pays albigeois.   12
Chap. IV. — Malice du comte Raimond de Toulouse, fauteur des Albigeois   18
Chap. V. — De la venue de douze abbés de Cîteaux et de leurs prédications.   24
Chap. VI. — Du colloque de Pamiers et de la mort de l'évêque d'Osma.   25
Chap. VII. — Miracle de la cédule écrite de la main du bienheureux Dominique, laquelle jetée trois fois au feu en ressauta intacte.   28
Chap. VIII. — Mort sanglante de frère Pierre de Castelnau, qui succomba sous le glaive des impies.   29
Chap. IX. — Comment les évêques de Toulouse et de Conserans furent envoyés à Rome pour exposer au souverain pontife l'état de l'église dans la province de Narbonne. .   39
Chap. X. — Comment maître Théodise fut délégué avec maître Milon   42
Chap. XI. — Comment un concile fut tenu à Montélimar, et

comment un jour fut fixé au comte de Toulouse pour comparaître à Valence devant Milon 44

Chap. xii. — Le comte de Toulouse est réconcilié à l'Église. 46

Chap. xiii. — Comment le comte de Toulouse prit feintement la croix de la sainte milice, laquelle les soldats de l'armée catholique portaient cousue sur la poitrine. . . 47

Chap. xiv. — De l'arrivée de l'armée des Croisés dans la Provence 49

Chap. xv. — Le comte de Toulouse va au-devant des Croisés. 50

Chap. xvi. — De la malice des citoyens de la ville de Béziers ; siége de leur ville, sa prise et sa destruction. . . . . *Ibid.*

Chap. xvii. — Du siége de la ville de Carcassonne et de sa reddition 54

Chap. xviii. — Comment le comte de Montfort fut élu prince du territoire et domaine du comte Raimond. 59

Chap. xix. — Illustres qualités de l'ame et du corps qu'on remarquait dans Simon, comte de Montfort. 61

Chap. xx. — Bienveillance du comte Simon à l'égard des habitans de Zara, et sa révérence singulière envers l'Église romaine. 63

Chap. xxi. — Comment le comte de Nevers abandonna le camp des Croisés à cause de certaines inimitiés. . . . 66

Chap. xxii. — Prise du château de Fanjaux. Le comte pénètre dans le diocèse d'Albi. 68

Chap. xxiii. — Comment le siége de Cabaret fut tenté vainement par le comte. 71

Chap. xxiv. — Du départ du duc de Bourgogne, et de l'occupation de Pamiers, Saverdun et Mirepoix. 72

Chap. xxv. — Albi et Lombers tombent en la possession du comte Simon 73

Chap. xxvi. — Le roi d'Arragon refuse d'admettre le comte de Montfort à prestation d'hommage comme il lui était dû à raison de la ville de Carcassonne. Inutiles instances dudit comte à ce sujet. 75

Chap. xxvii. — De la trahison et cruauté de Gérard de Pépieux envers le comte Simon et ses chevaliers 77

Chap. xxviii. — Comment vint derechef l'abbé de Vaulx

TABLE DES MATIÈRES.

au pays Albigeois pour raffermir les esprits presque abattus des Croisés. 79

CHAP. XXIX. — Robert de Mauvoisin revient de la cour de Rome. 80

CHAP. XXX. — Mort amère d'un abbé de l'Ordre de Cîteaux et d'un frère convers égorgés près de Carcassonne . . . 81

CHAP. XXXI. — Comment fut perdu le château de Castres. 83

CHAP. XXXII. — Le comte de Foix se retire de l'alliance du comte de Montfort. . . . . *Ibid.*

CHAP. XXXIII. — Comment le comte Raimond partit pour Rome. 85

CHAP. XXXIV. Comment le comte Raimond se vit frustré de l'espoir qu'il avait placé dans le roi de France 87

CHAP. XXXV. — Siége d'Alayrac 91

CHAP. XXXVI. — Comment les hérétiques desirant que le roi d'Arragon se mît à leur tête en furent refusés, et pourquoi. 92

CHAP. XXXVII. — Siége de Minerve 93

CHAP. XXXVIII. — Comment des croix, en forme d'éclairs, apparurent sur les murs du temple de la Vierge mère de Dieu à Toulouse. 100

CHAP. XXXIX. — Comment le comte Raimond fut séparé de la communion des fidèles par le légat du siége apostolique. 102

CHAP. XL. — Siége de Termes. 105

CHAP. XLI. — De la venue au camp des catholiques des évêques de Chartres et de Beauvais avec les comtes de Dreux et de Ponthieu. 109

CHAP. XLII. — Comment les hérétiques ne voulurent rendre le château de Termes, et comment Dieu, pour leur ruine, leur envoya une grande abondance d'eau. 116

CHAP. XLIII. — Du colloque solennel tenu à Narbonne sur les affaires des comtés de Toulouse et de Foix, auquel intervinrent le roi d'Arragon, les légats du siége apostolique, et Simon de Montfort ; inutilité et dissolution de ladite conférence. 124

CHAP. XLIV. — De la malice et tyrannie du comte de Foix envers l'Église. 126

CHAP. XLV. — Comment le comte de Foix se comporta avec

irrévérence envers les reliques du saint martyr Antonin, lesquelles étaient portées en procession solennelle. . . . 129

Chap. XLVI. — Sacriléges et autres crimes du comte de Foix exercés par violence. 130

Chap. XLVII. — Le comte de Montfort fait hommage au roi d'Arragon pour la cité de Carcassonne. 133

Chap. XLVIII. — Comment l'évêque de Paris et autres nobles hommes vinrent à l'armée du comte de Montfort. . . . 135

Chap. XLIX. — Siége de Lavaur 136

Chap. L. — Comme quoi pélerins en grand nombre furent tués traîtreusement par le comte de Foix à l'instigation du Toulousain. 138

Chap. LI. — Foulques, évêque de Toulouse, chassé de son épiscopat, s'exile avec une grande constance d'esprit, prêt même à tendre son col au glaive pour le nom du Christ. . 140

Chap. LII. — Comment Lavaur fut emporté par les catholiques, et comment beaucoup de nobles hommes y furent tués par pendaison et d'autres livrés aux flammes. . . . 142

Chap. LIII. — Comment Roger de Comminges se joignit au comte de Montfort, puis faillit à la foi qu'il avait donnée. 146

Chap. LIV. — Le clergé de Toulouse, emportant religieusement le corps du Christ, sort de cette ville nourricière des hérétiques et frappée d'interdiction. 149

Chap. LV. — Du premier siége de Toulouse par les comtes de Montfort et de Bar. 152

Chap. LVI. — Le comte de Toulouse assiège Castelnaudary et le comte Simon qui le défendait. 160

Chap. LVII. — Comment les Croisés mirent en déroute le comte de Foix dans un combat très-opiniâtre près la citadelle de Saint-Martin, et de leur éclatante victoire. . . 168

Chap. LVIII. — En quelle manière le siége de Castelnaudary fut levé. 175

Chap. LIX. — Comment Robert de Mauvoisin, suivi de cent chevaliers français, vint au secours de Montfort. . . . 180

Chap. LX. — Comment Gui de Montfort arriva d'outre-mer vers son frère, le comte Simon, et de la merveilleuse joie que sentit le comte en le voyant. 182

CHAP. LXI. — Du siége d'Hautpoul, de sa vigoureuse conduite et glorieuse issue. 187

CHAP. LXII. — Les habitans de Narbonne se livrent à leur mal vouloir contre Amaury, fils du comte Simon. . . . 190

CHAP. LXIII. — Comment le comte, appelé par l'évêque d'Agen, se rendit dans cette ville et la reçut en sa possession. 196

CHAP. LXIV. — Le comte de Montfort occupe Saint-Gaudens et inquiète Toulouse. Le comte Raimond sollicite le secours du roi d'Arragon. 216

CHAP. LXV. — Comment le comte Simon réunit à Pamiers les prélats et barons; décrets et lois qui y furent portés et qu'il promit d'accomplir. 220

CHAP. LXVI. — Comment le roi d'Arragon vint à Toulouse, et eut une entrevue avec le comte Simon et le légat du siége apostolique. 222

CHAP. LXVII. — Le roi d'Arragon défie le comte de Montfort par féciaux. 243

CHAP. LXVIII. — Comment Louis, fils du roi de France, prit la croix et amena beaucoup d'autres à la prendre avec lui. 246

CHAP. LXIX. — Comment Manassès, évêque d'Orléans, et Guillaume son frère, évêque d'Auxerre, prirent la croix. 249

CHAP. LXX. — Amaury, fils du comte Simon, est fait chevalier. 252

CHAP. LXXI. — Du siége de Muret. 261

CHAP. LXXII. — De la savante bataille et très-glorieuse victoire du comte de Montfort et des siens remportée aux champs de Muret sur le roi d'Arragon et les ennemis de la foi. 266

CHAP. LXXIII. — Lettres des prélats qui se trouvaient dans l'armée du comte Simon lorsqu'il triompha des ennemis de la foi. 272

CHAP. LXXIV. — Comment, après la victoire de Muret, les Toulousains offrirent aux évêques des otages pour obtenir leur réconciliation. 279

CHAP. LXXV. — Comment le comte de Montfort envahit les

terres du comte de Foix, et de la rebellion de Narbonne
et de Montpellier. 281

CHAP. LXXVI. — Amaury et les citoyens de Narbonne reçoivent dans leurs murs les ennemis du comte de Montfort, et lui, pour cette cause, dévaste leur territoire. . . . 289

CHAP. LXXVII. — Comment Pierre de Bénévent, légat du siége apostolique, réconcilie à l'Église les comtes de Foix et de Comminges. 290

CHAP. LXXVIII. — L'évêque de Carcassonne revient de France avec une grande multitude de pélerins. 292

CHAP. LXXIX. — Gui de Montfort et les pélerins envahissent et saccagent les terres de Rathier de Castelnau. . . . 295

CHAP. LXXX. — De la destruction du château de Dome, au diocèse de Périgueux, lequel appartient à ce méchant tyran Gérard de Cahusac. 304

CHAP. LXXXI. — Du concile tenu à Montpellier, dans lequel Montfort fut déclaré prince du pays conquis. 310

CHAP. LXXXII. — Première venue de Louis, fils du roi de France, aux pays albigeois. 313

CHAP. LXXXIII. — De la tenue du concile de Latran, dans lequel le comté de Toulouse, commis ès mains du comte Simon, lui est pleinement concédé. 322

CHAP. LXXXIV. — Siége de Montgrenier. 330

CHAP. LXXXV. — Second siége de Toulouse. 337

CHAP. LXXXVI. — Comment les Toulousains attaquèrent les assiégeans, et comment le comte de Montfort fut tué le lendemain de la Nativité de saint Jean-Baptiste. . . . 340

ECLAIRCISSEMENS et pièces historiques sur l'histoire des Albigeois. 345

I. Sur l'origine du nom d'Albigeois. . . . . *Ibid.*

II. Sur l'époque de la mission de saint Dominique en Languedoc. 357

III. Lettre du pape Innocent III au comte de Toulouse, écrite à ce dernier, le 29 mai 1207, pour le réprimander de son refus de conclure la paix avec ses vassaux de Provence d'après les ordres du légat Pierre de Castelnau. . . . 367

IV. Lettre des habitans de Toulouse à Pierre, roi d'Arragon, pour réclamer son secours en 1211, après la levée du siége de Toulouse par Simon de Montfort. 372

V. Lettre de l'abbé de Moissac au roi Philippe-Auguste, en 1212. 383

VI. Actes de soumission souscrits par Raimond VI, comte de Toulouse, au moment de sa réconciliation à l'Église par le cardinal de Bénévent, à Narbonne, en avril 1214 . . 386

VII. Abjuration des consuls de Toulouse, devant le légat Pierre de Bénévent, en 1214. 388

FIN DE LA TABLE.

www.ingramcontent.com/pod-product-compliance
Lightning Source LLC
Chambersburg PA
CBHW071900230426
43671CB00010B/1420